W0068565

Gibt es hitzefrei in Afrika?

cbj

Sabine Christiansen und Janosch (Hg.)

Gibt es hitzefrei in Afrika?

So leben die Kinder dieser Welt

Geschrieben von Leo G. Linder und Doris Mendlewitsch

 cbj
ist der Kinder- und Jugendbuchverlag
in der Verlagsgruppe Random House

Umwelthinweis:
Alle bedruckten Materialien dieses Buches sind chlorfrei
und umweltschonend.

Näheres zu UNICEF unter www.unicef.de

1. Auflage
Erstmals als cbj Taschenbuch September 2008
Gesetzt nach den Regeln der Rechtschreibreform
© 2006 by Wilhelm Heyne Verlag, München
in der Verlagsgruppe Random House GmbH
Alle Rechte dieser Ausgabe vorbehalten
durch cbj Verlag, München.
Redaktion: Berrit Barlet
Umschlagkonzeption: schwecke.mueller,
Werbeagentur GmbH unter der Verwendung der
Gestaltung von Hauptmann und Kompanie
Werbeagentur, München – Zürich
Umschlagfoto: getty-images/Martin Barraud
Illustrationen: © 2006 der Janosch-Illustrationen
by Janosch film & medien AG Berlin, www.janosch.ag
he • Herstellung: CZ
Gestaltung, Satz und Reproduktion: Jan van der Most, Düsseldorf
Druck und Bindung: Těšínská tiskárna, a.S., Český Těšín
ISBN: 978-3-570-21930-0
Printed in the Czech Republic

www.cbj-verlag.de

Wie ist das eigentlich ....

wenn ein Kind in Indien mal muss, geht es dann aufs Klo? Wenn ein Maya in Südamerika schlafen geht, legt er sich dann in ein Bett? Woher bekommen die Menschen in der afrikanischen Wüste ihr Wasser? Können Neugeborene schon Aids haben? Lernen Kinder in Japan, mit Messer und Gabel zu essen? Warum hüten in manchen Ländern gerade mal Achtjährige schon ganze Kuhherden? Wie kommt es, dass die Menschen in Afrika und Amerika „Kindergarten"sagen, obwohl sie kein Wort Deutsch sprechen? Und was heißt es für ein Kind, auf der Straße zu leben?

Fragen über Fragen, die man sich stellen kann, auf die man aber oft keine Antwort findet. Und das waren noch die einfachen. Wenn es erst mal um Dinge wie Dithwai oder die äthiopische Kaffeezeremonie geht, wird es schon schwieriger. Zum Glück gibt es dieses Buch. Hier erfährt man, wie Kinder in anderen Ländern leben, wogegen sie kämpfen, worauf sie verzichten müssen, womit sie spielen und was sie womöglich schon alles hinter sich haben. Es sind Kurzbesuche bei den Kindern dieser Welt, verpackt in 99 spannende Stichwörter.

Ein Besuch bei Yasmine aus Afghanistan zum Beispiel, die heimlich lesen und schreiben gelernt hat, obwohl das für die Mädchen in ihrer Heimat lange Zeit verboten war. Oder bei Ali aus Äthiopien, der mit 14 Jahren schon Soldat wurde, weil er bei der Armee wenigstens etwas zu essen bekam. Oder bei Nana Yaa aus Leverkusen, die sich als UNICEF-Juniorbotschafterin etwas Ungewöhnliches einfallen ließ, um Tsunami-Opfern zu helfen – und dabei ist sie erst 11 Jahre alt. Man erfährt auch, was Frauen sich in Tansania unter Gleichberechtigung vorstellen und was das Besondere an den Schuhputzermädchen von Jimma ist.

Woher kommen all diese Geschichten und Informationen? Sie kommen von einer Organisation, die sich speziell um Kinder in aller Welt kümmert. UNICEF ist das Kinderhilfswerk der Vereinten Nationen. Es hat Büros in vielen Ländern der Welt, Tausende Menschen unterstützen die Arbeit. Sie besteht vor allem darin, Kindern und Jugendlichen in

Not zu helfen und sie in ihren Rechten zu stärken – in den Entwicklungsländern und ebenso bei uns. Die engagierten Helfer begegnen vielen Kindern und Jugendlichen in aller Welt, von Kolumbien bis Indonesien, und erfahren, was sie denken und was sie fühlen.

Das Buch ist also so etwas wie eine Weltreise. Keine Pauschalreise, bei der man vorher schon genau weiß, wann man wo ankommt und in welchem Hotel man übernachtet. Eher eine Abenteuerreise, die kein festes Ziel hat, aber viele unvorhergesehene Zwischenstationen. Eine Reise mit Abstechern und Umwegen und unerwarteten Bekanntschaften. Kurzum: Man kann dieses Buch ordentlich von vorne bis hinten lesen, aber auch einfach mittendrin anfangen oder im Zickzack vor- und zurückblättern.

Am Ende ist man auf jeden Fall schlauer – und wer weiß, vielleicht sind es demnächst ja deine Eltern, die mit der einen oder anderen Frage zu dir kommen!

Viel Spaß beim Lesen wünschen
    Sabine Christiansen und Janosch

A

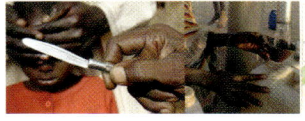

B

C

D

Inhalt

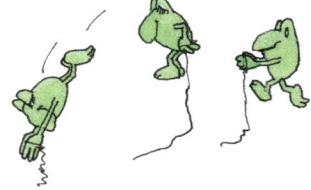

Inhalt

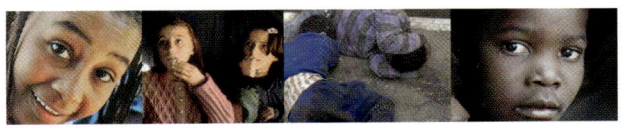

Adoption

Sind meine Eltern überhaupt meine Eltern? Manchmal fragt man sich das, wenn es wieder einmal so aussieht, als würden sie einen überhaupt nicht verstehen. Und wenn nicht? Wo komme ich denn sonst her? Von einem anderen? Dann aber fallen einem ein paar Ähnlichkeiten auf, die Nase, die Haarfarbe, die Figur, das stimmt schon ziemlich überein, also – sie sind's wahrscheinlich doch. Oder doch nicht? Schließlich – man könnte ja auch adoptiert sein. Ein Adoptivkind. Ganz woanders geboren. Da tauchen Fragen auf. Zum Beispiel: Was heißt das überhaupt genau – adoptiert sein?

Adoption ist ein lateinisches Wort. Adoptieren heißt „dazuwählen". Bei der Adoption wählt ein Ehepaar ein fremdes Kind aus, um es wie ein eigenes Kind großzuziehen. Vor allem Ehepaare in den USA, in Kanada und Europa adoptieren Kinder. Oft kommen diese Kinder aus armen Ländern – in vielen Fällen aus Lateinamerika und Asien, seltener aus Afrika oder den osteuropäischen Staaten. Gewöhnlich haben sie keine Eltern mehr, oder ihre Mütter haben sie verstoßen, weil sie schon zu viele Kinder haben und das neue nicht mehr ernähren können.

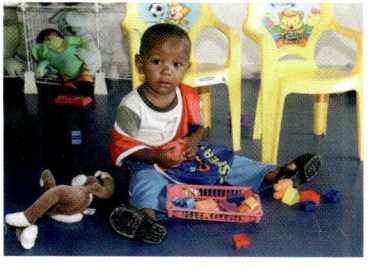

In einem Kindergarten in Lateinamerika

Dann ist Adoption also eine gute Sache? Für Ehepaare, die sich Kinder wünschen, aber keine bekommen können, ist Adoption sicherlich eine Lösung. Andere Ehepaare haben schon eigene Kinder und adoptieren noch ein fremdes, ein Kind aus einem Waisenhaus vielleicht, um ihm ein schöneres Zuhause und bessere Zukunftsaussichten zu bieten. In jedem Fall geschehen Adoptionen in guter Absicht.

Aber ist es für Kinder aus Bolivien oder Thailand wirklich immer das Beste, von einem Ehepaar in Schweden, Kanada oder Italien adoptiert zu werden?

Nicht immer, sagt UNICEF. Denn für Kinder ist es ungeheuer wichtig, in ihrer vertrauten Umgebung aufzuwachsen. Die Umstellung auf ein neues Land, ganz andere Menschen, ganz andere Lebensverhältnisse und ein ganz anderes Klima fällt Kindern oft furchtbar schwer. Deshalb

ist es ein Irrtum, zu glauben, dass ein Kind in einem reichen Land automatisch glücklicher wäre als in seiner armen Heimat. Auch wenn ein Kind seine Eltern verloren hat, wird es wahrscheinlich bei Verwandten, die im selben Dorf wohnen, oder bei Pflegeeltern, die sich ohne eine Adoption einfach so um die Kinder kümmern und die alles genauso wie die leiblichen Eltern machen, am besten aufgehoben sein. UNICEF versucht daher alles, um elternlosen Kindern ein Leben in ihrer Heimat zu ermöglichen – auch wenn dieses Leben nicht so komfortabel ist, wie es beispielsweise in Schweden, Kanada oder Italien wäre. Adoption ist oft der letzte Ausweg, wenn gar nichts mehr hilft. Wenn die Suche nach den vermissten Eltern oder anderen Verwandten ergebnislos bleibt, wenn sich keine Pflegeeltern finden lassen, wenn die Lebensbedingungen in einem Kinderheim unmenschlich sind. Nicht jede Adoption läuft unter günstigen Bedingungen ab. Es gibt Menschenhändler, die aus Adoptionen ein Geschäft machen. In Guatemala und einigen anderen Ländern werden Kinder ihren leiblichen Eltern von solchen Verbrechern für einen geringen Betrag abgekauft oder sogar entführt, um sie für viel Geld an Ehepaare aus reichen Ländern abzugeben. Für diese Kinder kann die Adoption schlimme Folgen haben. Nicht nur, dass sie aus ihrer vertrauten Umgebung herausgerissen werden – sie werden auch nie etwas Genaues über ihre Herkunft erfahren können. Und ihre neuen Eltern haben oftmals keine Ahnung davon.

Früher oder später aber wollen fast alle adoptierten Kinder wissen, woher sie kommen und weshalb ihre leiblichen Eltern sie abgegeben haben. Und weil die Kinder aus fremden Ländern manchmal ganz anders aussehen als ihre neuen Eltern, bleibt es kein Geheimnis. Das Wissen um die Herkunft ist wichtig für ihr seelisches Gleichgewicht und ihre Selbstsicherheit. Wie gesagt: Auch leibliche Kinder kennen die bohrende Frage, ob ihre Eltern wirklich ihre Eltern sind. Je mehr Adoptivkinder über das Land und die Menschen ihrer Herkunft erfahren, desto besser für sie. Sonst kann es passieren, dass sie sich nirgendwo zu Hause fühlen, weder in ihrer neuen Heimat noch im Land ihrer Vorfahren.

 **Aids, Eltern, Guatemala, Menschenhandel, Väter**

Afrika

Die Wissenschaftler sagen: Wir kommen alle aus Afrika. Die ersten Lebewesen, die Ähnlichkeit mit einem Menschen hatten, sind vor drei oder vier Millionen Jahren in Ostafrika aufgetaucht. Deswegen heißt es: Afrika ist die Wiege der Menschheit. Dort beginnt die Geschichte des Menschen mit aufrecht gehenden Wesen wie „Lucy", deren Knochen man in Nordäthiopien fand – sie war nicht einmal einen Meter groß. Und dort entwickelten sich unsere Vorfahren allmählich zu jenem intelligenten Wesen, das sich kaum noch von uns unterscheidet. Erst vor etwa 200.000 Jahren haben sich die Menschen von Afrika aus allmählich über die ganze Erde verbreitet. Aber ihre alte Heimat ist und bleibt Afrika.

Feldarbeit wie vor Hunderten von Jahren: In Afrika hat alles begonnen.

Dieses Gefühl, am Anfang der Geschichte zu stehen, kann einen Europäer auch heute noch in Afrika befallen. Vielleicht fasziniert uns Afrika gerade deshalb so stark. Da gibt es beeindruckende Landschaften ohne eine Spur von Zivilisation, ohne all die Zeugnisse des Fortschritts wie Brücken, Hochspannungsmasten oder Fabriken – unendlich weite Ebenen im Sonnenlicht, großartige Gebirgslandschaften, dichte, feuchtheiße Urwälder und fast menschenleere Wüstengebiete. Es gibt die unglaublich reiche Tierwelt, die Affen, die einem morgens beim Frühstück

von einem Baum aus zuschauen, die Strauße, die schneller als ein Geländewagen laufen, die Krokodile, die reglos an einem Flussufer liegen, und all die anderen Tiere, die Elefanten, die Hyänen, die Löwen und die Antilopen, die man bei uns nur aus dem Zoo kennt.

Im Hochgebirge von Äthiopien weiden keine Kühe auf der Alm, sondern Affen.

Und es gibt die Menschen. Oft führen sie ein einfaches Leben in kleinen Dörfern aus Holz- oder Strohhütten, ohne viel Technik. Es ist ein hartes Leben, und deshalb überrascht uns ihre Heiterkeit und ihre Gastfreundschaft umso mehr. Wir staunen über das bunte Menschengewimmel auf den großen, offenen Märkten, wo alles verkauft wird, vom Honig bis zum Kamel. Und wir fragen uns, wie die Bewohner in den Großstädten dort so dicht beieinander leben können, so ganz ohne ein Privatleben. In jedem Fall begegnen wir in Afrika einer Welt, die sich stark von unserer europäischen Welt unterscheidet.

Aber Afrika ist nicht überall gleich. Man muss sich nur einmal vorstellen, wie groß Afrika ist: Zwischen Senegal ganz im Westen und Somalia ganz im Osten liegen 7.500 Kilometer. Von Tunesien im Norden bis Südafrika sind es sogar 8.000 Kilometer. Europa hat nur ein Drittel der Landfläche Afrikas. Und auf diesem riesigen Kontinent gibt es eine unvorstellbare Vielfalt an Völkern, Sprachen und Kulturen. Man schätzt, dass in Afrika über 1.000 verschiedene Sprachen gesprochen werden. Allein in Äthiopien leben mehr als 80 Völker, von denen jedes seine eigene Sprache hat. Und auf keinem anderen Kontinent gibt es so viele Staaten, nämlich 52. Die größten davon sind Sudan, Algerien und Kongo – jedes dieser drei Staatsgebiete ist so groß, dass Deutschland siebenmal hineinpassen würde. Allerdings sind die meisten afrikanischen Länder längst nicht so dicht besiedelt wie die europäischen. Deshalb leben in Afrika auch nicht viel mehr Menschen als in Europa, nämlich rund 850 Millionen.

Warum Afrika einen schlechten Ruf hat

Merkwürdigerweise erreichen uns aus Afrika fast nur schlechte Nachrichten. Wir sind daran gewöhnt, von Kriegen zu hören, von Armut und Hungersnöten, von Seuchen und rücksichtslosen Politikern. All dies gibt es in Afrika wirklich, und manchmal hat man den Eindruck, dass die Afrikaner mit ihren eigenen Problemen nicht fertig werden. Dafür gibt es viele Gründe. Einmal ist es so, dass die natürlichen Lebensbedingungen in Afrika oft hart sind. In vielen Ländern wechseln heftige Regenzeiten mit langen Trockenzeiten ab. Mal schüttet es wie aus Kübeln, dann wieder regnet es monatelang überhaupt nicht. Die Sonne scheint gnadenlos, Flüsse trocknen aus, und in vielen Gegenden herrscht daher ein ungesundes Klima.

Außerdem ist Afrika arm. Es gibt kaum Industrie, kaum afrikanische Unternehmen, die Dinge produzieren, die in der modernen Welt gebraucht werden. Oder gibt es bei dir zu Hause irgendetwas, das in Afrika hergestellt wurde? Weniger als drei Prozent der Waren, mit denen auf der ganzen Welt Handel getrieben wird, kommen aus Afrika, und das sind dann auch noch Rohstoffe, also Holz und Erze und Tierhäute und Kaffee oder Früchte, für die lange nicht so viel Geld gezahlt wird wie für Industrieprodukte. Selbst wenn Diamanten und Gold gefunden werden – die einfachen afrikanischen Arbeiter haben meist kaum etwas vom Reichtum in ihrem Boden.

Am schwersten aber wiegen die politischen Probleme. Etwa ein Jahrhundert lang haben die Europäer in Afrika geherrscht, von 1860 bis 1960. Das heißt, alle afrikanischen Länder außer Äthiopien waren damals europäische Kolonien, wo Belgier, Deutsche, Engländer und Portugiesen das Sagen hatten. Sie versuchten, den Afrikanern ihre europäischen Vorstellungen von der Gesellschaft, von Macht und Politik aufzuzwingen – wobei die Afrikaner zu arbeiten und zu gehorchen hatten und die Europäer immer reicher wurden. Rund 350 Jahre lang haben die Europäer in Afrika Menschenraub betrieben und Afrikaner als Sklaven nach Amerika verschleppt. Durch Skla-

venhandel und Kolonialismus haben sie großen Schaden angerichtet. Sie haben nach eigenem Belieben staatliche Grenzen gezogen, mitten durch kleine und große Völker hindurch, und alles in diesen künstlichen Staaten so organisiert, dass es nur Europäer verstehen konnten. Sie haben Afrika ausgeplündert und den Afrikanern kaum etwas von ihrem Reichtum gelassen. Und was vielleicht das Schlimmste ist: Sie haben die Afrikaner wie Menschen behandelt, die keinen Respekt verdienen. Nach all diesen Erfahrungen fiel es den Afrikanern sehr schwer, ihr Schicksal in die eigenen Hände zu nehmen, als die afrikanischen Staaten endlich wieder unabhängig wurden. In den sechziger Jahren des letzten Jahrhunderts war das, also erst vor knapp 50 Jahren.

Dazu kommt, dass es bis heute in vielen afrikanischen Staaten kein Zusammengehörigkeitsgefühl gibt. Die Bevölkerung dieser Staaten ist bunt zusammengewürfelt aus Völkern und Stämmen und Clans, die kaum etwas miteinander verbindet. Deshalb entstehen immer wieder Bürgerkriege, in denen verschiedene Völker ein und desselben Landes gegeneinander um die Macht in der Hauptstadt kämpfen. Darum denken manche afrikanischen Politiker auch nur an sich und ihr eigenes Volk, bauen für ihre eigenen Leute Straßen und Krankenhäuser und Fabriken und lassen die anderen Volksstämme leer ausgehen. Eine solche Politik ist nicht gerecht; auch deswegen kommt es in Afrika immer wieder zu Unruhen und blutigen Konflikten.

Schwierigkeiten über Schwierigkeiten. Umso erstaunlicher ist es, mit wie viel Energie, Optimismus und Lebensmut Millionen von Afrikanern täglich ihr Leben meistern. Die meisten afrikanischen Kinder wirken viel fröhlicher als Kinder in den reichen Ländern, und afrikanische Erwachsene beklagen sich viel seltener über die Härten des Lebens als europäische. Als würden sie alle nach dem Motto leben: Nur nicht aufgeben! Sich niemals entmutigen lassen! Begeisterungsfähigkeit und Lebensmut – das ist etwas, was wir Europäer von den Afrikanern wirklich lernen können!

Angola, Besteck, Bett, Bürgerkrieg, Hitzefrei, Kindersoldaten, Kindersterblichkeit, Regen, Reisen, Sahelzone, Schuhputzer

Aids

Waisenkinder

Aids ist keine gewöhnliche Krankheit. Keine Krankheit, an der man eine Zeit lang leidet – und dann, nach ein paar Tagen, ein paar Wochen, wird man wieder gesund, und das Leben geht weiter. Bei Aids geht das Leben nicht weiter. Wer Aids hat, der stirbt daran. Und es stirbt nicht nur der Mensch.

Wie das gemeint ist? Ein Beispiel. Da gibt es in Ostafrika, in Uganda, ein Dorf, ein ganz gewöhnliches Dorf mit 40 verstreuten Häusern zwischen Bananenstauden. Eines der ersten Häuser am Ortsrand ist eine windschiefe Hütte

Ein Bild erinnert sie an glücklichere Tage. Die beiden Jungen leben nach dem Tod ihrer Mutter allein. Sie erhalten ein wenig Unterstützung von einer Hilfsorganisation.

aus Knüppeln und Lehm. Vor dieser Hütte befinden sich zwei längliche Erdhügel mit einfachen Holzkreuzen darauf. Und in der Hütte, die nur aus einem düsteren Raum besteht, leben fünf Kinder; das älteste ist 14, das jüngste drei Jahre alt. Gegenüber der Tür hängt ein Schwarz-Weiß-Foto ihrer Eltern an der Wand. Ein Erinnerungsfoto, denn beide sind tot, an Aids gestorben, erst der Vater und dann, letztes Jahr, auch die Mutter. Seither ist der 14-jährige David das Familienoberhaupt.

David versucht, sich und seine Geschwister durchzubringen. Zur Schule geht er nicht mehr. Manchmal verschwindet er für Tage und kommt dann mit etwas Geld zurück. Bislang hat er es irgendwie geschafft, sich und seine Geschwister am Leben zu halten, aber für Bücher und Schulhefte reicht es nicht, und seine Geschwister bleiben einfach den ganzen Tag zu Hause. Eigentlich hätten sich Onkel und Tanten nach dem Tod der Eltern um sie kümmern müssen, oder die Großeltern – das ist in

Sascha mit seiner Großtante Ludmilla und seinem Großonkel Alexander in Kaliningrad. Sie haben den Jungen bei sich aufgenommen, nachdem sein Vater die Familie verlassen hat und seine Mutter an Aids gestorben ist.

Afrika so üblich, man hält unter Verwandten eng zusammen –, aber die fünf haben keine Verwandten im Dorf.

Vielleicht würden die Nachbarn helfen, auch Nachbarn nehmen manchmal verwaiste Kinder zu sich. Aber das Ehepaar im Nebenhaus hat schon zwei elternlose Kinder zu seinen drei eigenen dazu aufgenommen, ebenfalls Waisen. Fünf weitere hungrige Mäuler stopfen, das kann die Nachbarsfamilie sich beim besten Willen nicht leisten. In der Hütte gegenüber wohnt die 32-jährige Rose mit ihren beiden Kindern – Rose, die auch Aids hat und schon ganz abgemagert ist und so kraftlos, dass sie von ihren eigenen Kindern gepflegt werden muss. Rose hat sich bei ihrem Mann angesteckt, der vor drei Jahren gestorben ist. Er hatte als Taxifahrer in der Hauptstadt gearbeitet und sich die Krankheit bei einer Prostituierten geholt. Aber das weiß niemand außer Rose, das wissen nicht einmal ihre Kinder, denn niemand spricht hier über Aids, obwohl der Tod in diesem Dorf allgegenwärtig ist. Wer Aids hat, der schämt sich dafür und verheimlicht es so lange wie möglich.

Die Auswirkungen von Aids

Früher konnte der Kräuterdoktor vielen Kranken helfen. Auch heute noch kommt er einmal die Woche mit seinem Lieferwagen voll selbst gemachter Arzneien durch unser ugandisches Dorf. Aber in letzter Zeit findet er bei seinen Patientenbesuchen in vielen Hütten abgemagerte Gestalten vor, und dann weiß er gleich, dass er machtlos ist. Diese Menschen werden sterben. Das ist schlimm genug. Aber mit ihnen stirbt die

Hoffnung, mit ihnen stirbt die Zukunft, weil es immer mehr werden, die an Aids erkranken, und weil es keine Hilfe zu geben scheint. Nach und nach wird die mittlere Generation hinweggerafft, die Generation der Eltern, die Generation derer, die auf den Feldern arbeiten und Geld verdienen können. Übrig bleiben die Kinder und die alten Leute. Wie soll es dann weitergehen?

Eigentlich geben Afrikaner die Hoffnung nicht schnell auf. Sie sind es gewohnt, unter schwierigsten Bedingungen zu leben und mit wenig auszukommen und sich ihren Lebensmut trotzdem zu bewahren. Nicht aufgeben, sich nur nicht unterkriegen lassen – das ist ihre Einstellung, und damit lassen sich auch schwere Zeiten überstehen. Aber die Folgen von Aids sind so schrecklich, dass viele in Davids Dorf befürchten, die Zukunft könnte nur noch mehr und immer mehr Elend bereithalten. Wo soll man da die Kraft zum Weiterleben hernehmen?

Davids Dorf ist kein Einzelfall. Die tödliche Seuche Aids wütet in ganz Afrika, in Sambia, Mosambik und Südafrika genauso wie in Uganda. In manchen afrikanischen Ländern haben sich inzwischen 20 bis 30 Prozent der Erwachsenen angesteckt. Das heißt, es gibt praktisch keine Familie mehr, die noch von Aids verschont worden ist. Zwölf Millionen Kinder allein im südlichen Afrika haben bereits ihre Eltern durch Aids verloren, und man schätzt, dass es in fünf Jahren schon fast doppelt so viele sein könnten. Doch nicht nur die Afrikaner leiden unter Aids. Niemand auf der Welt ist davor sicher, nirgendwo. Besonders schnell breitet sich die Krankheit auf der amerikanischen Karibikinsel Haiti aus. Auch in Kambodscha, einem Land in Südostasien, in China und in Indien gibt es immer mehr infizierte Menschen. Oder in der Ukraine, die in Osteuropa liegt.

Zumindest in Afrika hat Aids Folgen für alle, für Gesunde wie Kranke. Am Beispiel von Davids Dorf sieht man, dass Waisen sich oft auf eigene Faust durchs Leben schlagen müssen. Die Jungen arbeiten dann bei Nachbarn auf den Feldern mit oder sie ziehen mit einem Bauchladen von

morgens bis abends durch die Straßen der großen Städte und verkaufen Kaugummis, Papiertaschentücher oder Zigaretten. Und die Mädchen verdingen sich als Hausangestellte bei reicheren Leuten in der Stadt oder

Viele Krankheiten treten als Begleiterscheinung von Aids auf, wie bei dieser Frau aus Malawi.

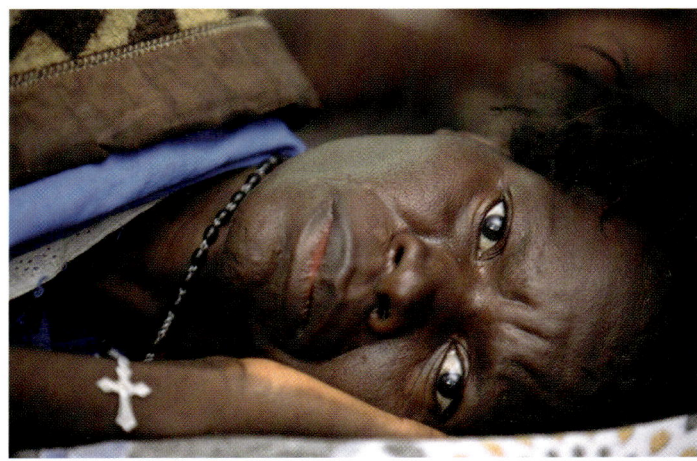

arbeiten in ihrer Not als Prostituierte, das heißt, sie schlafen für Geld mit Männern. Da ist das Risiko groß, dass sie sich in kürzester Zeit ebenfalls mit Aids anstecken. Natürlich haben sie dann auch keine Zeit mehr, zur Schule zu gehen, und damit auch keine Aussicht, jemals einen ordentlichen Beruf zu erlernen. Selbst wenn sie das Glück haben, bei Verwandten oder Nachbarn unterzukommen, werden sie gegenüber den leiblichen Kindern ihrer Pflegeeltern oft benachteiligt, erhalten weniger zu essen und weniger Liebe.

Außerdem lernen diese Kinder nicht mehr, was sie fürs Leben wissen müssen. In Afrika, wo Fernsehen, Zeitungen oder Internet keine so große Rolle spielen wie bei uns, sind die eigenen Eltern die Vorbilder, an deren Verhalten sich die Kinder orientieren. Die Eltern sind es auch, die ihnen in Sprichwörtern, Erzählungen und Liedern die Traditionen ihrer eigenen Kultur vermitteln. Wenn die Generation der Eltern stirbt, solange die Kinder noch klein sind, dann geht dieses Wissen mit ihnen

unter – ob es sich nun um handwerkliche Fähigkeiten handelt oder um all die Rituale, Sitten und Überzeugungen einer Gemeinschaft, die Kindern mit der Zeit ein gesundes Selbstvertrauen geben. Und nicht nur das. Selbst die Staaten leiden unter den Folgen der Seuche, weil auch viele Lehrer und Ärzte an Aids sterben. Die Folge ist, dass Kinder keine vernünftige Schulausbildung mehr bekommen, Krankenhäusern das Personal ausgeht und ganze Völker die Hoffnung auf eine bessere Zukunft aufgeben müssen.

Was man über Aids wissen sollte

Egal, wo auf dieser Welt Menschen an Aids erkranken, fast überall müssen sie die Erfahrung machen, dass die Gesunden mit ihnen nichts mehr zu tun haben wollen. So ging es zum Beispiel der 12-jährigen Maria in ihrem Heimatdorf in Mosambik, obwohl sie selbst gar nicht krank war. Aber als sich herumsprach, dass ihr Vater Aids hat, stand sie plötzlich ohne Freunde da. Auch in der Schule wollte niemand mehr mit ihr spielen, und selbst die Lehrer ließen sie spüren, dass sie an der Schule nicht mehr erwünscht war. Ihrem Vater erging es genauso. Keiner im Dorf wollte mehr etwas mit ihm zu tun haben. Und ihre Mutter lief nur noch mit niedergeschlagenen Augen über die Straße. Was aber das Schlimmste für Maria war: Ihre Eltern ließen sie im Unklaren. Keiner von beiden ging auf ihre Fragen ein. „Das geht dich nichts an", hieß es. „Kinder sollen sich nicht in die Angelegenheiten der Erwachsenen einmischen." Maria verstand die Welt nicht mehr.

Aids ist eine unheimliche Krankheit. Und je weniger man darüber weiß, desto unheimlicher ist sie. Viele Menschen können nicht einmal genau sagen, wie man sich mit Aids ansteckt. Durch Küssen? Oder schon durch eine einfache Berührung? Wer das nicht weiß, der hält es für das Sicherste, jeden Kontakt zu einem Aids-Kranken abzubrechen. Dazu kommt, dass Aids in vielen Teilen der Welt als Krankheit der Prostituierten gilt. Wird eine Frau krank, hält sie es deshalb so lange wie möglich geheim, weil es ihr peinlich wäre, als Prostituierte abgestempelt zu werden. Ja, es kommt vor, nicht nur in Afrika, dass ein Mann seine kranke Ehefrau verstößt und fortjagt, weil er glaubt, sie habe ihn mit

einem anderen Mann betrogen. Aids-Kranke leiden also nicht nur unter ihrer Krankheit, sondern auch unter den Vorurteilen und der Ablehnung ihrer Mitmenschen. Deshalb ist es so wichtig, genau über diese Krankheit Bescheid zu wissen.

Der Aids-Erreger ist ein Virus, das die Bezeichnung HIV trägt (was Ha-I-Vau ausgesprochen wird). HIV wird durch Körperflüssigkeiten wie Blut, Sperma oder Muttermilch von einem Menschen auf den anderen übertragen. Das heißt, dass man sich zum Beispiel beim Geschlechtsverkehr oder durch Bluttransfusionen oder als Säugling beim Stillen anstecken kann – nicht aber durch bloße Berührung. Nistet sich dieses Virus im Körper ein, so beginnt es, die weißen Blutkörperchen anzugreifen. Diese weißen Blutkörperchen erfüllen eine lebenswichtige Aufgabe. Sie aktivieren nämlich die körpereigenen Abwehrkräfte, sobald der Mensch sich eine Krankheit zuzieht. Werden die weißen Blutkörperchen aber ausgeschaltet, so ist der Körper irgendwann jeder Krankheit schutzlos ausgeliefert – sein Immunsystem ist zusammengebrochen, wie die Mediziner sagen. Wer in diesem Zustand krank wird, der stirbt, auch wenn seine Krankheit eigentlich gar nicht tödlich ist. Streng genommen sterben Aids-Kranke also gar nicht an Aids, sondern an Krankheiten wie Malaria oder Lungenentzündung oder sogar an einer Grippe, weil sich ihr geschwächter Körper nicht mehr dagegen wehren kann.

Aids ist in den letzten 25 Jahren zur schlimmsten Seuche der Welt geworden. Man schätzt, dass weltweit etwa 33 Millionen Menschen das tödliche Virus im Blut haben. Afrika ist am schwersten betroffen, dort leben zwei Drittel aller Menschen, die sich angesteckt haben, und 90 Prozent aller Kinder, die durch Aids zu Waisen geworden sind. Mit zum Traurigsten daran gehört, dass auch Kleinkinder an Aids sterben können. Für Säuglinge besteht die Gefahr, dass sie sich schon im Mutterleib bei ihren kranken Müttern an-

stecken, bei der Geburt oder beim Stillen, weil das Virus auch über die Muttermilch aufgenommen werden kann. Deshalb sterben jedes Jahr weltweit 500.000 Kinder an Aids; die meisten von ihnen werden nicht einmal zwei Jahre alt.

Mosambik: Die 65-jährige Julia João hat ihre verwaisten Enkel bei sich aufge-nommen. Die neunjährige Nelina ist ver-antwortlich für den Haushalt und das kleine Stück Land. Trotzdem schafft sie es, in die Schule zu gehen.

Was man gegen Aids tun kann

Aber gibt es überhaupt keine Hilfe? Doch, Hilfe gibt es. Zwar ist es noch nicht gelungen, einen Impfstoff gegen Aids zu entwickeln, aber es gibt Medikamente, die verhindern, dass sich die Viren im Körper vermeh-ren. Natürlich beginnt jede Hilfe damit, dass sich alle, die von Aids be-droht sind, einem Test in einem Krankenhaus unterziehen, auch Men-schen, die sich noch gesund fühlen – schließlich muss die Krankheit erst einmal erkannt werden. Wird das Virus bei einem solchen Test tat-sächlich entdeckt, lautet der Befund „HIV-positiv". Im anderen Fall spricht man von „HIV-negativ". Sicher ist es ein furchtbarer Schock, zu erfahren, dass man HIV-positiv ist. Aber es muss noch nicht das Todes-urteil bedeuten. Denn zwischen dem Augenblick der Ansteckung und dem Ausbruch der Krankheit können viele Jahre vergehen. Und wenn

die Behandlung mit virenhemmenden Medikamenten in dieser Zwischenzeit einsetzt, wird der Ausbruch der Krankheit hinausgezögert, um Jahre, vielleicht sogar um Jahrzehnte. Dieselben Medikamente können auch verhindern, dass kranke Mütter das Virus während der Schwangerschaft oder beim Stillen auf ihre Kinder übertragen. Das Problem ist nur: Die nötigen Medikamente sind teuer, sehr teuer. Unerschwinglich für die meisten Menschen in der Dritten Welt. Wer arm ist, für den gibt es also in vielen Ländern trotzdem keine Überlebenschance – es sei denn, er hat das Glück, Zugang zu einem der Hilfsprojekte zu finden, die von großen Hilfsorganisationen zur Aids-Bekämpfung ins Leben gerufen wurden. Kinder haben es besonders schwer. Jahrelang hat man bei Aids hauptsächlich an die sterbenden Erwachsenen und an die vielen Waisen gedacht. Es wurde zu wenig darauf geachtet, dass sich auch immer mehr Jungen und Mädchen über ihre Mütter direkt infizieren und selbst krank werden. Die Medikamente wurden aber für Erwachsene hergestellt. Spezielle Medikamente, die Kindern besonders gut helfen und die sie gut einnehmen können, gibt es kaum. Sie müssen also eklig schmeckenden Sirup schlucken oder die Tabletten der Großen zerkleinern – in der Hoffnung, die richtige Dosierung hinzubekommen.

Aufklären, darüber informieren, wie man sich anstecken kann, wie man sich schützt und wer einem hilft, wenn man sich angesteckt hat, das ist das Wichtigste. Nur durch Aufklärung lässt sich die Ausbreitung von Aids stoppen. UNICEF und andere Organisationen unterstützen solche Aufklärungsprogramme – und davon gibt es mittlerweile eine ganze Menge, auch in Afrika. In vielen Schulen steht die Aufklärung über Aids schon auf dem Lehrplan. Manche Lehrer haben mit Jugendlichen zusammen Anti-Aids-Clubs an ihren Schulen gegründet, wo Jungen und Mädchen offen über Aids reden können, offener als zu Hause. Dort erfahren sie in einer vertraulichen Atmosphäre, wie man sich gegen Aids schützen kann, wo man sich testen lassen kann und welche Behandlungsmethoden es gibt. Besonders wirkungsvoll ist die Aufklärung durch Theatergruppen. Das sind meist junge Leute, die ihre Stücke selbst geschrieben haben und damit in Städten und Dörfern auf-

treten. Die Theatergruppen erreichen ein großes Publikum von alten und jungen Menschen, und das Tolle ist: Auf der Bühne oder in Liedern kann man Dinge ansprechen, die im Alltag normalerweise mit peinlichem Schweigen oder Kopfschütteln übergangen werden. So nimmt niemand Anstoß daran.

Außerdem kümmert sich UNICEF um Waisen, die ihre Eltern durch Aids verloren haben. Zum Beispiel, indem Kindern das Schulgeld bezahlt wird, damit sie ihre Ausbildung abschließen können und nicht von der Aufklärung über Aids ausgeschlossen sind. UNICEF unterstützt auch Dorfgemeinschaften und hilft ihnen dabei, Tagesstätten für Waisen einzurichten, damit elternlose Kinder nicht verwahrlosen und womöglich verhungern. Und natürlich engagiert sich UNICEF auch für die Kranken selbst. Das geschieht auf vielfache Weise. Gesundheitsstationen werden aufgebaut, wo Aids-Tests angeboten werden. Beratungsstellen für Schwangere, die sich angesteckt haben, werden eingerichtet – Mütter und ihre Babys erhalten dort auch die richtigen Medikamente.

Außerdem sorgt UNICEF dafür, dass diese Medikamente vorrätig sind, setzt sich für die Entwicklung besserer und billigerer Medikamente ein und unterstützt Menschen, die von sich aus den Kampf gegen Aids aufnehmen wollen. Viele Kranke werden trotzdem nicht zu retten sein. Aber all diese Aktivitäten geben den Menschen auch in den am schlimmsten betroffenen Ländern die Hoffnung zurück, die sie brauchen, um die Kraft zum Weiterleben zu finden.

Nicht verzweifeln!

Als die Äthiopierin Alganesch mit 31 Jahren erfuhr, dass sie HIV-positiv ist, versank sie in Depression. Sie gab ihre Arbeit als Krankenschwester auf und war in ihrer Verzweiflung nicht einmal mehr in der Lage, sich um ihre drei Kinder zu kümmern. Zwei Jahre lang war sie wie gelähmt. Dann verschaffte ein Arzt ihr das Medikament, das den Ausbruch der Krankheit verzögert und mit dem sie wieder zu Kräften kam. Heute arbeitet sie wieder in ihrem alten Beruf, und ihre Patienten erleben sie als optimistische, lebensfrohe Frau, die für jeden ein Lächeln übrig hat. Alganesch kümmert sich seither nur noch um Menschen, die so wie sie selbst HIV-positiv sind. Sie betreut Männer und Frauen, die nach einem Test mit der Nachricht fertig werden müssen, dass sie sich tatsächlich angesteckt haben. Sie spricht ihnen Mut zu und klärt sie über Behandlungsmethoden und Medikamente auf.

Und sie besucht Aids-Kranke daheim, in ihren Hütten, Männer und Frauen, bei denen die Krankheit so weit fortgeschritten ist, dass sie sich nicht mehr selbst helfen können. Alganesch bringt ihnen Essen mit, pflegt sie und spendet ihnen Trost. Sie hat mehr Kraft als mancher Gesunde, und immer wieder reagieren ihre Patienten ungläubig, wenn Alganesch offen zugibt, selbst HIV-positiv zu sein. Sie ist der lebende Beweis dafür, dass die Ansteckung selbst noch kein Grund zur Verzweiflung ist.

 **Erinnerungsbücher, Impfen, Infektionen, Kambodscha, Kindersterblichkeit, Prostitution, Tanz, Verhütung**

Alter

„Wie alt bist du?" Drei Finger der kleinen Hand recken sich in die Höhe. „Drei Jahre schon. Allerhand." Bei uns weiß eben jedes Kind, wie alt es ist. „Ihr Geburtsdatum?" heißt es später bei vielen Gelegenheiten. Auch das ist kein Problem. An keine Zahl, nicht einmal an unsere Handy-Nummer, erinnern wir uns so schnell und sicher wie an den Tag, den Monat und das Jahr unseres Eintritts in diese Welt.

Deshalb fühlten sich die beiden Beamten der amerikanischen Einwanderungsbehörde nicht ernst genommen, als sie eine Somalierin von vielleicht vierzig Jahren nach ihrem Alter fragten und nur ein Achselzucken als Antwort erhielten. In einem Lager im Norden Kenias überprüften sie somalische Flüchtlinge, die in die USA auswandern wollten, und brauchten dafür genaue Angaben über jede Person. „Ihr Alter, bitte", sagte einer der Beamten ungeduldig. Die Frau überlegte. „An dem Tag, als Somalia unabhängig wurde, war ich vielleicht drei oder vier", antwortete sie schließlich. „Also müsste ich jetzt" – sie rechnete – „um die vierzig sein." „Geht es nicht genauer?" Nein, genauer geht es nicht. Denn der Tag ihrer Geburt ist nie registriert worden, und nicht einmal ihre Eltern wissen ihn.

Wen interessiert schon der Tag der Geburt? Was hat man davon, wenn man sein genaues Alter weiß? In vielen Ländern Afrikas und Asiens wird das Leben bis heute nicht nach Jahren berechnet, sondern nach Erlebnissen und Erfahrungen. Die somalische Frau wird sich

an das früheste Ereignis erinnert haben, das sie im Gedächtnis bewahrte, und das sind die Musikkapellen, die Soldaten und der lange Zug von Kamelreitern gewesen, die am Unabhängigkeitstag mit viel Tamtam durch die Straßen der somalischen Hauptstadt Mogadischu gezogen waren. Daran erinnerte sie sich, also muss sie damals drei gewesen sein. Oder vier. Genauer ging es nicht.

In unserer Zeit ist es allerdings doch besser, seinen Geburtstag zu kennen, auch in Afrika und Asien. Denn wer bei der Geburt nicht registriert wird, wer nicht bei der nächsten Behörde gemeldet wird, der existiert für den Staat auch nicht, den gibt es eigentlich gar nicht, der wird sein Leben lang keinen Personalausweis, keinen Pass, keine Sozialhilfe und keine Rente bekommen, weil er offiziell ein Niemand ist. Theoretisch hat heute auch in Afrika und Asien alles seine Ordnung, jedes Neugeborene bekommt einen Eintrag ins Geburtsregister, fein säuberlich, mit Geburtsdatum. Aber praktisch melden immer noch längst nicht alle Eltern ihre Kinder nach der Geburt an.

Jährlich oder lieber bei wichtigen Ereignissen feiern?

Bei uns in Europa ist alles klar. Von 0 bis 18 geht die Kindheit, ab 18 sind wir erwachsen für den Rest unseres Lebens, und mit größter Wachsamkeit beobachten wir, wie wir jedes Jahr um ein Jahr älter werden. Wer würde seinen Geburtstag vergessen? In vielen afrikanischen und asiatischen Ländern spielt der Geburtstag aber keine Rolle. Viel wichtiger als dieses Abzählen der Lebensjahre ist es, bestimmte Einschnitte im Leben eines jungen Menschen zu feiern. In Japan zum Beispiel wird am Ende des dritten, des fünften und des siebten Lebensjahrs ein Fest gefeiert, auch heute noch, dann bringen die Eltern ihre Kinder in den Tempel, beten, und ein Priester segnet die Kinder mit einem weißen Papierwedel. Warum? Weil es zumindest in den alten Zeiten ein Grund zu großer Freude und Dankbarkeit war, wenn ein Kind die ersten drei Jahre überlebt hatte und nicht an einer der vielen Kinderkrankheiten gestorben war. Ein noch größerer Grund zu Freude und Dankbarkeit war es, wenn ein Kind auch das fünfte Jahr überstanden hatte. Und wenn es nach sieben Jahren immer noch gesund und munter war, konnte man halbwegs sicher sein, dass ihm die Kinderkrankheiten nichts mehr anhaben konnten – der nächste Grund zur Freude.

Der tiefste Einschnitt im Leben eines Menschen ist der Übergang von der Kindheit zur Jugend, die Pubertät. Das ist immer und überall eine Zeit der Unsicherheit, in denen ein Kind seine Rolle in der noch fremden Welt der Erwachsenen suchen muss. Dieser Einschnitt wurde früher bei allen Völkern mit ganz speziellen symbolischen Handlungen und Zeremonien begangen. Sie sollten einem Kind erleichtern, sich in der Welt der Erwachsenen zurechtzufinden. Auch bei uns gibt es tradi-

tionelle Feste, mit denen das Ende der Kindheit begangen wird, nämlich Konfirmation, Firmung oder Jugendweihe.

Bei den traditionell lebenden Völkern Afrikas und Asiens wird dieser Abschied von der Kindheit noch viel ernster genommen, zumindest, was die Jungen angeht. Die werden, wenn sie 12 oder 13 sind, von ihren Eltern getrennt, leben wochen- oder monatelang für sich an einem einsamen Ort, müssen Prüfungen und Mutproben bestehen und manchmal auch schmerzhafte Prozeduren über sich ergehen lassen. Haben sie alles bestanden, gelten sie als volljährig und tragen mit 12 oder 13 schon alle Verantwortung, die das Erwachsensein mit sich bringt.

Schon ganz schön erwachsen, diese Jungen im Oman!

Erwachsene Kinder

Bei den meisten Völkern Afrikas und Asiens endet die Kindheit sehr viel früher als bei uns. Da verrichten Kinder schon mit sieben, acht Jahren Arbeiten von Erwachsenen. In den alten Zeiten war es in Europa übrigens nicht anders. Das beste Beispiel für ein kurzes, schnelles, volles Leben ist der deutsche Kaiser Otto III. (980–1002 n. Chr.). Der wurde mit drei Jahren zum König gekrönt, regierte als Alleinherrscher von seinem 13. Lebensjahr an, zog als 16-Jähriger an der Spitze seines Heers nach Italien, wurde im selben Jahr in Rom zum Kaiser gekrönt und starb

Alter

mit 22 an Malaria. Kann man sich heute
vorstellen, dass ein Land von einem 13-Jährigen
regiert wird? Im frühen Mittelalter war das in
Deutschland möglich.

Wenn es nach dem Gesetz geht, beginnt die Voll-
jährigkeit heute fast überall mit dem 18. oder dem 20. Lebensjahr. Trotzdem kommt es immer noch vor, dass vorher schon Kinder verheiratet
werden, nicht nur in Asien und Afrika, auch bei den Indiovölkern Lateinamerikas. Mädchen gehen nicht selten schon mit 14, manchmal
auch mit 12 oder sogar 10 die Ehe ein, Jungen mit 15 oder 16 Jahren.
Natürlich heiraten sie dann nicht aus Liebe. Sie werden oft noch nicht
einmal gefragt. Manchmal haben sie ihren Ehepartner nie zuvor gesehen. Es sind die Eltern, die solche Ehen einfädeln. Und nicht selten haben
die Eltern dabei vor allem ihren Vorteil und den der ganzen Familie im
Auge, nämlich die Versöhnung mit einer Sippe, mit der man lange im
Streit gelebt hat, oder eine üppige Mitgift, wenn die Familie des Mädchens wohlhabend ist. Oft sind sie auch einfach so arm, dass sie froh
sind, die Tochter verheiratet zu haben – da bleibt für die anderen Familienmitglieder von dem Wenigen mehr übrig.

So tief ins Leben ihrer Kinder eingreifen, das können Eltern natürlich nur dann, wenn sie großen Respekt genießen, wenn Kinder ihnen
Gehorsam und Verehrung entgegenbringen. In vielen alten Kulturen,
die noch nach den überlieferten Sitten leben, ist das der Fall. Mit dem
Lebensalter wächst die Autorität, und je älter ein Mensch ist, desto mehr
Gewicht hat sein Wort – in der Familie, aber auch in der Dorfgemeinschaft. Für junge Menschen kommt dann gar nichts anderes infrage, als
ihnen mit Ehrfurcht zu begegnen. Einem älteren Menschen widerspricht
man nicht – das gilt auch heute noch in vielen Ländern. Und auch das
war früher bei uns ähnlich. In Holland zum Beispiel wurden Eltern noch
bis vor 40 Jahren von ihren Kindern ehrfürchtig mit „Sie" angeredet.
Heute undenkbar, nicht wahr?

Geburtstag, Kinderarbeit

Angola

Theater ist in Afrika eine aufregende, spannende Sache. Die Zuschauer
scheinen wirklich mitzuerleben, was vorn auf der Bühne gespielt wird.
Die älteren Leute schauen mit offenem Mund zu, wie gebannt. Die jungen Leute rücken während der Aufführung immer weiter nach vorne

und sind mucksmäuschenstill. So viel Aufmerksamkeit – das gibt es nur,
wenn eine Theatergruppe auftritt. Denn Zeitungen, Fernsehen und andere Medien sind in diesen Regionen kaum vorhanden. Und deshalb
ist es das Klügste, sich ein Theaterstück auszudenken und überall damit
aufzutreten, wenn man in Afrika eine wichtige Botschaft hat.

Mit Witz und
guten Geschichten
kommen die
Regeln, wie man
sich vor Land-
minen schützt,
besser an.

   In dem südwestafrikanischen Land Angola gibt es eine Theatergruppe, die eine sehr wichtige Botschaft hat. Ihr Stück handelt von Landminen. Das sind Sprengkörper, die in der Erde vergraben werden und
explodieren, sobald jemand darauftritt. Landminen lauern im Verborgenen, deswegen ist niemand vor ihnen sicher, weder Mensch noch Tier.
Und im Boden von Angola warten Millionen von Minen darauf, spie-
lende Kinder oder pflügende Bauern in Stücke zu zerreißen. Man schätzt,

33

Sie ist von einer Landmine schwer verletzt worden.

dass auf jeden der zwölf Millionen Einwohner Angolas eine Landmine kommt. Davon handelt das Theaterstück. Die Schauspieler spielen ihrem Publikum vor, welche Vorsichtsmaßnahmen man ergreifen kann und wie man sich verhält, wenn man eine solche Mine findet. Kein Wunder, dass ihnen besondere Aufmerksamkeit sicher ist.

Diese Landminen sind das furchtbare Erbe eines langen Kriegs, des längsten Kriegs auf dem afrikanischen Kontinent. 14 Jahre lang haben die Angolaner gegen ihre Kolonialherren aus Portugal gekämpft, denn Angola war eine portugiesische Kolonie, also lange Zeit unter der Herrschaft Portugals. Und anschließend haben sich verschiedene Kriegsparteien 27 Jahre lang in einem grausamen Bürgerkrieg gegenseitig bekämpft. Anderthalb Millionen Menschen wurden getötet, 5.000 Schulen zerstört. Seit 2002 herrscht endlich Frieden.

Für viele Kinder soll nun eine neue, bessere Zeit beginnen, und die Mitarbeiter von UNICEF helfen ihnen dabei. Sie richten provisorische Schulen ein, wo der Unterricht zunächst in zerschossenen Häusern oder in einem Zelt stattfindet. Sie reparieren zerstörte Schulgebäude. Sie schicken Hefte, Kugelschreiber und Schulbücher. Sie helfen Straßenkindern und Kindersoldaten, ihre Familien wiederzufinden. Sie unterstützen auch die Theatergruppe mit ihrem Stück über Landminen. Und vielleicht – wenn die Kinder erst einmal merken, dass sie in ihrem Überlebenskampf Verbündete gefunden haben – blicken sie dann auch nicht mehr auf die Menschen, als ob sie in einer Welt voller Feinde lebten.

Afrika, Bürgerkrieg, Kindersoldaten, Landminen

Armut

Vor ungefähr 30 Jahren gab es einen Mann in Deutschland, einen sehr reichen Mann, der hatte sieben Kinder. Er besaß mehrere Schlösser und Burgen, die hatte er sich gekauft, und seine Kinder wuchsen in unbeschreiblichem Luxus heran. Einmal im Jahr nahm er sie jedoch mit auf eine Reise in ein armes Land, um ihnen zu zeigen, was Armut ist. Zwar gibt es auch in Deutschland arme Menschen, aber deren Armut ist lange nicht so lebensbedrohlich, so zum Verzweifeln wie die Armut der Ärmsten anderswo auf der Welt. Jedenfalls wollte dieser Mann, dass seine Kinder erfahren, wie es in der Welt zugeht, damit sie ihre Augen nicht vor dem Elend verschließen.

Unsere Reise hier soll nach Südafrika gehen, wo in einem Dorf hinter einem Bretterzaun die Familie Mokgabudi lebt. Ihr kleines Betonhaus hat drei Räume, in denen des Nachts 14 Personen unterkommen müssen – Großmutter, Vater, Kinder, Enkel und eine Tante. Eines der Kinder ist die elfjährige Karabo. Und jedes Mal, wenn sich Karabo morgens auf den Schulweg macht, fragt sich ihre Tante besorgt, ob sie heil zurückkommen wird. Karabo hat nämlich in letzter Zeit mehrmals den Wunsch geäußert, von einem Auto angefahren zu werden und dann behindert zu sein. Welch furchtbarer Gedanke für ein Kind! Aber Karabo hofft, als Behinderte vom Staat etwas Geld zu bekommen, eine kleine Behindertenrente, mit der sich ihre Familie ein bisschen mehr leisten könnte. Eine tägliche Mahlzeit zum Beispiel.

Bisher halten sich die Mokgabudis mit dem über Wasser, was sie an Kindergeld und Sozialhilfe vom Staat bekommen. Das reicht gerade für das Schulgeld und ein paar Nahrungsmittel. An manchen Tagen erbettelt Karabos ältere Schwester Bohnen oder Maismehl von ihren Nachbarn. Aber es kommt auch vor, dass es in dem kleinen Betonhaus hinter dem Bretterzaun tagelang gar nichts zu essen gibt. Dann liegen die Kinder kraftlos auf dem nackten Erdboden im Schatten des Hauses und dämmern vor sich hin, unfähig, in die Schule zu gehen. Wenn wenigstens einer von ihnen Arbeit finden würde! Karabos älterer Bruder fährt manchmal in die Stadt, um einen Job zu suchen, aber ohne Erfolg. Und ihr Vater hat die Suche längst aufgegeben. Es gibt eben kaum Arbeit. In ganz Südafrika sieht es schlecht aus. Jeder Zweite zwischen 15 und

65 Jahren ist hier arbeitslos. Von einem Auto angefahren zu werden und behindert zu sein, das ist ein verzweifelter Wunsch. Aber die Lage der Mokgabudis ist verzweifelt.

Doch es gibt Hoffnung. Hoffnung, dass Kinder wie Karabo sich nicht mehr so etwas Schreckliches erträumen müssen, wie unters Auto zu kommen. Denn neuerdings erhalten die Ärmsten der Armen in Karabos Gegend Lebensmittelpakete von einer Hilfsorganisation. Chefin dieser Organisation ist Yvonne Mokgoatjane. Sie hat herausgefunden, dass nicht weniger als 150 Familien ringsum genauso arm dran sind wie die Mokgabudis. Für sie steht fest, was zu tun ist. Lebensmittelpakete sind nur ein erster Schritt, keine Lösung auf Dauer. Deshalb bildet sie Sozialhelfer aus, die diesen armen Familien helfen, Formulare auszufüllen. Formulare, mit denen sie beim Staat eine Rente oder Sozialhilfe beantragen können. Viele von ihnen können nämlich weder lesen noch schreiben. Viele wissen auch nicht, dass ihnen staatliche Unterstützung zusteht. Und manche besitzen nicht einmal einen Personalausweis, existieren für die Behörden also gar nicht.

Armut hat schlimme Folgen. Auch für diese Kinder in Haiti, die im Müll leben.

Und dann hat Yvonne Mokgoatjane mit den Politikern der Region verhandelt. Wäre es nicht möglich, den ärmsten Familien ein Stück Land zu schenken, damit sie dort ihr eigenes Gemüse und ihr eigenes Korn anbauen können? Und sieh an: Es war möglich. Und viel besser als Lebensmittelpakete. Denn ein eigener Garten, ein eigener kleiner Acker, das macht die Menschen unabhängig, das sichert ihr Überleben, das gibt ihnen Arbeit und damit auch ihren Stolz zurück. Demnächst wird Karabos Familie damit anfangen, ihren Garten anzulegen, mit Spinat- und Zwiebelbeeten. Und wer weiß – vielleicht werden sie eines Tages so viel ernten, dass sie einen Teil davon auf dem Markt verkaufen können.

Kinderarbeit, Lesen und Schreiben

Asyl

Davon lesen wir in der Zeitung, davon hören wir im Radio und im Fernsehen: Von Asylbewerbern oder Asylanten ist da die Rede, und manchmal heißt es, dass es zu viele von ihnen in Deutschland und in Europa gibt. Wer sind denn diese Asylbewerber? Und was wollen sie bei uns?

Asylbewerber sind Menschen, denen in ihren Heimatländern Gefängnis oder Folter oder Tod droht. Entweder, weil dort Krieg herrscht, weil sie dort einer verfolgten Minderheit angehören oder weil sie eine andere politische Meinung vertreten als die Regierung. Viele Asylbewerber fliehen aber auch vor der Armut und der Hoffnungslosigkeit in ihrer Heimat. Sie alle kommen, weil sie sich von einem Leben in Deutschland oder Spanien oder Italien mehr Sicherheit und bessere Chancen für die Zukunft versprechen. Europa ist reich, und vor allem: Hier werden die Menschenrechte respektiert. In den Augen vieler Menschen dieser Erde erscheint Europa deshalb wie ein Paradies.

In Deutschland dürfen aber nur die bleiben, die von einem Gericht als Asylbewerber anerkannt werden. Das Gericht prüft bei jedem Bewerber die Gründe für seine Flucht. Stellt sich heraus, dass jemand „nur" vor der Armut geflohen ist, wird er abgewiesen und zurückgeschickt. Denn streng genommen muss Deutschland nur solchen Flüchtlingen und Einwanderern Asyl gewähren, die daheim aus politischen oder religiösen Gründen verfolgt werden. Es ist nicht leicht, unsere Gerichte davon zu überzeugen, dass man zu diesen Verfolgten gehört, und oft sind es tatsächlich die jämmerlichen Lebensverhältnisse, die die Menschen zur Flucht veranlassen. Deshalb darf auch nur ein kleiner Teil der Asylbewerber schließlich in Deutschland bleiben.

Aber – wäre es nicht richtiger und menschlicher, auch solchen Menschen Asyl zu gewähren, die nichts anderes wollen, als Hunger und Armut ein für alle Mal hinter sich zu lassen? Wenn wir darüber nachdenken, sollten wir uns bewusst

Sie gehen jedes Risiko ein: Auf winzigen Booten fahren diese Männer aus Afrika übers Meer, um in Europa Asyl zu finden.

machen, was Asyl eigentlich heißt. Das Wort kommt aus dem Griechischen und bedeutet Heimstatt oder Zufluchtsort. Seit Jahrtausenden sind beispielsweise Tempel und Kirchen solche Zufluchtsorte, und wer es früher schaffte, in einen Tempel oder eine Kirche zu flüchten, der war in Sicherheit. Erstaunlicherweise galt das nicht nur für unschuldig Verfolgte, sondern sogar für Verbrecher, und nicht einmal die Polizei durfte bei der Jagd nach einem Übeltäter in Tempel oder Kirchen eindringen. Ein Asyl soll also Menschen auf der Flucht Schutz und Sicherheit bieten. Den Wunsch nach einem besseren Leben aber kann das Asyl nicht erfüllen. Trotzdem müssen wir Europäer uns überlegen, ob wir nicht doch auch Menschen aufnehmen wollen, die vor dem Hunger fliehen. Vielleicht sollten wir uns an den Gedanken gewöhnen, unseren Reichtum mit den Ärmsten zu teilen. Die meisten europäischen Politiker sind allerdings dagegen, weil sie befürchten, dass es dann bei uns noch mehr Bewerber und immer weniger Arbeitsplätze gibt.

Kirchenasyl

Die evangelischen wie die katholischen Kirchengemeinden können bis heute Asyl gewähren, ganz unabhängig von Staat und Gerichten und auch gegen den Willen der deutschen Behörden. Vor Jahren wurde der Abt eines bayerischen Klosters gefragt, ob er eine kurdische Familie für zwei Monate aufnehmen würde. Diese Familie – Vater, Mutter und sechs Kinder – sollte in die Türkei zurückgeschickt werden, obwohl dem Vater dort die Folter drohte. Der Abt hatte Mitleid mit ihnen. Er erklärte sich dazu bereit, alle in seinem Kloster wohnen zu lassen – und aus den zwei Monaten wurden sechs Jahre. Längst hatten die Gerichte endgültig entschieden, dass diese Kurden nicht in Deutschland bleiben durften, trotzdem wagte die Polizei nicht, sie mit Gewalt aus dem Kloster herauszuholen.

Die Kinder besuchten also die deutsche Schule, der Vater arbeitete in der Klostergärtnerei, und die Mutter kochte ihre eigenen kurdischen Speisen – fast führten sie ein normales Leben, nur dass die Eltern das Klostergelände niemals verlassen durften. Nach sechs Jahren wurde der Familie endlich gestattet, sich in einem osteuropäischen Land als freie Menschen niederzulassen. Und mittlerweile sieht es ganz so aus, als dürften sie wieder nach Deutschland zurückkehren – wo sie sich nach wie vor am wohlsten fühlen.

Armut, Flüchtlinge, Grenzen

Auto

Die meisten Menschen in der äthiopischen Hauptstadt Addis Abeba gehen zu Fuß. Wir nehmen ein Taxi, weil wir uns eine Taxifahrt leisten können. Da steht auch eins am Straßenrand vor dem Hotel, ein klappriges Gefährt, blau-weiß gestrichen und bestimmt 40 Jahre alt. Ein kleiner Fiat, vielleicht Baujahr 1965. Bei uns wäre das ein gut gepflegter Oldtimer, den sein Besitzer nur an Sonntagen aus der Garage holt, aber hier in Addis Abeba ist so eine alte Kiste ganz normal, und es stört auch keinen, wenn die Räder eiern und der Motor spuckt und stottert und die Fahrgäste am Berg womöglich aussteigen und schieben müssen. Fast alle Taxis hier sind europäische Modelle, Ford 17 M, Peugeot 304 oder Fiat 850, aber in Europa hat man sie seit 30, 40 Jahren nicht mehr auf der Straße gesehen.

Der Fahrer lächelt uns an, als er uns kommen sieht. Er weiß: Von Europäern kann er mehr Geld für die Fahrt verlangen als von Einheimischen. Europäer mitzunehmen ist immer ein gutes Geschäft. Taxameter gibt es nämlich in äthiopischen Taxis nicht, der Fahrpreis muss immer vorher ausgehandelt werden. Zwei Fahrgäste kosten mehr als einer. Bergauf ist teurer als bergab. Und eine Holperstrecke mit vielen Schlaglöchern kostet extra. Gut, das wissen wir alles, aber die 60 Birr (so heißt das Geld in Äthiopien), die der Fahrer jetzt verlangt, erscheinen uns doch völlig übertrieben. Also verhandeln wir mit ihm. Unser Angebot: 15 Birr! Der Fahrer wendet sich erschüttert ab. 50 Birr! Wir lachen – nein, nicht mit uns. Immer noch viel zu teuer. 20 Birr! Der Fahrer stöhnt vor Schmerz auf. 45 Birr! Wir schütteln betrübt die Köpfe – und einigen uns nach längerem Hin und Her schließlich auf 30 Birr. Der Fahrer macht eine Miene, als wäre er jetzt ruiniert, lächelt aber im nächsten Moment schon wieder, und die Fahrt kann beginnen.

Die Federung quietscht, die Hinterachse rumpelt, das Lenkrad lässt sich einmal ganz herumdrehen, bevor die Vorderräder reagieren, aber der Wagen fährt. Nicht schneller als 40 Stundenkilometer allerdings. Dafür ist das Armaturenbrett schön dekoriert, mit einem roten Samt-

deckchen und Heiligenbildern und einem Foto seines Sohns. Und wir erklären dem Fahrer, wie er fahren muss. In Addis Abeba gibt es nämlich fast keine Straßennamen, Hausnummern schon gar nicht, man orientiert sich an großen Plätzen oder Kirchen oder bekannten Hotels und dirigiert den Fahrer dahin, wo man hin will: „Hinter der

Giorgis-Kirche rechts, und dann noch ein bisschen geradeaus, und dann am großen Kreisverkehr wieder nach links abbiegen."

Bestens ausgestattet, dieses Taxi in Addis Abeba.

Mit den Verkehrsregeln nimmt man es hier nicht so genau. Jeder schlängelt sich durch und quetscht sich in die nächste Lücke, und einer überholt sogar auf dem Bürgersteig. Das letzte Stück unseres Wegs ist schlecht, das Taxi rumpelt, ächzt und knarrt, der Fahrer sagt: „Das kostet 5 Birr extra", und als wir angekommen sind, drücken wir ihm 40 Birr in die Hand, da ist dann auch das Trinkgeld drin. Der Fahrer wirkt hochbeglückt – und fragt uns, ob er uns in ein paar Stunden wieder abholen darf. 40 Birr, das sind 2,50 Euro – für viele Äthiopier ein Tagesverdienst, und wenn er dieselbe Summe heute noch einmal ... Wir sind einverstanden.

Starke Nerven erforderlich

Will man in Äthiopien über Land fahren, mietet man sich am besten einen Geländewagen. Normale Pkw sieht man auf äthiopischen Landstraßen fast gar nicht. Es sind sowieso nur wenige Autos unterwegs, hin und wieder mal ein Bus mit zugezogenen Gardinen oder ein schnaubender Lastwagen, aber meist kommt einem doch ein Geländewagen entgegen. In jedem Fall ist Vorsicht angebracht! Oft sind nämlich Tiere auf der Fahrbahn unterwegs, große Rinder- oder Ziegenherden, kleine Eselskarawanen, voll beladen mit Brennholz, oder Kamele in langen Reihen hintereinander. Die Hirten versuchen mit Stöcken und Schreien

ihre Tiere dazu zu bewegen, die Straße freizugeben, was aber längst nicht immer gelingt. Da braucht man als Autofahrer viel Geduld und viel Geschick, weil man manchen störrischen Ochsen vorsichtig umkurven und manchem Esel ausweichen muss, der es sich im letzten Augenblick doch noch anders überlegt hat.

Am Ortseingang der nächsten größeren Stadt sehen wir dann links und rechts die Werkstätten, in denen clevere Automechaniker die alten,

klapprigen Kisten wieder zum Laufen bringen. Abgefahrene Autoreifen türmen sich da und Autowracks, die als Ersatzteillager dienen. Aus drei verschrotteten Autos können diese Mechaniker ein neues machen, na ja, ein beinahe neues. Und vielleicht beobachten wir hier auch einen Jungen, der sich sein eigenes Auto gebastelt hat. Ein Spielzeugauto aus Drähten, Kronkorken und Kon-

Hilf dir selbst, vor allem bei Pannen! Hier bröselt der Fahrer in den Kühler Tabak, der aufquillt und die undichten Stellen stopft.

servendosen, das er an einer Schnur hinter sich herzieht, und die Räder rollen tatsächlich. Wahrscheinlich ist dies das einzige Auto, das er je besitzen wird.

Manchmal sieht man sehr merkwürdige Autounfälle. Da sind auf einer schnurgeraden Straße zwei Autos frontal aufeinander geprallt, vielleicht ein Bus und ein Geländewagen. Die Fahrgäste des Busses sind ausgestiegen und warten, womöglich seit Stunden schon, unter den Bäumen rings um die Unfallstelle – es kann nämlich sehr lange dauern, bis Polizei und Krankenwagen kommen. Aber wie ist das passiert? Die Fahrer müssen einander doch gesehen haben? Des Rätsels Lösung: Die beiden haben gar nichts gesehen, weil sie in der Staubfahne eines anderen Autos für einander unsichtbar waren. Wenn es lange nicht geregnet hat, wirbelt ein Auto so viel Staub auf, dass anderen Autofahrern dahinter die Sicht genommen wird, sie bewegen sich praktisch fast blind in einer dichten Wolke aus gelbem Staub. Da sieht man nicht ein-

mal mehr die Straße, geschweige ein entgegenkommendes Fahrzeug. Wir selbst sollten übrigens in der nächsten Stadt prüfen lassen, ob noch alle Schrauben, die den Motorblock halten, festsitzen. Die rappeln sich auf äthiopischen Straßen nämlich früher oder später los, dann kracht der Motor auf die Vorderachse, und die Fahrt ist zu Ende.

Tiere und Autos – eine äthiopische Geschichte

Wenn sich ein Auto nähert, verhalten sich die Tiere auf der Fahrbahn ganz unterschiedlich. Die Ziegen springen gleich zur Seite und schlagen sich in die Büsche am Straßenrand. Die Esel scheren sich überhaupt nicht um das Auto und laufen seelenruhig mitten auf der Straße weiter. Und die Hunde verfolgen das Auto mit wütendem Gebell. Die Äthiopier haben sich eine witzige Geschichte ausgedacht, um das Verhalten dieser Tiere zu erklären.

Es ist nämlich so: Einmal fuhren eine Ziege, ein Hund und ein Esel mit dem Bus. Die Fahrt kostete 5 Birr, und der Schaffner kam, um den Fahrpreis zu kassieren. „5 Birr", sagte der Schaffner zum Esel, und der Esel bezahlte brav seine 5 Birr. Der Hund hatte nur einen 10-Birr-Schein dabei. Der Schaffner nahm das Geld, konnte aber nicht gleich herausgeben, versprach dem Hund, ihm die 5 Birr später zu bringen, vergaß es aber dann. Und die Ziege hatte gar kein Geld dabei. Sie versteckte sich unter einem Sitz, blieb auch die ganze Fahrt über unentdeckt und sprang an der Endstation raus, bevor der Schaffner sie packen konnte. Seither glaubt die Ziege, sobald sich ein Auto nähert, dass sie für ihren Betrug bezahlen muss, und macht sich mit ein paar schnellen Sprüngen aus dem Staub. Der Hund läuft wütend bellend hinter jedem Auto her, weil er seine 5 Birr Wechselgeld haben will. Und den Esel lässt jedes Auto kalt, weil er ein gutes Gewissen hat – schließlich hat er seine 5 Birr ja ganz ordentlich bezahlt.

Weshalb aber die Kühe einfach stehen bleiben, wenn ein Auto kommt – dafür haben nicht einmal die Äthiopier eine Erklärung.

 **Reisen**

Bangladesch

Bangladesch ist ein Nachbarstaat von Indien. Das Land ist nicht einmal halb so groß wie Deutschland, aber außerordentlich dicht besiedelt – 60 Millionen Menschen mehr als bei uns leben dort. Bangladesch gehört zu den Ländern, in denen Frauen nicht viel gelten und längst nicht dieselben Rechte haben wie bei uns. Seit einigen Jahren kommen erschreckende Nachrichten aus Bangladesch: Immer mehr Mädchen und junge Frauen werden Opfer eines besonders scheußlichen Verbrechens. Sie werden mit Säure übergossen.

Fozelatun Nessa war 16, als es passierte. Zwei Männer schütteten ihr ätzende Säure ins Gesicht. Die beiden 22-Jährigen hatten sie vorher wochenlang gedrängt, eine Beziehung mit ihnen anzufangen, aber Fozelatun wollte nicht. Daraufhin beschlossen die beiden, sich zu rächen. Sie besorgten sich billige Säure aus einer Autobatterie und gossen sie ihr über den Kopf. „Ich hatte das Gefühl, mein Gesicht steht in Flammen", sagt Fozelatun. Sie wurde gerettet, weil ihr Bruder wusste, was zu tun war. Er wusch ihr sofort die Säure mit Wasser ab. Aber Fozelatuns Gesicht war völlig zerstört.

Fozelatun kämpft dafür, dass die Säureanschläge geächtet und bestraft werden.

Warum tun Männer so etwas? Aus Eifersucht? Aus gekränkter Ehre? Weil sie Frauen verachten? Jedenfalls genügt es offenbar, dass ein Mädchen nichts mit ihnen zu tun haben will. „Die Männer zielen bewusst auf das Gesicht. Sie wollen die Schönheit der Frauen zerstören. Wenn sie mich nicht will, dann soll sie auch keinen anderen kriegen – das ist ihre grausame Logik", sagt Khadija Sultana, die Säureopfer betreut. Und diese Männer erreichen ihr Ziel. Die Säure zerfrisst die Haut. Sie zerstört das Augenlicht. Sie hinterlässt furchtbare Narben. Die Schmerzen sind unerträglich, und hinterher will tat-

sächlich kein Mann mehr etwas von einer Frau wissen, deren Gesicht dermaßen entstellt ist.

Kein Wunder, dass diese Mädchen und Frauen sich anfangs wünschen, tot zu sein. Viele Operationen sind nötig, um ihnen wieder ein einigermaßen menschliches Aussehen zu geben. Und jede dieser Operationen kostet rund 1.500 Euro. Die meisten Opfer könnten das gar nicht bezahlen. Zum Glück werden die Kosten von der Organisation übernommen, für die Khadija Sultana arbeitet. Und die Täter? Ihnen drohen inzwischen hohe Gefängnisstrafen oder sogar die Todesstrafe. Doch bisher sind nur wenige verurteilt worden. Das liegt auch daran, dass manche Frauen ihre Peiniger nicht anzeigen – aus Scham, oder weil es ein Verwandter oder Nachbar ist.

Im Zentrum für Säureopfer in der Hauptstadt Dhaka helfen Frauen, die selbst Opfer eines Säureanschlags sind, anderen, ins Leben zurückzufinden. Außerdem erhalten sie Geld, um ihre Schulausbildung abzuschließen oder einen Beruf zu erlernen. Auch Fozelatun hat hier neuen Lebensmut geschöpft. „Die Täter konnten mein Gesicht zerstören, aber nicht mein Leben", sagt sie heute. Einer von ihnen hat eine lebenslängliche Gefängnisstrafe bekommen, der andere ist ins Ausland geflohen.

Es ist gut, dass sich immer wieder Menschen finden, die den Kampf gegen solche furchtbaren Taten aufnehmen. Khadija Sultanas Organisation versucht, die Öffentlichkeit aufzurütteln. Sie hat Rundfunk- und Fernsehspots produziert. Sie hat eine Aufklärungsbroschüre veröffentlicht, in der Fernsehstars aus Bangladesch ihr Entsetzen zum Ausdruck bringen. Sie hat auch den Kapitän der nationalen Cricket-Mannschaft dafür gewonnen, öffentlich gegen Säureanschläge zu protestieren – Cricket ist der Lieblingssport in Bangladesch. Vielleicht gelingt es diesen Stars, junge Männer zur Besinnung zu bringen. Am Weltfrauentag haben sogar schon mehrere tausend Männer in der Hauptstadt gegen Säureanschläge demonstriert.

Gleichberechtigung, Machismo, Mädchen

Beschneidung

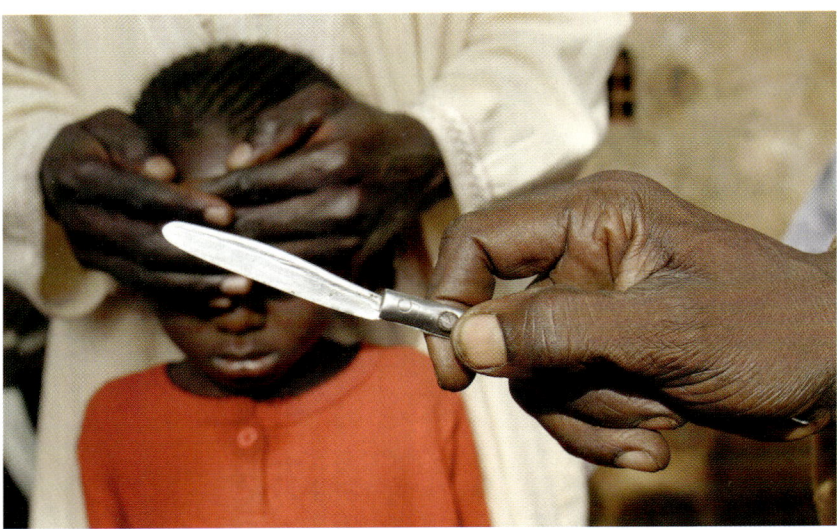

Beschneidung verletzt nicht nur den Körper, sondern auch die Seele.

Fatima war vier Jahre alt, als sie beschnitten wurde. In ihrer Heimat Somalia ist es üblich, dass Mädchen beschnitten werden. Unbeschnittene Frauen gelten als unsauber, und es heißt, dass nur beschnittene Mädchen einen Mann finden. Deshalb freute sich Fatima sogar auf den Tag ihrer Beschneidung. „Morgen wird sich zeigen, wie tapfer du bist", sagte ihre Großmutter am Vorabend zu ihr. Und Fatima versprach, keine Träne zu vergießen.

Am nächsten Morgen wurde sie früh geweckt und musste sich kalt duschen. Ein paar Nachbarinnen standen im Hof und unterhielten sich. Die Beschneiderin war auch schon da. Fatimas Mutter bot allen Tee an. Ihre Großmutter brachte eine Apfelsinenkiste und setzte sie mitten im Hof ab, den Boden nach oben. Nach der Dusche griffen sich die Frauen die kleine Fatima, legten sie mit dem Rücken auf die Apfelsinenkiste und hielten sie an Armen und Beinen fest. Fatima schrie. Sie versuchte, sich zu wehren. Aber gegen fünf Frauen war sie natürlich machtlos. Zwei Frauen zogen ihr die Beine auseinander, und dann setzte die Beschneiderin ihre Rasierklinge an. Fatima verlor die Besinnung. Als sie wieder

erwachte, lag sie, eingeschnürt von den Füßen bis zum Bauch, auf einer Matte in ihrem Zimmer. Oben zwischen ihren Beinen fühlte sie einen furchtbaren, brennenden Schmerz. Als sie zwei Wochen später zum ersten Mal wieder duschen durfte, sah sie, was die Beschneiderin mit ihr gemacht hatte. Sie hatte ihr die Schamlippen abgeschnitten und alles so zugenäht, dass nur ein winziges Loch übrig geblieben war.

Heute ist Fatima eine Frau von 32. Seit zehn Jahren lebt sie in Deutschland. Und sie sagt, dass die Beschneidung selbst nicht einmal das Schlimmste gewesen ist. Noch schlimmer war für sie, dass sie später im Leben eine panische Angst vor Männern hatte, die verliebt in sie waren. Dass sie sich unter der Liebe einfach nichts Schönes vorstellen konnte. Sie hatte Angst davor, mit einem Mann zu schlafen, und verliebte sich deshalb in keinen. Eines Tages bekam sie furchtbare Bauchschmerzen, die nicht weggingen. Und sie blutete aus dem Löchlein, das die Beschneiderin ihr gelassen hatte. Zum Glück gibt es in Bonn eine Klinik, die beschnittenen Frauen hilft. Fatima wurde operiert. Heute hat sie eine fast normale Scheide – und auch einen Freund.

Das grausame Ritual der Beschneidung müssen bis heute viele Mädchen in afrikanischen und arabischen Länder über sich ergehen lassen. Jedes Jahr sind es etwa drei Millionen. Manche sterben noch während der Prozedur, andere haben ihr Leben lang Schmerzen. Und die meisten leiden Qualen, wenn sie mit einem Mann schlafen. „Sie verstümmeln nicht nur deinen Körper", sagt Fatima. „Sie verstümmeln auch deine Seele." Mittlerweile tut sich etwas. Im Senegal in Westafrika zum Beispiel haben schon mehr als tausend Dörfer offiziell darauf verzichtet, ihre Töchter zu beschneiden, nachdem UNICEF die Frauen und dann auch die Männer, vor allem so wichtige wie die Dorfchefs, darüber aufgeklärt hatte, welches Leid sie damit über die Mädchen bringen. Und immer mehr beschnittene Afrikanerinnen erheben ihre Stimme und prangern die furchtbare Unsitte der Beschneidung in ihren Heimatländern öffentlich an.

Gleichberechtigung, Mädchen

Besteck

Messer, Gabel, Löffel – mit diesen praktischen Instrumenten isst der zivilisierte Mensch – von Tellern wohlgemerkt, nicht aus der Schüssel. Und wie man Messer, Gabel und Löffel richtig benutzt, das gehört zu den ersten Dingen, die ein Kind lernt. Unvorstellbar, dass sich bei einem Essen zu Ehren eines Staatsgastes etwa die Herrschaften zu Tisch begeben und nach den fälligen Tischreden anfangen, die Vorspeise mit den Fingern vom Teller in den Mund zu befördern. Unvorstellbar allerdings nur für uns. Denn in vielen Ländern dieser Welt geht es beim Essen ganz anders zu.

In einer Oasenstadt in der arabischen Wüste zum Beispiel sitzen Hausherr und Gäste in einem Kreis auf Matten am Boden, im Schneidersitz, die dampfenden Schüsseln voller Lammfleisch und Reis in der Mitte ebenfalls auf dem Boden. Nach dem Gebet greifen sie mit den Händen hinein, fischen sich aus der einen Schüssel Fleischstücke heraus und aus der anderen Reisbällchen. Mit den Händen? O nein! Nur mit der rechten Hand. Die linke Hand gilt nämlich als unrein, weil man damit die nötige Reinigungsprozedur auf der Toilette vornimmt. Natürlich werden die Finger schnell fettig, aber das stört hier keinen. Man kann sie ja ablecken, Servietten sind hier unüblich. Messer haben die Männer in dieser Runde übrigens schon, sogar richtige Dolche, aber die stecken in fein verzierten, silbernen Scheiden, die sie an Gürteln vor ihrem Bauch tragen. Aber mit denen schlachtet man vielleicht ein Schaf oder beeindruckt die anderen Männer – während des Essens bleiben sie jedenfalls in ihren Scheiden.

Füttern erlaubt

Ganz ähnlich in Äthiopien. Dort sitzen die Gäste in den Restaurants auf niedrigen Hockern um einen kleinen, runden Tisch, auf dem eine große, flache Platte abgestellt wird. Auf dieser Platte liegt alles, was man braucht, um fünf oder sechs Leute satt zu machen: mehrere Fleischgerichte, diverse Gemüsespeisen und als Grundlage, unter dem Fleisch und dem Gemüse, große Pfannkuchen, so groß, dass sie über den Rand der Schüssel hängen.

Das sieht so schön aus, dass man erst einmal den Anblick genießt, die vielen verschiedenen Farben der Speisen, die fast wie ein Gemälde wirken. Und dann reißt sich jeder mit den Fingern der rechten Hand ein Stück von diesen Pfannkuchen ab, das ist dann das Besteck, damit greift man sich ein Stück Fleisch oder einen Happen Gemüse aus der

Eine der schönsten Arten, ein Essen zu genießen: mit den Fingern.

Schüssel und steckt es so in den Mund, mitsamt dem „Besteck". Jeder darf von allem essen, egal was er für sich bestellt hat – auf diese Weise kann man bei einem einzigen Essen vier oder fünf Gerichte probieren. Und wenn man einen unter den Gästen besonders mag, dann füttert man ihn, dann steckt man ihm einen Bissen in den Mund, das ist in Äthiopien ein Freundschaftsdienst.

Uns mag diese Art zu essen etwas unappetitlich erscheinen. So viele Leute, die alle mit ihren Fingern in demselben Essen herumfuhrwerken, hier etwas abreißen, dort ihr Stück Pfannkuchen hineintunken, da ein Fleischstückchen greifen – ja, das ist gewöhnungsbedürftig. Aber viele, die mal mit den Händen gegessen haben, schwören, dass es so besser schmeckt als mit Messer und Gabel. Und außerdem: Vor dem Essen geht immer jemand mit einer Wasserkanne und einer Schale herum, von Gast zu Gast, gießt jedem Wasser über die rechte Hand und fängt das heruntertropfende Wasser mit der Schale auf. Da kann man sicher sein, dass alle saubere Hände haben.

Nimm zwei!
Natürlich gibt es noch andere Esswerkzeuge, in Asien nämlich, in China, Japan oder Vietnam, das sind die Stäbchen. Zwei dünne, etwa 25 cm lange Stäbchen, die mit den Fingern der rechten Hand so geschickt be-

wegt werden, dass sich mit den Stäb-
chenspitzen selbst einzelne Reiskörner
greifen lassen. Dazu gehört einige
Übung. Uns gelingt das Essen mit
Stäbchen meist nicht so gut, aber in
Japan kann das jedes Kind, spätes-
tens mit zwei Jahren. Klar, dass das Fleisch in diesen Ländern schon in
Stücke geschnitten auf den Tisch kommt, denn ein Messer gibt es zu
den Stäbchen nicht.

Für das Essen mit Stäbchen gelten übrigens Regeln, genauso wie für
das Essen mit Messer und Gabel. Wie man bei uns zum Beispiel kein
Messer ablecken sollte, so sollte man in Japan auch seine Stäbchen nach
dem Essen nicht abschlecken. Und wie man bei uns nicht mit Messer
und Gabel in der Luft herumfuchteln sollte, so gehört es sich auch in
Japan nicht, mit seinen Stäbchen beim Reden zu gestikulieren.

Zwei andere Regeln aber kommen uns doch sehr merkwürdig vor.
Zum einen ist es nämlich verboten, seine Stäbchen in den Reis hinein-
zustecken. Warum? Auf die Begründung kommt man nie, aber wenn
man sie einmal weiß, leuchtet sie ein. In Japan werden nämlich Reis-

schalen, in denen zwei Stäbchen stecken, den Seelen der Toten
in den Tempeln geopfert, und der Anblick von Stäbchen im
Reis würde bei den Gästen am Tisch nur unangenehme Erinnerungen an den Tod wecken. Und die zweite Regel: Nie
einem anderen etwas von seinem Essen mit den Stäbchen
reichen! Die Erklärung dafür ist ganz ähnlich, wieder geht
es um die Erinnerung an den Tod. In Japan ist es nämlich
üblich, die Toten zu verbrennen und anschließend die übrig
gebliebenen Knöchelchen mit Stäbchen aus der Asche
herauszusuchen. Diese Knöchelchen werden mit dem Stäbchen an eine andere Person weitergereicht, die sie mit ihren eigenen
Stäbchen annimmt und in eine Urne fallen lässt. Klar, dass man beim
Essen vermeiden sollte, an diese Prozedur zu erinnern.

Fein gedeckt
auf Japanisch

Gewusst wie!

Wie praktisch Stäbchen sind, das beweist eine Geschichte, die man sich in Japan gerne erzählt. Einmal experimentierten Forscher aus verschiedenen Ländern in einem Labor, unter ihnen auch ein Japaner. Es qualmte und brodelte um sie herum, und tatsächlich, auf dem Grund eines Reagenzglases bildete sich ein schwarzes Klümpchen, wie sie gehofft hatten. Aber wie dieses Klümpchen jetzt herausholen? Der eine versuchte es mit den Fingern, der andere mit einer Gabel, der dritte mit einer Pinzette. Aber Reagenzgläser sind lang und dünn, und die Finger waren zu dick, die Gabel zu breit und die Pinzette zu kurz. Da zückte der Japaner lächelnd seine Essstäbchen, fuhr damit in das Reagenzglas hinein und holte das Klümpchen spielend leicht heraus.

Man sieht also – jedes Esswerkzeug hat seine unbestreitbaren Vorteile, ob es nun Messer und Gabel, Finger oder Stäbchen sind.

Gastfreundschaft

Bett

Nein, auf diesem Bett könnten wir nicht schlafen. Das ist ja nichts als eine schmale Bank aus Lehm, die im Innern einer runden Hütte an der Wand entlangläuft, mit einem dünnen Kuhfell als Matratze. Nicht einmal Decken gibt es hier. Und trotzdem legen sich die Bewohner dieser Hütte im Norden Kenias dort schlafen, eingewickelt in ihre Umhänge, und die Kinder liegen nachts sogar auf dem Fußboden, ganz eng beieinander. Von Bett kann also gar keine Rede sein – auf einer Wiese zu schlafen wäre bequemer. Aber vielen Menschen hier im Osten Afrikas macht das nichts aus. Sie brauchen keine weiche Unterlage, nicht einmal ein Kopfkissen. Wenn sie tagsüber ein Nickerchen halten wollen, dann legen sie sich draußen bei den Viehherden in den Schatten eines Baums und betten ihren Kopf auf eine Stütze aus Holz, etwa 20 cm hoch, mit einem Sockel und einer flachen Ablage für den Hinterkopf. Diese Stütze ist dann praktisch das ganze Bett. Gemütlich

Schön sind diese äthiopischen Kopfstützen schon, aber auch ziemlich hart.

erscheint uns das nicht, aber sinnvoll ist diese Kopfstütze auf jeden Fall, weil einem so nicht alles, was dort am Boden krabbelt, in die Ohren kriechen und übers Gesicht laufen kann.

Betten gibt es allerdings auch in diesem Teil der Erde – seltener für die Bauern und Hirten auf dem Land, eher für die Menschen in den Städten. Wenn es alte, traditionelle Betten sind, dann bestehen sie aus einem schweren Holzrahmen mit kurzen, geschnitzten Pfosten und einem straff gespannten Geflecht aus Ziegenlederstreifen, auf dem auch wir ziemlich gut schlafen würden. Nicht ganz so wohl würden wir uns aber wahrscheinlich in Mexiko oder

Guatemala fühlen, wenn wir eine ganze Nacht in einer Hängematte verbringen müssten. Das ist eine gewebte oder geflochtene Stoffbahn mit Stricken am Kopf- und Fußende. Eine Hängematte kann überall aufgespannt werden, zwischen den Wänden einer Hütte oder zwischen zwei Bäumen, solange man Haken oder Äste findet, an denen man die Enden der Stricke befestigen kann. Groß herumwälzen kann man sich darin nicht, und es schaukelt auch ziemlich, aber wenn man sich daran gewöhnt hat, gibt es nichts Herrlicheres, als so zwischen Himmel und Erde zu schweben. Die meisten Maya in Mittelamerika zum Beispiel schlafen in Hängematten, und wenn man abends in eine Mayahütte kommt,

dann hängt der ganze Raum voller Hängematten, eine für jedes Familienmitglied. Solche Hängematten gab es früher übrigens auf allen Segelschiffen für die einfachen Besatzungsmitglieder. Sie hatten den Vorteil, dass man nicht herausfallen konnte, egal wie stark sich ein Schiff bei hohem Seegang von einer Seite auf die andere bewegte.

Auch als Wiege geeignet: die Hängematte.

Die beliebteste Ruhestätte der Welt ist aber zweifellos das Bett, wie wir es kennen, und wer sich ein Bett leisten kann, der schläft nicht auf einer Lehmbank oder auf einer Matte am Boden. Allerdings – selbst bei afrikanischen oder asiatischen Familien, die in Betten schlafen, hat nicht unbedingt jeder sein eigenes Bett. Auch in wohlhabenden Häusern ist es üblich, dass sich zwei, drei oder sogar vier Kinder ein einfaches Bett miteinander teilen.

 **Maya**

Bleistift

Wo immer Kriege ausbrechen oder Katastrophen sich ereignen oder zerstörte Länder wieder aufgebaut werden müssen, hilft UNICEF – oft in kürzester Zeit und mit enormen Mengen an Hilfsgütern. Und wo kommen diese Hilfsgüter her? Man kann ja nicht anfangen, Medikamente und Verbandszeug einzukaufen, wenn das Unglück schon eingetreten ist. Dann muss ja alles blitzschnell gehen. Deshalb hat UNICEF eigene Warenlager, riesige Hallen, wo sich Hilfsgüter aller Art stapeln, in tausendfacher oder millionenfacher Ausführung. Und was, glaubst du, gibt es in diesen Warenhäusern am allermeisten? Richtig. Bleistifte.

Im UNICEF-Zentrallager in Kopenhagen, Dänemark. Hier werden die Hilfsgüter verpackt: Medikamente, Moskitonetze, Bleistifte und vieles andere.

Im Jahr 2004 hat UNICEF sage und schreibe 28,5 Millionen Bleistifte an Kinder in aller Welt ausgegeben. An Kinder, deren Schulen zerstört worden sind, die ihre Schulsachen auf der Flucht verloren haben oder die einfach zu arm sind, um sich einen Bleistift kaufen zu können. Auch Schulmaterial steht auf den nächsten Plätzen der am häufigsten gelieferten Hilfsgüter, nämlich linierte Schulhefte, Radiergummis und Kugelschreiber mit blauen Minen.

Das größte UNICEF-Warenhaus steht übrigens in der dänischen Hauptstadt Kopenhagen. Ein Drittel aller UNICEF-Hilfsgüter wird da gelagert: außer Schulmaterial auch Impfstoffe, Medikamente gegen Aids, Augentropfen, Verbandszeug und – Moskitonetze. Allein im Jahr 2007 hat UNICEF fast 18 Millionen Moskitonetze gekauft, für Menschen, die von Malaria bedroht sind. Aber was buchstäblich in jeden Erdteil geht, sind doch die Bleistifte. Sie sind übrigens kleine Allroundtalente: Man kann damit nicht nur schreiben und malen, sondern auch die Haare hochstecken oder sich den Rücken kratzen.

Erdbeben, Malaria, Schule

Brasilien

Das Staatsgebiet von Brasilien ist riesig. Deutschland würde 28-mal in die Fläche von Brasilien passen. Mit 150 Millionen Einwohnern leben in Brasilien aber nur knapp doppelt so viele Menschen wie in Deutschland.

Wie in den meisten südamerikanischen Ländern gibt es auch in Brasilien gewaltige Unterschiede zwischen Arm und Reich. Die Reichen, das sind Unternehmer und Großgrundbesitzer, die riesige Ländereien besitzen, von Horizont zu Horizont. Sie bilden eine kleine Oberschicht, die sich alles leisten kann. Die Armen, das sind Leute wie zum Beispiel die 47-jährige Maria, die die Miete für ihr kleines Häuschen in der Stadt nicht mehr bezahlen konnte und jetzt in einem provisorischen Dorf unter einer Plastikplane lebt. Ihre Nachbarn sind Familien, denen es ähnlich ergangen ist wie ihr. Alle in diesem Plastikplanendorf wollen noch einmal von vorne beginnen, und zwar auf einem Stück Land, das ihnen gar nicht gehört. Es gehört einem Großgrundbesitzer, der so viel Land besitzt, dass er gar nicht alles bewirtschaften kann. Maria und die anderen sind das, was man in Brasilien als Landbesetzer bezeichnet. Sie verstoßen damit gegen das Gesetz. Aber sie wissen nicht, wie sie sich sonst aus ihrem Elend befreien könnten.

Landbesetzer leben gefährlich. Manchmal schicken die Großgrundbesitzer Schlägerbanden in die Plastikplanendörfer, die alles kurz und klein hauen. Manchmal werden die Anführer der Landbesetzer auch erschossen. Aber alle vertreiben, das geht nicht mehr. Dafür sind es schon zu viele. Hunderttausende. Und mittlerweile gibt es sogar eine Gewerkschaft, die im Namen der Landbesetzer mit den Politikern verhandelt. Sie organisiert große Demonstrationen, bei denen die Landbesetzer wochenlang mitten in einer Stadt auf Plätzen und Straßen campieren. Sie sorgt dafür, dass die Demonstranten so lange mit Essen versorgt werden. Und sie erzwingt auf diese Weise, dass die Politiker sie anhören. Auch Maria hat schon vor einer Riege von Politikern

gesprochen, die mit strengen Gesichtern vor ihr auf dem Podium saßen. Sie hat von den Kindern geredet, die sie großgezogen hat, von ihrem ganzen schweren Leben, hat ihre schwieligen Hände den feinen Herren in ihren feinen Anzügen vor die Nasen gehalten, hat sehr laut und sehr mutig gesprochen, und alles wurde vom Fernsehen übertragen. Am Ende dieses Tages hatte sie gewonnen. Der Minister versprach, ihnen ein Stück Land als ihr Eigentum zu übertragen.

Und jetzt warten Maria und die anderen ungeduldig in ihrem Dorf, dass die Formalitäten endlich erledigt werden und sie anfangen können. Anfangen, feste Hütten zu bauen und Brunnen zu bohren und Gärten anzulegen und ein neues Leben in Würde und Sicherheit zu führen. Ein Mann von der Gewerkschaft hat ihnen schon Samen besorgt, Gemüsesamen und Getreidesamen. Maria ist so glücklich wie seit vielen Jahren nicht mehr. Dieser Erfolg ist ein großer Sieg für sie. Und ein ermutigendes Zeichen für so viele andere, die bisher in armseligen Slums am Rande der großen brasilianischen Städte ein Leben ohne Hoffnung führen.

Armut, Müll

Brennholz

„Viel zu dicht gepflanzt", sagt der Entwicklungshelfer. „Die Bäume stehen viel zu eng beieinander." Der äthiopische Priester hört aufmerksam zu und schaut dabei etwas unglücklich unter seinem weißen Turban hervor. Da hat er ein eigenes kleines Wäldchen aus Eukalyptusbäumen angelegt, direkt neben seinem Haus, und jetzt wachsen sie nicht richtig, sind krumm und schief geraten und längst nicht so hoch geschossen wie erwartet. „Bäume brauchen Platz, sonst bekommen sie kein Wasser und kein Licht", sagt der Entwicklungshelfer. Dabei hat sich der Priester von seinem Wäldchen schon einen hübschen Gewinn erhofft. Die schönen, geraden Stämme wollte er auf dem Markt

In Äthiopien ist Holz rar und muss deshalb über weite Strecken transportiert werden.

als Bauholz für Hütten und Baugerüste verkaufen und die Äste als Brennholz. Holz verkaufen ist in seiner Gegend ein gutes Geschäft. Brennholz ist schon fast so teuer wie das Fleisch, das man darauf brät.

Wenn man den Blick hier im Norden Äthiopiens einmal in die Runde schweifen lässt, versteht man, weshalb. Überall braune, kahle Hänge, und ganze vier Bäume! Vier einsame Bäume! Alles, was hier einmal wuchs, verfeuert! Noch um das Jahr 1900 war mehr als die Hälfte der Fläche Äthiopiens bewaldet. Heute ist es nur noch ein Bruchteil. Und warum? Weil es kein anderes Brennmaterial als Holz gibt. Und immer noch sieht man gebückte Frauen und Männer mit großen Holzbündeln auf dem Rücken über die Straßen laufen und Esel, schwer mit Ästen beladen, querfeldein trippeln. Wer Essen kochen oder Waschwasser heiß machen will, braucht Brennholz. Aber inzwischen muss er schon ein bis zwei Tage gehen, bevor er auf Büsche oder gar Bäume stößt.

Lässt sich denn gar kein Ersatz für Brennholz finden?

Das Problem sind die Kosten. Niemand hier könnte sich einen modernen Herd leisten, es gibt ja nicht einmal Strom oder Gas. Selbst Steinkohle wäre zu teuer. Was bleibt dann übrig? In der Stadt haben Entwicklungshelfer angefangen, Solarkocher zu produzieren, das sind große, aufrecht stehende Schüsseln aus spiegelndem Metall, die das Sonnenlicht gebündelt auf einen Topf werfen, der in der Mitte der Schüssel aufgehängt wird. Sonnenkraft, das wär's – Sonnenenergie gibt es im Überfluss. Aber diese Solarkocher sind bei den Leuten nicht sehr beliebt. Es dauert nämlich Stunden, bis das Fleisch damit gar wird. Und außerdem gehen sie schnell kaputt, es braucht nur eine Ziege oder ein Kind dagegen zu stoßen.

Nein, eigentlich hat es der Priester schon richtig gemacht, als er sich in einer Baumschule Setzlinge besorgte, kleine Eukalyptuspflänzchen, und auf ein eigenes Wäldchen spekulierte. Viele Bauern habe es inzwischen genauso gemacht. Sie produzieren ihr Brennholz selbst, gleich neben dem Haus, wo sie es stets im Auge haben – Bäume werden gerne gestohlen, weil sie so kostbar sind.

Wenn es für Brennholz keinen Ersatz gibt, dann muss man eben Bäume pflanzen, dann muss man ganze Hügel mit Akazien und Eukalyptus bepflanzen und diese Schonungen von Männern bewachen lassen, damit kein Vieh die jungen Bäume abknabbert und keine Holzdiebe sich des Nachts mit der Axt einschleichen. Eine deutsche Entwicklungshilfegesellschaft hat sich deshalb in diesem Teil Äthiopiens auf Baumschulen spezialisiert, wo Setzlinge der verschiedensten Baumarten gezogen werden. Ihre Mitarbeiter klären Bauern und unseren Priester auch darüber auf, wie Bäume am schnellsten wachsen. Die beste Entwicklungshilfe besteht oft darin, einen Anstoß zu einfachen Lösungen zu geben, die jeder versteht. Jemand, der in zehn oder zwanzig Jahren hier noch einmal seinen Blick schweifen lässt, wird dann bestimmt mehr als vier Bäume zählen.

Entwicklungshelfer, Müll, Trinkwasser

Briefe

Es muss nicht immer eine E-Mail sein. Die Kinder in der iranischen Stadt Bam hätten auch gar keine E-Mails empfangen können. Ihre Häuser sind durch ein Erdbeben völlig zerstört worden. Deshalb beschloss eine Schulklasse in Hannover, den unbekannten Kindern von Bam Briefe mit der Hand zu schreiben – als Zeichen dafür, dass in Deutschland jemand an sie denkt. Nicht vergessen zu sein, das ist für Menschen in Not immer ein Trost.

Ein iranischer Teppichhändler in Hannover übersetzte diese Briefe ins Persische und schickte sie an seine Familie im Iran. Die leitete sie an das dortige UNICEF-Büro weiter. Dann fuhren UNICEF-Mitarbeiter nach Bam und verteilten die Briefe an einer Mädchen- und einer Jungenschule. Und die Empfänger haben tatsächlich geantwortet.

Es sind Geschichten von Trauer, Angst und Glück im Unglück, die in den Antwortbriefen erzählt werden. Die zehnjährige Maryam aus Bam schreibt: „Plötzlich schwankte die Erde. Meine Mutter blieb unter den Trümmern, aber mein Vater rettete mich und meinen Bruder. Kurz danach rettete mein Vater mithilfe der Nachbarn auch meine verwundete Mutter." Und die gleichaltrige Said berichtet: „Wir wurden obdachlos. Ich habe viele meiner Freunde an der Schule verloren und bin deshalb sehr traurig. Wir hatten früher ein schönes Leben in Bam, aber zurzeit wohnen wir in Wohncontainern, und das Leben ist für uns schwer."

Fast alle iranischen Kinder haben ihre genaue Adresse oder Telefonnummer angegeben und ihre deutschen Briefpartner eingeladen, sie zu besuchen. Ob sie es machen werden? Auf jeden Fall werden sich jetzt wohl Brieffreundschaften zwischen den deutschen und den iranischen Kindern entwickeln. Und vielleicht hat es mit dem Besuch ja auch noch so lange Zeit, bis die Häuser von Bam wieder aufgebaut sind.

 **Briefe**

Ich heiße Maria .
Ich bin 8 Jahre alt.
Ich konte leider nich
Helwen beim schparen.
Ich hate leider da Tangschule.
Liebst du Pferde ich ja.
Ich wünsche das du
deine Eltern wider
vindest

Zwei Briefe als Zeichen
der Verbundenheit: oben
der Brief der achtjährigen
Maria aus Hannover, auf
der Seite 59 der von
Maryam aus Bam.

Erdbeben

Brunnen

Schon merkwürdig, was alles als Brunnen bezeichnet wird. Das knatternde Ding aus Rohren und Stangen in dem Bretterhäuschen am Rande eines Salatfelds ist ein Brunnen. Und die große Wanne aus weißem Marmor mit dem aufgerissenen Löwenmaul, aus dem ein kräftiger Wasserstrahl hervorschießt, mitten auf dem Platz einer großen Stadt, ist ebenfalls ein Brunnen. Sie sehen aber nicht nur ganz unterschiedlich aus, diese Brunnen, sie dienen auch den verschiedensten Zwecken. Von dem ersten Brunnen gehen dünne, schwarze Schläuche ab, die schnurgerade unter den Salatpflanzen zwischen den Beeten verlaufen; diese Schläuche haben in regelmäßigen Abständen kleine Löcher, aus denen Wassertropfen hervorquellen und gleich im Erdreich versickern. Und dem anderen Brunnen nähert sich gerade ein junger Geschäftsmann mit Anzug und Krawatte, der stellt sein Aktenköfferchen daneben ab, gleitet so, wie er ist, ins Brunnenbecken hinein, taucht einmal ganz unter, klettert wieder raus, nimmt sein Aktenköfferchen auf und setzt seinen Weg fort, triefend nass.

Man sieht – ein Brunnen kann alles Mögliche sein und für alles Mögliche gut sein. Der erste dieser beiden Brunnen steht im Oman, einem heißen arabischen Land, und er dient zur künstlichen Bewässerung eines Feldes, das sonst unfruchtbar wäre, weil es dort monatelang nicht regnet. Der zweite Brunnen steht in Rom, wo man im Sommer ebenfalls ordentlich ins Schwitzen kommen kann, aber er erfüllt einen ganz anderen Zweck. Zum einen sieht er sehr schön und edel aus – ganz Rom ist voll von derartigen Zierbrunnen, zum Teil von berühmten Bildhauern gestaltet, mit Götterfiguren und steinernen Landschaften. Reine Luxusausgaben von Brunnen sind das, zur Verschönerung des Stadtbilds. Zum anderen ist es um einen solchen Brunnen he-

Ein Prachtstück von einem Brunnen: die Fontana di Trevi in Rom.

rum kühler und frischer als in den Gassen und Straßen Roms, wo sich die Mittagshitze staut. Er macht den Bewohnern ihren Aufenthalt in der Stadt also erträglicher – auch ohne dass man gleich hineinspringt (was, zugegeben, nicht alle Tage vorkommt).

Es gibt noch viele andere Arten von Brunnen, und wenn man in der Welt herumreist, lernt man immer wieder neue kennen. Es gibt die offenen, meist kreisrunden Brunnen, die einen gemauerten Schacht haben,

Für die neun Jahre alte Sufrisa in Banda Aceh macht der Brunnen das Wasserholen viel leichter.

über dem ein Eimer an einem Strick hängt. Menschen in vielen Teilen der Welt beziehen ihr tägliches Wasser aus einem solchen Brunnen im eigenen Hof oder auf dem Dorfplatz, indem sie den gefüllten Eimer mit der Hand hochziehen. Statt des Eimers kann man auch einen großen Ledersack benutzen, der allerdings, wenn er sich mit Wasser füllt, so schwer wird, dass er von einem Esel oder Maultier an einem starken Seil hochbefördert werden muss.

Ebenfalls weit verbreitet – jedenfalls außerhalb Europas und Nordamerikas – sind Brunnen mit Handpumpen. In den Städten und Dörfern Afrikas oder Asiens stehen diese Handpumpen auf öffentlichen Plätzen und an Straßenecken oder auch auf freiem Feld, mitten in der Landschaft, etwa gleich weit von den umliegenden Siedlungen entfernt,

damit möglichst viele Menschen etwas davon haben. Handpumpen haben einen langen Hebel, der mit Schwung auf und nieder bewegt werden muss; bei jeder Pumpbewegung wird Wasser angesaugt, das dann in einem kräftigen Strahl vorne aus einer Öffnung schießt.

Häufig setzt man heute aber Motorpumpen ein, die große Mengen Wasser aus sehr tiefen Schichten im Erdboden ans Tageslicht befördern. Um eine solche Pumpe handelt es sich bei dem knatternden Ding am Rande des Salatfelds im Oman. In Deutschland wird mit solchen Pumpen zum Beispiel das Mineralwasser gewonnen, das uns, in Flaschen abgefüllt, an heißen Sommertagen erfrischt. Die Brunnen der Mineralwasserfirmen reichen Hunderte von Metern tief, bis in Schichten, wo das Grundwasser eine Wanderung von Millionen Jahren durchs Erdreich hinter sich hat, weshalb es besonders rein und mineralienhaltig ist.

Das Wasser des Falaschs hat die Oase erreicht.

Alte Wasserkunst

Und dann gibt es noch ganz raffinierte Brunnen, die man als solche gar nicht erkennt – schon deswegen nicht, weil sie sich tief unter der Erdoberfläche verstecken. Solche Brunnen findet man in den trockenen, wüstenartigen Gegenden der arabischen Welt, vor allem im Oman, wo sie Falasch heißen. Sie funktionieren ganz ohne technischen Aufwand. Am Fuß eines Berges gräbt man einen senkrechten Suchschacht, bis man, in 30 oder 40 Metern Tiefe vielleicht, auf Grundwasser stößt. Von da aus gräbt man sich waagerecht durch die Erde und legt einen unterirdischen Kanal an, der bis zum nächsten Oasen-

Brunnen

dorf führt und über 20 oder 30 Kilometer immer unter der Erde verläuft. Erst am Eingang des Ortes tritt das kristallklare Wasser eines Falaschs zutage und wird dann über ein verzweigtes Kanalsystem zu den Häusern, in die Gärten und auf die Dattelpalmenplantagen geleitet.

Wie man einen Falasch baut, wussten die Araber schon vor 2000 Jahren. Not macht eben erfinderisch. Wasser ist die Voraussetzung jeglichen Lebens, und gerade, wenn man die trockenen, heißen Zonen der Erde bewohnbar machen will, muss man sich etwas einfallen lassen. In der Vergangenheit war das jedenfalls so. Mit den technischen Möglichkeiten unserer Zeit ist alles viel einfacher geworden. Heute kann man überall Brunnen anlegen, egal, wie tief man bohren muss, und mithilfe moderner Motorpumpen genügend Wasser fördern, um Tierherden zu tränken, Felder zu bewässern oder Schwimmbäder zu füllen. Im Oman war Wasser früher selten und deshalb kostbar. Heute gibt es dort so viele Brunnen, dass die Omani Wasser im Überfluss haben und selbst staubige Sandböden in fruchtbares Ackerland verwandeln können – ja, das Wasser reicht sogar für Zierbrunnen und für künstliche Wasserfälle zur Verschönerung der Hauptstadt.

Aber gleichgültig, wie ein Brunnen aussieht, jeder funktioniert nach demselben Prinzip: Im unteren Teil sickert Grundwasser ein, das im gemauerten Brunnenschacht aufsteigt und immer wieder nachfließt, wenn man Wasser entnimmt. Selbst in Ländern, wo es genug regnet, wo es überall Bäche und Flüsse gibt, haben Brunnen große Vorteile. Denn zum einen ist Brunnenwasser immer sauber, eben weil es Grundwasser ist, während beim Wasser aus Flüssen oder Seen die Gefahr besteht, dass es durch Abfälle oder die Ausscheidungen von Tieren und Menschen verunreinigt ist. Zum anderen: Brunnen machen die Menschen unabhängig von Flüssen oder Seen als Wasserlieferanten. Man spart sich lange Wege zum nächsten Fluss. Mit einem Brunnen kommt das Wasser praktisch zum Menschen. Uns ist dieser Vorteil kaum noch bewusst,

weil wir längst daran gewöhnt sind, bloß den Wasserhahn aufdrehen zu müssen, wenn wir ein Bad nehmen wollen. Aber in ärmeren Ländern macht es einen großen Unterschied aus, ob man eine Viertelstunde zur nächsten Wasserquelle laufen muss oder täglich mehrere Stunden lang unterwegs ist.

Wer die Lebensbedingungen der Landbevölkerung in den armen Ländern verbessern will, der muss also vor allem für Brunnen sorgen. Hilfsorganisationen wie UNICEF tun das auch. Sie bauen Brunnen am Rande der Dörfer oder außerhalb, auf freiem Feld, für die Bewohner abgelegener, verstreuter Gehöfte. Oft sind diese Brunnen mit Handpumpen versehen, manchmal auch mit Motorpumpen, wenn es zum Beispiel eine Viehtränke in der Nähe mit Wasser zu versorgen gilt. Natürlich bedeutet es eine ungeheure Erleichterung für die Mädchen und Frauen, nur noch ein bis zwei Stunden täglich mit Wasserholen beschäftigt zu sein, und nicht mehr fünf oder sechs. Anders als Flüsse trocknen Brunnen auch nicht regelmäßig aus. Außerdem sind sie beliebte Treffpunkte, an denen sich die Frauen miteinander unterhalten und Nachrichten austauschen können, während sie darauf warten, mit ihrem Krug oder Kanister an die Reihe zu kommen.

Genauso wichtig wie der Brunnen selbst ist übrigens das Wasserkomitee. Das ist eine Gruppe aus fünf oder sechs Dorfbewohnern, die für die Brunnen auf ihrem Gebiet zu-

Mit der Handpumpe können auch kleine Kinder schon umgehen und den Müttern beim Wasserholen helfen, wie hier in Darfur im Sudan.

ständig sind. Sie erklären den Brunnenbenutzern, wie man eine Handpumpe richtig bedient, sie warten die Brunnen, reparieren sie notfalls und kassieren oft auch eine kleine Gebühr für die Brunnenbenutzung, damit Ersatzteile gekauft werden können. Ein solches Wasserkomitee ist also gewissermaßen der Vorläufer unserer Wasserwerke.

Allerdings – so wertvoll Brunnen sind, auch sie können zum Problem werden. Denn selbst Grundwasser ist nicht unerschöpflich, und wo es zu viele Brunnen gibt, da werden die oberen Grundwasserschichten leer gepumpt und der Grundwasserspiegel sinkt. Im Oman ist das geschehen. Dort hat man immer tiefere Brunnen gebohrt und immer stärkere Pumpen eingesetzt, mit dem Ergebnis, dass ältere Brunnen und Falasche ausgetrocknet und Ackerböden salzig geworden sind und nichts mehr darauf wächst. Inzwischen haben die Omani erkannt: Wasser ist nach wie vor kostbar, auch im Zeitalter der unbegrenzten technischen Möglichkeiten. Nichts darf einen dazu verleiten, einfach so viel Wasser wie möglich aus dem Boden zu holen. Mit Wasser muss man sparsam umgehen.

Erinnerst du dich an die schnurgeraden, schwarzen Schläuche unter den Salatpflanzen ganz am Anfang? Das ist eine kluge Methode, um bei der Bewässerung von Feldern und Gärten Wasser zu sparen. Tröpfchenbewässerung nennt man das. Aus den Löchern in den Schläuchen tropft Tag und Nacht genau so viel Wasser, wie jede Pflanze braucht – nicht mehr. Dadurch kann man den Wasserverbrauch um ein Drittel senken. Es ist also nicht damit getan, dass man einen Brunnen nach dem anderen anlegt. Man muss sie auch instand halten können. Und man muss lernen, mit dem Brunnenwasser verantwortungsvoll umzugehen.

Reine Frauensache

In Äthiopien ist Wasserholen die Aufgabe der Frauen und Mädchen. Weil die Mütter zu Hause gebraucht werden, schicken sie meist ihre Töchter los, sobald sie 12 oder 13 Jahre alt sind. Aber auch alte Frauen müssen ihr Wasser selbst holen, zum Beispiel Großmütter, die keinen mehr haben, der ihnen diese Arbeit abnimmt. Früher schnallten sie sich einen großen Tonkrug auf den Rücken und machten sich damit auf den Weg; heute nehmen sie häufig leichtere Plastikkanister statt der schweren Tonkrüge. Ist kein Brunnen in der Nähe, müssen sie manchmal stundenlang zum nächsten Fluss oder Wasserloch laufen, und dann wieder zurück mit dem randvollen Gefäß, bei sengender Hitze, und das manchmal mehrmals am Tag. Eine mühselige Plackerei, denn ein gefüllter Krug hat ein unglaubliches Gewicht, und auch ein Kanister drückt noch schwer genug auf den gebeugten Rücken der Frauen.

Klar, dass diese Menschen sehr sparsam mit Wasser umgehen. Wir in Deutschland verbrauchen im Durchschnitt täglich 140 Liter Wasser pro Person – Äthiopier, die auf dem Land leben, müssen am Tag mit 5 bis 10 Litern pro Kopf auskommen und damit waschen, putzen, spülen, kochen, ihren Durst stillen. Die Hygiene kommt dabei zwangsläufig zu kurz, und wo es an Sauberkeit fehlt, breiten sich Krankheiten wie Durchfall oder Hauterkrankungen aus. Man kann sich gar nicht vorstellen, wie sehr es äthiopischen Frauen und Mädchen das Leben erleichtert, einen Brunnen in der Nähe zu haben, welche Strapazen ihnen dadurch erspart bleiben. Nicht nur, dass sie ihren Rücken schonen können – die Mädchen haben dann auch endlich Zeit, in die Schule zu gehen. Und die ganze Familie lebt gesünder, weil alle sich häufiger waschen können.

Hygiene, Regen, Trinkwasser, Typhus

Bürgerkrieg

Mit einer Friedenstaube auf der kolumbianischen Flagge machen die Kinder klar, dass sie gegen den Krieg sind.

Als Bürgerkrieg bezeichnet man einen Krieg, in dem die Bewohner ein und desselben Landes gegeneinander kämpfen. Vor einigen Jahren hat es zum Beispiel in Jugoslawien einen Bürgerkrieg geben, das heißt, dass damals Jugoslawen auf Jugoslawen geschossen haben.

Ein Bürgerkrieg beginnt meistens damit, dass eine Gruppe von Bürgern einen Aufstand unternimmt, weil sie sich von der Regierung ihres eigenen Landes unterdrückt fühlt. Die Aufständischen können mit einem solchen Bürgerkrieg zwei Ziele verfolgen. Entweder wollen sie die alte Regierung stürzen und selbst eine neue Regierung bilden. Oder aber sie wollen nicht mehr zu dem Land gehören, in dem sie sich unterdrückt fühlen, und einen eigenen Staat gründen. In Jugoslawien war es so, dass die unterschiedlichen Volksgruppen in den verschiedenen Landesteilen ihren eigenen Staat haben wollten. Deshalb gibt es Jugoslawien heute nicht mehr, nur noch Serbien, Kroatien, Slowenien und Bosnien.

Bürgerkriege gelten als die grausamste Form von Krieg, weil Nachbarn, Freunde und Verwandte plötzlich zu Feinden werden. Dann schlagen Liebe und Vertrauen in Hass und Brutalität um. In Afrika und Asien sind die meisten Kriege und Konflikte Bürgerkriege.

Die Kinder Kolumbiens verschaffen sich Gehör

In dem südamerikanischen Land Kolumbien wütet seit Jahrzehnten ein Bürgerkrieg. Verschiedene bewaffnete Banden bekämpfen einander dort gegenseitig und terrorisieren die ganze Bevölkerung. Sie erschießen wahllos Menschen oder entführen sie, um Geld zu erpressen. Niemand ist dort seines Lebens sicher.

Die katholische Kirche, die Pfadfinder, UNICEF und andere Organisationen haben vor einiger Zeit in Kolumbien eine Kinderwahl veranstaltet. Dabei wurde den Kindern die Frage gestellt, ob sie für oder gegen Frieden in ihrem Land sind. Was für eine Frage!, denkt man vielleicht. Und tatsächlich haben sich auch die allermeisten Kinder für Frieden entschieden. Aber diese Entscheidung der Kinder Kolumbiens für den Frieden war wichtig. Denn alle Zeitungen haben darüber geschrieben, alle Rundfunk- und Fernsehstationen darüber berichtet. Jetzt mussten die Politiker und Generäle und Bandenführer Kolumbiens endlich einmal zur Kenntnis nehmen, dass sie gegen den Willen fast aller Kinder Krieg führen.

Zum ersten Mal zählte der Wille der Kinder etwas. Viele Erwachsene sind dadurch nachdenklich geworden. Viele Jugendliche sind dadurch ermutigt worden, bei Friedensgruppen mitzuarbeiten. Und die Politiker haben beschlossen, keine Minderjährigen mehr in die Armee einzuziehen.

Diese Aktion der kolumbianischen Kinder wurde übrigens sogar für den Friedensnobelpreis vorgeschlagen.

Angola, Freiheit, Kindersoldaten, Radio

Chatten

Vielleicht bist du selbst schon eifriger Chatter, im Internet gibt es ja mittlerweile Tausende von Chatrooms auch für Kinder und Jugendliche, in denen über die verschiedensten Themen geplaudert wird: Musik, Freundschaften, Tod, Liebe, Krankheiten, Politik, Beziehungen oder das Leben allgemein. Es geht zum Beispiel darum, wie der Tag so war, über was man sich Sorgen macht, worüber man sich geärgert hat, wie streng die Eltern und ungerecht die Lehrer sind.

Es gibt sogar internationale Chatrooms, in denen man mit Gleichaltrigen aus aller Welt ins Gespräch kommt. Es gibt ein paar Regeln und Vorsichtsmaßnahmen, die eingehalten werden müssen, aber grundsätzlich herrscht das Prinzip der Freiheit. Falls man aber mal mit Chinesen Kontakt knüpft, sollte man wissen, dass es für die gar nicht so einfach ist, unbefangen im Internet zu plaudern. Denn in China versucht die Regierung, die Nutzung des Internets zu kontrollieren, weil sie Angst davor hat, dass sich Menschen kritisch über die Situation im Land äußern.

Das spüren auch die Jugendlichen, die laut Gesetz nur noch in den Schulferien die öffentlichen Internetcafés besuchen dürfen. Und da die wenigsten chinesischen Familien privat einen Internetzugang haben, sind für viele Menschen die Internetcafés die einzige Möglichkeit, online zu gehen. Zudem werden die Internetcafés regelmäßig von einer Spezialeinheit der Polizei aufgesucht. Diese soll darauf achten, dass sich die Besucher keine verbotenen Seiten im Internet anschauen. Dazu zählen in erster Linie solche, auf denen die problematischen Verhältnisse in China angesprochen werden. Da die Aufpasser ihre Augen aber nicht überall haben können, hat sich die chinesische Regierung noch etwas anderes einfallen lassen, nämlich Stichwortfilter für Chats, E-Mails und Suchmaschinen. Benutzt man beispielsweise beim Chatten Begriffe wie Demokratie, Freiheit, Demonstration oder Menschenrechte, erscheint eine Fehlermeldung: „Dieser Beitrag enthält verbotene Sprache. Bitte löschen Sie die verbotene Sprache aus Ihrem Beitrag."

Nicht nur chinesische Suchmaschinen wie Baidu filtern die Inhalte, auch westliche Suchmaschinen wie Yahoo oder Google beteiligen sich daran. Man sieht: Für die chinesischen Kinder und Jugendlichen ist es ganz schön schwierig, sich ein Bild von der Welt zu machen.

 **Briefe, Freiheit**

Cholera

Nach Naturkatastrophen treten oft Krankheiten auf, weil die Wasserleitungen zerstört sind. Deshalb muss sauberes Wasser zu den Menschen gebracht werden.

Cholera ist eine Darmkrankheit. Die Erreger verstecken sich in unsauberem Trinkwasser. Cholera ist ansteckend, deshalb verbreitet sie sich rasch überall da, wo Menschen in unhygienischen Verhältnissen eng aufeinander leben, in viel zu kleinen Hütten oder dicht besiedelten Stadtvierteln. In Europa tritt die Cholera heute kaum noch auf, aber vor 170 Jahren gab es zum Beispiel in London große Cholera-Epidemien, weil die Londoner damals das völlig verschmutzte Wasser der Themse als Trinkwasser nutzten.

Cholera kann ziemlich schnell zum Tod führen, in Angola starben vor einiger Zeit mehr als 1.000 Menschen, als eine Epidemie außer Kontrolle geriet. Wenige Tage nach der Ansteckung setzen starke Bauchschmerzen und heftiger Durchfall ein. Dabei verliert der Kranke so viel Flüssigkeit, dass er innerlich austrocknet und stirbt. Zum Schutz vor Cholera muss man Wasser aus Flüssen oder Seen abkochen und die Erreger damit töten, bevor man es trinkt.

Brunnen, Hygiene

Deutschland

Was erwartet man bei einem Eintrag zu Deutschland? Die Nennung der größten Flüsse, die Zahl der Bundesländer sowie ihre Hauptstädte, die Nobelpreisträger, Auszüge aus der Geschichte, den Namen der Kanzlerin, die guten Seiten wie hoher Lebensstandard und Friedfertigkeit, die Probleme wie Kindermangel und Arbeitslosigkeit? Natürlich könnte man das alles ausführen, lang und breit. Aber das meiste davon steht ja auch in den Sachkundebüchern oder in der Zeitung. Deshalb kommt hier etwas, das man nicht überall findet: das Gespräch mit zwei Geschwistern, die auf die Frage, wie sie ihr Leben in Deutschland beschreiben würden, auf ihre Art geantwortet haben.

Wie schön, wenn man noch so jung ist!

Leander (9) und Elena (7) aus Düsseldorf erzählen:

Leander: Am glücklichsten war ich an dem Tag, als ich in die Schule gekommen bin. Mein zweitschönstes Erlebnis war, wie wir auf der Autobahn gefahren sind und der Motor kaputtging. Und mein drittschönstes ...

Elena: Mein schönstes Erlebnis war, als die Frida auf die Welt gekommen ist. Frida ist unsere Kusine. Und als ich letztes Jahr auf die Schule gekommen bin, da war ich wirklich fröhlich. Ich finde nur blöd, dass

ich nie sechs Stunden habe und nur einmal in der Woche fünf Stunden. Am liebsten hätte ich viermal in der Woche fünf Stunden und einmal sechs.

Leander: Und ich wünsche mir, dass ich in Religion besser zuhöre und aufmerksamer bin, damit ich von meiner 3 runterkomme.

Elena: Ich weiß allerdings nicht, ob ich viele Fremdsprachen lernen möchte.

Leander: Dann kommt man mit allen Sprachen durcheinander, wenn man viele spricht. Auf jeden Fall möchte ich Englisch lernen, weil das die Hauptsprache ist.

Elena: Wenn man in England auf einer Feier ist und Kinder da sind, die mit einem sprechen wollen, dann könnte man die verstehen. Wir waren ja schon in England. Auch in Schottland und in Frankreich ...

Leander: Und in Spanien, auf Mallorca ...

Elena: Und in Holland. In England wird mit Pfund bezahlt ...

Leander: Und die Leute da sind ein bisschen dicklich. Auf Mallorca ist fast immer gutes Wetter, da gibt es schöne Hotels und viele Ameisen ...

Elena: Und einen schönen Strand. In Frankreich gibt es dafür sehr, sehr leckeres Essen ...

Leander: Und viel Wein. Also, mir gefällt es überall gleich gut.

Elena: Ich finde Frankreich sehr schön. Jetzt freue ich mich auf die Osterferien, dann machen wir Skiurlaub.

Leander: Mein schlimmstes Erlebnis war, wie ich kopfüber vom Hochbett gefallen bin. Ist aber nichts passiert, höchstens eine kleine Gehirnerschütterung.

Elena: Ich habe auch einmal einen Schreck bekommen. Da bin ich mit meiner Mama in einem Kaufhaus gewesen und einfach stehen geblieben. Meine Mama hat das nicht gemerkt, und plötzlich sagt sie: Wo ist die Elena? Da haben sie das ganze Kaufhaus und sogar das Parkhaus abgesucht. Und dann haben sie mich gefunden, weil ich auf einer Stelle stehen geblieben bin. Aber ich habe auch einen Schreck bekommen, als ich die Mama auf einmal nicht mehr sah.

Leander: Eigentlich hat es viele Vorteile, so jung zu sein. Man kann durch das dickste Gestrüpp laufen, und man kommt auch schnell unter niedrigen Gegenständen durch, zum Beispiel einem Tisch.

Elena: Das Beste daran ist, dass man noch so lange lebt. Und dass man sich so verstecken kann, dass einen keiner findet, weil man so klein ist.

Leander: Und dass wir noch so gelenkig sind.

Elena: Wir können sogar mit unserem eigenen Fuß telefonieren. Oder uns zu einer Kugel zusammenrollen.

Leander: Und – wir können noch so viel lernen. Ich freue mich darauf, noch viel zu lernen.

Elena: Wenn man älter wird, hat das natürlich den Vorteil, dass man mit kleinen Kindern spielen kann.

Leander: Wenn man älter ist, hat man auch Geld und einen Führerschein.

Elena: Und man bekommt Kinder. Das ist auch gut. Ich hätte gerne zwei.

Leander: Ich weiß noch nicht, ob ich gerne Kinder hätte.

Elena: Mein größter Wunsch ist, dass es denen im Himmel gut geht.

Einkaufen

Familienausflüge in den Supermarkt können ein Gräuel sein. Der Vater rennt hektisch durch die endlosen Regalgänge und sucht eine Stange Porree, obwohl er gar nicht genau weiß, wie Porree aussieht. Die Mutter ärgert sich ständig über eine Frau, die ihr im Gedränge den Einkaufswagen in die Hacken fährt. Der kleine Bruder fängt schon nach zehn Minuten an zu quengeln, weil er dringend aufs Klo muss ... Stellen wir uns doch einfach vor, wir würden gerade in Peru oder Thailand, in Ruanda oder Grönland einkaufen. Das ist auf jeden Fall spannender.

Nehmen wir Peru an der Westküste Südamerikas: Dort leben selbst in 5.000 Meter Höhe noch Menschen, in winzigen Bergdörfern an den Hängen der Anden, die sich von Kolumbien bis Chile die Küste entlangziehen. Diese Menschen ernähren sich so gut es geht von dem, was sie selbst in ihren Gärten und auf kleinen Feldern anbauen. Kartoffeln und Gerste wachsen auch in dieser Höhe noch ganz ordentlich. Aber alles andere? Geschäfte gibt es hier oben nicht. Wer Seife, Schuhe oder Obst braucht, muss sich frühmorgens auf den Weg machen – und dann stundenlang laufen. Bis in die nächste Kleinstadt, wo es kleine Läden und einen großen Markt gibt, mit allem, was man in den Bergen nicht anbauen kann: Orangen, Avocados, Papayas, Bananen und Mais.

Dieser Einkauf muss sich natürlich lohnen – wer mit zwei Einkaufstüten zurückkäme, müsste drei Tage später schon wieder los. Und da es kaum asphaltierte Straßen gibt, auf denen man bequem mit dem Auto, dem Bus oder dem Motorrad fahren könnte, benutzen die Leute als Transportmittel ein Tier, das auch an steilen Hängen nicht abrutscht und obendrein noch schwere Lasten tragen kann: das Pferd. Und wer kein eigenes Pferd besitzt, der leiht sich eins von seinen Nachbarn. Diese Pferde sind keine edlen Rösser, sondern kleine, stämmige Tiere, die im Gebirge zu Hause sind und klettern können wie die Bergziegen. Was wir nicht genau wissen: Ob an den Geschäften in der Stadt ein Schild hängt mit einem gemalten Pferdekopf und der Aufschrift: „Wir müssen leider draußen bleiben."

Zu Boot oder zu Fuß

Sicher ist: In Bangkok, der Hauptstadt Thailands, gibt es solche Schilder nicht. Dort würde niemand auf die Idee kommen, zum Einkaufen zu reiten. Höchstens auf einem Seepferd. Denn in Bangkok ersetzten früher Kanäle die Straßen, und teilweise ist es heute noch so. Diese

Kanäle heißen Khlongs, und in manchen Stadtvierteln Bangkoks spielt sich das Leben immer noch auf diesen Khlongs ab. Auch das Einkaufen, denn hier gibt es schwimmende Märkte. Die Händler beladen ihre Boote mit Obst, Gemüse, Gewürzen, Fisch, Blumen oder Tee und rudern von ihrem Haus durch die Kanäle zu einem dieser schwim-

Markt auf dem Wasser – viel schöner als im Supermarkt!

menden Märkte. Auch die Kunden kommen mit dem Boot, und jetzt wird von Boot zu Boot gefeilscht und gehandelt und verkauft.

Heutzutage werden viele dieser Märkte nur noch für die Touristen veranstaltet, aber in manchen Vierteln am Rand der Stadt erledigen die Einwohner immer noch ihre Einkäufe auf dem Wasser.

Wieder anders machen es die Menschen in Ruanda, einem Land in Zentralafrika. Keine Pferde, keine Boote, aber auch keine Einkaufswagen – die Ruander benutzen ihren Kopf, um Waren vom Markt nach Hause zu tragen. Sie balancieren alles in einer Schüssel oder einem Korb auf dem Kopf, bis zu 20, ja selbst 30 Kilo, ohne die Hände zu Hilfe zu nehmen.

Wenn man's einmal gelernt hat, ist es die bequemste Art, schwere Lasten zu tragen, bequemer als mit den Händen oder auf dem Rücken, weil sich das Gewicht gleichmäßig auf den ganzen Körper verteilt und hinterher nicht der Rücken schmerzt oder die Arme lahm sind. Damit es nicht allzu sehr drückt, legen sich die Ruander einen geflochtenen Ring aus Bananenblättern als Polster auf den Kopf unter den Korb.

Afrikanische Märkte sind übrigens ungeheuer farbenprächtige und lebhafte Orte. Sie bestehen aus langen Reihen kleiner Holzgerüste mit Planen als Sonnenschutz, und darunter sitzen Männer und Frauen inmitten ihrer Waren, den Honigfässern und Gewürzsäcken und Obst und Gemüse, alles auf dem Boden um sie herum verteilt und manchmal zu kunstvollen Pyramiden aufgetürmt. Auf solchen Märkten treffen sich die Menschen aus der ganzen Umgebung. Viele sind stundenlang zum Markt unterwegs und gehen erst abends wieder in ihre Dörfer zurück.

Echte Tiefkühltruhe

Solche Märkte gibt es auf Grönland natürlich nicht. Grönland ist fast überall von dickem Eis und Schnee bedeckt, und in der klirrenden Kälte wächst kein Salat, kein Kohl, keine Erdbeere und keine Birne. In der Vergangenheit ernährten sich die Grönländer fast ausschließlich von selbst gefangenen Fischen und Robben; frische, rohe Robbenleber war eine Delikatesse. Mittlerweile werden alle möglichen Lebensmittel in großen Kühlschiffen nach Grönland gebracht, deshalb finden sich in den Läden der Küstenstädte heute Kaffee, Käse, Sahne, Müsli und sogar Obst und Gemüse. Schwierig ist es nach wie vor mit der Versorgung der kleinen Orte im Landesinneren. Hoch im Norden Grönlands gibt es Dörfer, die nur mit dem Hubschrauber oder einem kleinen Flugzeug zu erreichen sind. Alles, was der Mensch zum Leben braucht, muss zweimal in der Woche auf dem Luftweg dorthin geschafft werden – Medikamente, Möbel, Schulbücher und Lebensmittel. Obst und Gemüse gibt es hier nur in Konserven, und natürlich ist alles wegen des langen Transportwegs ziemlich teuer.

Ungemütlich wird es hier im Norden Grönlands, wenn ein Schneesturm nicht wieder aufhören will. Dann beobachten die Dorfbewohner mit Sorge, wie der Konservenvorrat zusammenschmilzt und die Regale in ihrem kleinen Laden immer leerer werden. In solchen Zeiten sind die gut dran, die noch eine tiefgefrorene Robbe haben. Aus Robbenfleisch kann man nämlich ein schmackhaftes Gulasch machen. Und das reicht nicht nur für eine Mahlzeit.

 **Besteck, Jäger**

Eltern

Nelson Mandela ist heute ein alter Mann. Als junger Mensch hat er für die Rechte der schwarzen Afrikaner in Südafrika gekämpft, als die Weißen dort noch das Sagen hatten und schwarze Afrikaner wie Menschen zweiter Klasse behandelt wurden. Dafür musste er für viele Jahre ins Gefängnis. Nach seiner Freilassung wurde er der erste schwarze Präsident Südafrikas und erhielt den Friedensnobelpreis. Im hohen Alter denkt er mit Liebe an seine Eltern zurück: „Meine frühesten Kindheitserinnerungen sind die an das Dorf Qunu in den sanft gewellten Hügeln und grünen Tälern der Transkei im Südosten von Südafrika. Dort in Qunu verbrachte ich die glücklichsten Jahre meiner Kindheit inmitten einer Familie mit Babys, Kindern, Tanten und Onkeln, sodass ich mich an keinen einzigen Augenblick erinnern kann, in dem ich allein war.

Nelson Mandela und Kamo Masilo. Der Zwölfjährige setzt sich wie sein großes Vorbild für die Rechte der Kinder ein.

Durch die Art, wie er sein Leben lebte, lehrte mich mein Vater das Gerechtigkeitsempfinden, das ich mir die vielen Jahrzehnte meines Lebens hindurch bewahrt habe. Ihn immer vor Augen, lernte ich, aufrecht und entschlossen für meine Überzeugungen einzutreten.

In Qunu erzählte meine Mutter mir die Geschichten, die meine Fantasie beflügelten. Sie lehrte mich Freundlichkeit und Großzügigkeit, wenn sie über dem offenen Feuer die Mahlzeiten kochte und dafür sorgte, dass ich genug zu essen bekam und gesund blieb. Als kleiner Viehhirte lernte ich das Land, die weite, offene Landschaft und die einfachen Schönheiten der Natur lieben. Dort lernte ich diese Erde lieben.

Diese ersten Lebensjahre waren für mein ganzes weiteres Leben von ausschlaggebender Bedeutung. Wann immer ich auf diese Zeit zurückblicke, empfinde ich ungeheure Dankbarkeit gegenüber meinem Vater, meiner Mutter und all den anderen Menschen, die mich großgezogen haben, als ich noch ein kleiner Junge war, und die mich zu dem Mann gemacht haben, der ich heute bin."

Adoption, Väter, Zuhause

78

Entwicklungshelfer

Der Franzose François Gasse ist 56 Jahre alt. Einen großen Teil seines Lebens hat er in Geländewagen, an Bord von Kanus, auf dem Rücken von Kamelen oder Pferden oder in kleinen Flugzeugen zugebracht. Oft war er auch tagelang zu Fuß unterwegs. Immer mit dem Ehrgeiz, auch noch das abgelegenste Dorf, auch noch die letzte Hütte zu erreichen. Und immer in der Hoffnung, Menschen vor einer furchtbaren Krankheit bewahren zu können: vor Tetanus.

„Als junger Arzt in Sambia habe ich viele Säuglinge an Tetanus, das ist Wundstarrkrampf, sterben sehen", sagt er. „Das ist eine wirklich entsetzliche Krankheit. Und es ließ mir keine Ruhe, dass 70 Jahre nach der Entdeckung eines Tetanus-Impfstoffs immer noch Millionen Mütter und Babys an einer der schmerzhaftesten Krankheiten sterben, die es gibt." Er beschloss, sich mit seiner ganzen Kraft dafür einzusetzen, diese Krankheit auszurotten.

Gasse kennt Afrika seit seiner Kindheit. Er ist dort aufgewachsen. Und nach seinem Medizinstudium in Frankreich hatte er nur einen Wunsch: wieder nach Afrika zurückzukehren und dort zu arbeiten. Aber zunächst arbeitete er von Europa aus und half afrikanischen Regierungen, in ihren Ländern Impfkampagnen gegen Kinderlähmung oder Hepatitis durchzuführen. In diesen Ländern gab es damals praktisch kein Gesundheitswesen, und Gasse kümmerte sich um alles: um die Ausbildung afrikanischer Ärzte zu Impfexperten, um Geld für die teuren Impfstoffe, um Kühlschränke, in denen der Impfstoff aufbewahrt werden konnte, um Geländewagen, mit denen Impfstoffe und Ärzte bis in den hintersten Winkel eines Landes transportiert werden konnten, und sogar noch um den Treibstoff für diese Geländewagen.

Mitte der 80er Jahre wurde bekannt, dass in den ärmsten Ländern der Welt jährlich eine Million Neugeborene qualvoll an Tetanus zugrunde gingen. Bis dahin hatte das kaum jemand bemerkt, weil die Krankheit sozusagen im Verborgenen zuschlug: Sie traf Kinder, die bereits kurz

nach der Geburt star-
ben und deren Tod gar
nicht besonders auffiel.

Als Gasse davon erfuhr, stand sein Entschluss fest. Seither
bereist er ein Entwicklungsland nach dem anderen, leitet überall Impfkampagnen gegen Tetanus und sorgt persönlich dafür, dass der Impfstoff auch in die letzten Dörfer kommt. Die Weltgesundheitsorganisation und UNICEF unterstützen ihn dabei. Wenn heute nicht mehr eine
Million, sondern weniger als 200.000 Babys an Tetanus sterben, dann
ist das auch sein Verdienst.

„Wenn du den Tetanus auftreiben willst, musst du bis ans Ende der
Straße gehen, bis in die fernsten und ärmsten Gegenden dieser Welt",
sagt François Gasse. „Und dann musst du dir etwas einfallen lassen."
Impfpartys zum Beispiel, mit Essen und Trinken und Musik, damit die
Leute den weiten Weg zur Impfstation auf sich nehmen, auch wenn sie
gar nicht wissen, wozu eine Impfung gut ist. Und außerdem kommt es
auch immer gut an, wenn sich Stars und Berühmtheiten dafür einsetzen. Einmal hat sich sogar die Schönheitskönigin von Uganda öffentlich impfen lassen, was auf die Frauen in Uganda großen Eindruck gemacht hat.

Sicher ist dieses Leben ziemlich abenteuerlich. Aber es ist auch gefährlich. Gasse hatte schon schwere Malaria, das hochgefährliche Dengi-
fieber und Blutvergiftung. Er kam nur deshalb mit dem Leben davon,
weil er jedes Mal mit dem nächsten Flugzeug in ein europäisches Krankenhaus gebracht wurde. Und einmal war er mit einigen Kollegen im
Kongo unterwegs, auf der Suche nach Neugeborenen, die an Tetanus
gestorben waren. „Wir waren zwei Tage von Dorf zu Dorf gelaufen", erzählt er, „als ich plötzlich einen heftigen Malariaanfall bekam." Für solche Fälle hatte er immer Malariatabletten bei sich, gut verpackt in seinem Kulturbeutel. Aber als er jetzt nachschaute, waren sie weg. „Das
war mir unbegreiflich", sagt er. „Ich bekam Panik, weil auch keiner meiner Kollegen Malariatabletten dabei hatte." Und weit und breit gab es
keine Apotheke. „Ich konnte nicht mehr weiterlaufen. Einer meiner
Leute machte sich auf den Weg zu einer Missionsstation und kam tat-

sächlich nach vier Stunden mit ein paar Tabletten zurück. Die halfen."
Später, in Frankreich, gestand ihm seine Frau, dass sie die Malariatabletten aus seinem Kulturbeutel herausgenommen und ganz vergessen hatte, ihm Bescheid zu sagen.

Trotzdem – François Gasse liebt dieses Leben als Entwicklungshelfer und Arzt. Und er liebt Afrika. Aber er überschätzt seine Rolle im Kampf gegen Tetanus nicht. „In diesem Kampf kommt es auf jeden an", meint er. „Da ist der Fahrer, der den Impfstoff zuverlässig und rechtzeitig in einer Klinik abliefert, genauso wichtig wie die Person, die am Ende die Spritze setzt. Unter so schwierigen Bedingungen zählt wirklich jeder."

 **Impfen, Kinderlähmung, Malaria, Tetanus**

Erdbeben

Erdbeben, das heißt: Mit einem Schlag alles verlieren, was man besitzt. Kein Haus mehr zu haben, kein Bett, keine Kleider außer denen, die man gerade am Leib trägt, keinen Kochtopf, kein Messer, keine Lebensmittelvorräte, nicht einmal ein Stück Seife. Und dann noch zu wissen, dass der Bruder oder die Schwester oder vielleicht die Eltern unter den Trümmern liegen.

Wasser? Woher soll jetzt Wasser kommen? Die Wasserleitungen sind zerstört, die Brunnen verschüttet. Und wie soll man die eisige Nacht überstehen – wenn erst mal alles Holz verfeuert ist? Wie die Verletzten versorgen? Und wovon leben? Erdbebenopfern fehlt, wenn es schlimm kommt, einfach alles.

Am 8. Oktober 2005 vernichteten in Pakistan gewaltige Erdstöße die Existenz von Millionen Menschen und töten zigtausende. Der sechsjährige Faraaz hat Glück. Sein Vater braucht nur 45 Minuten, um ihn aus den Trümmern seines Hauses zu befreien. Und wie durch ein Wunder hat Faraaz nur Schürfwunden am Kopf und eine lange Schnittwunde am Bein. Trotzdem schwebt er in Lebensgefahr. Ein bisschen Schmutz in der Wunde kann zu Entzündung und Wundstarrkrampf führen. Wundstarrkrampf führt fast immer zu einem langsamen, qualvollen Sterben. Eine einfache Tetanusspritze könnte Faraaz retten, aber im nächsten Nothospital gibt es keinen Impfstoff. Die einzige Möglichkeit, wenn sich die Wunde wirklich entzünden sollte: das Bein amputieren.

Die Hilfe für Erdbebenopfer ist immer ein Wettlauf gegen die Zeit. 2005, in Pakistan, ist sie besonders schwierig. Das Erdbebengebiet liegt in den Bergen. Viele Straßen sind zerstört, nachts wird es eisig kalt, und der Winter steht vor der Tür. Woher so schnell so viele Zelte beschaffen? Woher Decken, Trinkwasser, Nahrung, Medikamente, Tetanusimpfstoff in solchen Mengen bekommen? Täglich sterben weitere Menschen an ihren Verletzungen oder sie erfrieren.

Auf der ganzen Welt laufen Telefone heiß. In Saudi-Arabien gibt es Lagerhäuser voller Zelte für die Mekka-Pilger, also dort anfragen und Flugzeuge organisieren, die diese Zelte nach Pakistan fliegen. In Kopenhagen hat UNICEF ein riesiges Lager mit Medikamenten für eine halbe Million Menschen sowie Plastikplanen, auch das alles in Flugzeuge ver-

stauen und los geht es, nach Pakistan. Gleichzeitig gilt es, Umschlag-
plätze in der Nähe des Erdbebengebiets einzurichten, wo Hilfsgüter auf
Lastwagen oder in Armee-Hubschrauber umgeladen werden können,
provisorische Krankenhäuser im Gebirge zu errichten und Notärzte zu
verständigen und hinzuschaffen.

Tausende von Helfern ar-
beiten Tag und Nacht. Und
ständig strömen neue Ver-
letzte aus den umliegenden
Dörfern in die Notkranken-
häuser. Viele werden, wie
der kleine Faraaz, von ihren
Eltern oder Verwandten auf
Liegen und Tragen ange-
bracht – stundenlang, oft
tagelang sind sie unterwegs,
zu Fuß selbstverständlich.
Alles geht zu langsam, Hub-

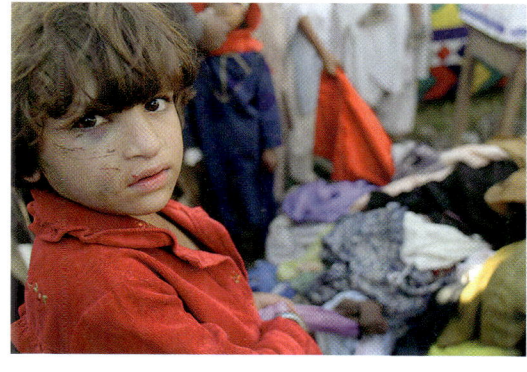

Viele Tausend
Menschen sind
beim Erdbeben
in Pakistan
verschüttet wor-
den. Millionen
verloren ihre
Lebensgrund-
lage.

schrauber fehlen, manche Hilfe kommt zu spät, und doch bessert sich
die Lage allmählich. UNICEF hat seit über 60 Jahren Erfahrung darin, bei
Katastrophen schnell zu reagieren und Einsätze so zu organisieren, dass
die Hilfsmaßnahmen das Chaos nicht noch vergrößern. Seife, Plastikkanister, Kochtöpfe werden verteilt, einfache Toiletten gebaut, Tankwagen mit Trinkwasser auf die Reise in abgelegene Dörfer geschickt, Tausende von Decken und warmen Kinderpullovern ins Gebirge geschafft.

Wenn die größte Not vorbei ist, geht die Arbeit für die UNICEF-Mitarbeiter trotzdem weiter. Denn dann müssen die Waisenkinder registriert und Angehörige oder Pflegeeltern für sie gesucht werden. Und
auch die Schulen kommen einstweilen nicht ohne die Hilfe aus. „Schule
in der Kiste" nennen sich die Metallkoffer mit Heften, Büchern und
Bleistiften, mit denen Lehrer und Schüler bis auf weiteres auskommen
müssen. Wann die zerstörten Dörfer wieder aufgebaut sein werden? Das
weiß niemand.

Briefe, Schule, Tetanus, UNICEF

Erinnerungsbücher

Die Erinnerung wach halten – damit man weiß, woher man kommt.

Kinder, die ihre Eltern durch Aids verlieren, sind nicht nur arm dran, sie versinken auch oft in Schwermut, sie stehen regelrecht unter Schock. Und da vor allem in Afrika so viele Eltern sterben, finden sich oft keine Verwandten mehr, die den allein gelassenen Kindern über das furchtbare Erlebnis hinweghelfen können.

In verschiedenen afrikanischen Ländern hat man nun die Erfahrung gemacht, dass Kinder leichter über den Tod ihrer Eltern hinwegkommen, wenn Mutter und Vater ein Erinnerungsbuch hinterlassen. Was es damit auf sich hat?

Erinnerungsbücher sind einfache Kladden. Väter und Mütter, die wissen, dass sie sterben müssen, schreiben dort ganz persönliche Dinge hinein – Dinge, die für ihre Kinder einmal wichtig sein können. Ihre eigene Lebensgeschichte zum Beispiel, also Erinnerungen an ihre Kindheit und Jugend und wie sie damals gelebt haben. Oder Wünsche für die Zukunft ihrer Kinder und all die guten Lehren, die sie ihnen mit auf den Weg geben wollen. Solche Erinnerungsbücher erleichtern den Kindern, über den Tod hinaus eine persönliche Beziehung zu ihren verstorbenen Eltern zu bewahren, gerade wenn sie noch sehr jung waren, als diese starben. Wenn sie später darin lesen, erfahren sie, was für Menschen ihre Eltern waren und wie sie über das Leben gedacht haben. Für viele Waisen sind diese Erinnerungsbücher der kostbarste Besitz, weil sie ihnen das Gefühl geben, immer noch mit ihren Vätern oder Müttern reden zu können. Sie fühlen sich dann nicht gänzlich verlassen. Das gibt ihnen Halt.

Doch nicht nur das. Normalerweise sprechen Erwachsene in Afrika mit ihren Kindern nicht über ihre eigenen Probleme, oft lassen sie ihre

Kinder selbst dann noch im Unklaren, wenn es um Krankheit und Tod geht. Sobald aber Eltern damit beginnen, ein Erinnerungsbuch zu schreiben, ändert sich das. Wer ein Erinnerungsbuch schreibt, dem fällt es viel leichter, ehrlich zu seinen Kindern zu sein, und es entsteht eine Atmosphäre des Vertrauens zwischen Jung und Alt. In solchen Familien wird offen über die Krankheit gesprochen, und die Kinder können sich auf den bevorstehenden Tod ihrer Eltern vorbereiten. Manchmal sind die Kinder sogar an der Entstehung eines Erinnerungsbuchs selbst beteiligt, dann nämlich, wenn die Eltern Analphabeten sind. In diesem Fall schreibt eines der älteren Kinder die Erinnerungen und Ermahnungen seines Vaters oder seiner Mutter an deren Stelle auf.

Und schließlich sind Erinnerungsbücher eine Möglichkeit, Kindern all das mitzuteilen, was sie über ihre eigene Kultur wissen müssen. Wo so viele Erwachsene sterben, da sind auch die Traditionen, der Glaube, das Wissen und die Fertigkeiten einer Gemeinschaft in Gefahr, in Vergessenheit zu geraten. Erinnerungsbücher können die Waisen davor bewahren, sich verloren zu fühlen in einer Welt, die sie nicht verstehen.

Erinnerungsbücher tragen dazu bei, die Kultur des eigenen Volkes zu bewahren.

Aids, Eltern

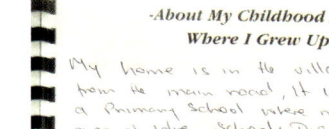

-About My Childhood And-
Where I Grew Up

My home is in the village 2 kilomet from the main road, It is also near a Primary School where most of our area childre school. There are two churches near by i.e. Protestant and Catholic church. I was born on 15-8-1958. I grew up with my parents in our village.
During my childhood, I liked playing so much and I had many childre around to play with.

Erziehung

Klar, Kinder müssen erzogen werden, sonst wird aus ihnen nichts. Durch die Erziehung bekommen sie Manieren und Benehmen beigebracht. Außerdem müssen sie die Spielregeln kennen lernen, die in der Welt der Erwachsenen gelten. Nur – wie macht man das am besten? Gibt es ein Erfolgsrezept? Möglichst streng vielleicht, mit vielen Verboten? Oder möglichst verständnisvoll, mit vielen Freiheiten? Sollen Eltern ihren Kindern jeden Wunsch erfüllen – oder auch mal „nein" sagen? Sollen sie ihnen alles durchgehen lassen – oder ihr Kind, wenn nötig, bestrafen? Sollen sie klare Regeln aufstellen – oder überhaupt keine? Schwierige Fragen. Wir Europäer zerbrechen uns seit Jahrhunderten die Köpfe darüber, wie man Kinder richtig erzieht. Und je nachdem, wie man sich die Menschen im Endeffekt wünscht, werden Kinder bei uns mal strenger und mal großzügiger erzogen. Aber wie erziehen Eltern in anderen Teilen der Welt eigentlich ihre Kinder?

Hier hat der Vater die Erziehung übernommen.

Wenn die 28-jährige Muna aus Somalia von ihrer Erziehung erzählt, dann spielt die wichtigste Rolle dabei ein Stock. „Der Stock meiner Mutter war immer in Reichweite", sagt sie. Und jedes der acht Geschwister bei ihr zu Hause bekam diesen Stock täglich zu spüren. Mal hielt er

eine Woche, mal nur zwei Tage – dann ging die Mutter zum nächsten Baum und schnitt sich einen neuen ab. Oder sie kaufte sich auf dem Markt von Mogadischu einen besonders haltbaren. Jedenfalls, ohne Stock hätte Munas Mutter gar nicht gewusst, wie sie sich bei so vielen Kindern durchsetzen sollte. Noch als Muna 19 war, saß die Mutter beim Mittagessen mit dem Stock hinter ihr, und wenn sie nicht genug aß, setzte es zwei, drei Schläge.

Mit dem Stock geschlagen zu werden, war für Muna und ihre Altersgenossen völlig normal. Alle Mütter machten das. Auch die Großmütter. „Und auch unsere Lehrer", erzählt sie, „hatten Stöcke, die ständig im Einsatz waren. Wohlerzogenheit und Bildung, so viel stand fest, sind nur mit Schlägen zu erreichen." In diesem Punkt wurden Jungen und Mädchen sogar gleich behandelt. Hatte jemand  die Schulaufgaben vergessen oder den Unterricht geschwänzt, gab es zehn Schläge vor versammelter Klasse. Der einzige Unterschied zwischen Jungen und Mädchen war: Die Jungen bekamen sie auf den Po, die Mädchen auf die Handflächen.

Das habe sie aber nicht weiter gestört, meint Muna. Viel ärgerlicher sei gewesen, dass sie als Mädchen ab ihrem achten Lebensjahr fast nichts mehr durfte. Wollte sie nach der Schule noch auf der Straße spielen, hieß es: „Muna, komm rein! Vergiss nicht, dass du ein Mädchen und kein Junge bist. Du gehörst ins Haus!" Von nun an musste sie auf der Straße den Blick senken, durfte außerhalb des Hauses keinen Mann anschauen und mit keinem männlichen Wesen sprechen. Selbst ihre Klassenkameraden hatten für sie Luft zu sein, wenn sie ihnen außerhalb des Schulgeländes begegnete. Dass Mädchen fast nichts und Jungen fast alles durften, gehörte zu den eisernen Regeln. Wenn Muna dagegen verstieß, trat Mutters Stock wieder in Aktion.

Blicken wir nach Mexiko: Ein Entwicklungshelfer erzählt, wie er einmal in der südmexikanischen Provinz Chiapas in die Berge hinauffuhr. Wie alle anderen Fahrgäste saß er hinten auf der Pritsche eines kleinen

Lastwagens, als eine junge Mayafrau mit ihrer vierjährigen Tochter zustieg, einem süßen Mädchen mit dem dichten, schwarzen Haarschopf der Maya. „Im selben Augenblick, als der Wagen anfuhr, stieß die Kleinen einen langen, durchdringenden Schrei aus. Sie sprang in Panik vom Schoß ihrer Mutter, klammerte sich an die Stangen der Dachkonstruktion und schrie in höchster Verzweiflung, das Gesicht in die rote Plane gedrückt. Jeder Atemzug war ein Schrei. Offenbar war sie noch nie mit einem Auto gefahren. Aber ihre Mutter reagierte in keiner Weise. Sie schien die Angst ihrer Tochter gar nicht zu bemerken. Abwesend schaute sie hinaus in die Landschaft.

Nach zehn Minuten verfiel die Kleine in ein erschöpftes Schluchzen. Immer noch klammerte sie sich an die Metallstäbe, immer noch schenkte die Mutter ihr keinerlei Beachtung. Im nächsten Dorf stiegen ein paar Fahrgäste aus, das Mädchen setzte sich plötzlich auf einen der frei gewordenen Plätze, und als der Wagen wieder anfuhr, kam kein einziger Laut mehr von ihr, kein Schrei, kein Seufzer. Sie lächelte sogar, ja, sie schien die Fahrt nun zu genießen. Sie hatte den Schrecken der ersten Autofahrt ihres Lebens erlebt und aus eigener Kraft überwunden. Wahrscheinlich war sie stolz auf sich."

Wie herzlos, könnte man denken. Jede deutsche Mutter hätte ihr Kind in den Arm genommen und getröstet. Die Mayamutter aber hat es anders gemacht. Ihre Tochter musste zunächst den Schrecken ganz auskosten und durfte anschließend ihren Triumph genießen, ihre Angst ganz ohne fremde Hilfe überwunden zu haben. Vielleicht ist das auch eine Möglichkeit, das Selbstvertrauen von Kindern zu stärken.

Mädchen, Maya

Feiertage

Feiertage sind doch etwas Herrliches: Man kann morgens länger im Bett liegen bleiben, darf sich den lieben langen Tag mit den köstlichsten Leckereien voll stopfen und bekommt auch noch Geschenke. Zumindest ist das bei uns an Ostern und Weihnachten so. Und in anderen Ländern? Werden überall bunte Ostereier versteckt? Schmückt man auch im sonnigen Australien an Weihnachten nadelige Tannenbäume? Und: Feiert man auf der Weihnachtsinsel überhaupt Weihnachten?

In vielen Ländern haben sich ähnliche Bräuche und Sitten entwickelt, mit denen beispielsweise das Osterfest begangen wird. Aber es gibt natürlich Spezialitäten.

Ach du dickes Ei!

In Finnland beispielsweise sollte man sich an Ostern vor Schlägen in Acht nehmen. Nach altem Brauch werden nämlich am Palmsonntag Freunde und Bekannte mit einer Bir-

kenrute geschlagen. Diese leichten Schläge sollen Glück bringen und erinnern an die Palmwedel, mit denen Jesus vor 2000 Jahren in Jerusalem empfangen wurde. Am Ostersonntag ziehen dann die finnischen Kinder mit Tröten, Rasseln und allem, was sonst noch Krach macht, durch die Straßen und beenden so die dunkle Winterzeit.

Auch in Schweden gibt es einen lustigen Osterbrauch. Am Karsamstag verkleiden sich die Kinder als Osterweiber. Kopftücher, alte Kleider und zerschlissene Schuhe: Um wie ein echtes Osterweib auszusehen, ist ein tiefer Griff in Omas Klamottenkiste nötig. Mit einem Kessel unter dem Arm ziehen die Verkleideten von Haus zu Haus und betteln um Süßigkeiten.

Geschicklichkeit ist von den Kindern der amerikanischen Hauptstadt Washington gefragt. Vor dem Weißen Haus trifft man sich alljährlich am Ostermontag zum Eierrollen. Hunderte von bunt bemalten Oster-

eiern kullern hier – oft samt ihrer Besitzer – die kleinen Hügel hinunter. Als kleines Dankeschön gibt es für jeden Teilnehmer ein Holzei, auf dem der Präsident und seine Frau unterschrieben haben. Dolly Madison, die Ehefrau von Präsident James Madison, soll dieses Spektakel um etwa 1810 ins Rollen gebracht haben.

Den Brauch des Ostereierrollens kennt man auch in Ostfriesland. Hier werden die Eier allerdings den Deich hinuntergerollt. Auch mit dem so genannten Eiertrüllern vertreiben sich die Kinder in Ostfriesland die Ostertage. Hier wird versucht, das Ei so hoch und weit zu werfen, wie es geht, ohne dass es zerbricht.

Wen wundert's: Auch auf der Osterinsel wird Ostern gefeiert. Da hier jedoch das ganze Jahr ein tropisches Klima herrscht, ist es – wie in vielen anderen heißen Ländern – nicht üblich, Eier zu verstecken. Ein besonderes Essen steht aber auch hier auf dem Plan. Übrigens: Ihren Namen erhielt die Insel im Südpazifik, weil sie 1722 ausgerechnet am Ostersonntag entdeckt wurde.

Heiße oder weiße Weihnachten?

Auch die Adventszeit und Weihnachten feiert man mit unterschiedlichen Sitten und Bräuchen. In Estland erzählt man sich, dass besonders in den Nächten vor Weihnachten viele Hexen ihr Unwesen treiben. Sie schwirren um die Häuser, verhexen dies und das und suchen nach schmutzigen Besen, denn mit sauberen Besen funktioniert das Fliegen nicht. Das bedeutet für die Kinder: Alle Besen müssen blitzsauber gemacht werden. Wenn bis Weihnachten in den Häusern und auf den Höfen alles gut läuft, also nichts kaputtgeht oder verschwindet, gibt es eine Belohnung für

die eifrigen Saubermänner. In Estland feiert man Weihnachten – wie auch in Russland oder Spanien – erst am 6. Januar. Im Mittelpunkt des Fests steht die „Große Liturgie". Das ist ein besonders schöner Gottesdienst, der mehrere Stunden dauert und bei dem viel gebetet und gesungen wird.

Weihnachten unter dem Sonnenschirm? Ja, auch so etwas gibt es. In Australien feiert man Weihnachten genauso wie hier am 24. Dezember. Allerdings mit dem Unterschied, dass in Australien zu dieser Zeit gerade hochsommerliche Hitze statt winterlichem Schneegestöber angesagt ist. Deshalb kann man schon mal sehen, wie sich der Weihnachtsmann in Badehose am Strand vergnügt und die Bescherung auf einer Strandparty oder einem Grillfest stattfindet. Ansonsten erinnert aber vieles an das Weihnachtsfest in kühleren Gegenden. Straßen und Häuser sind mit Zweigen und Lichtern festlich geschmückt und – ja, auch Tannenbäume mit Lametta und Weihnachtskugeln gibt es. Allerdings sind das meist welche aus Plastik.

Achtung! Auf der Weihnachtsinsel feiert kaum jemand das Weihnachtsfest, da die Bevölkerung zum größten Teil aus Buddhisten und Muslimen besteht. Die Weihnachtsinsel liegt übrigens südlich von Java im Indischen Ozean.

Flüchtlinge

Eine unglaubliche Geschichte, aber leider wahr. Sie ereignet sich im Sudan, immer wieder, seit mehreren Jahren. Arabische Reiter, bewaffnet mit Dolchen und Gewehren, überfallen ein Dorf, in dem Schwarzafrikaner leben. Beide sind Sudanesen, die Angreifer wie die Überfallenen. Die Reiter dringen in die Hütten ein, töten Männer, Frauen, Kinder, zer-

Letzte Zuflucht, aber kein Leben auf Dauer: das Flüchtlingslager in Mornei.

trampeln die Felder, zünden die Hütten an und nehmen Ziegen und Kühe mit. Dann reiten sie zum nächsten Dorf weiter. Indem sie so ihren Machtanspruch untermauern, sichern sie sich Zugang zu Land und Wasser. Ein paar überleben diesen Überfall.

Ein paar alte Männer, ein paar Frauen, ein paar Kinder. Einige sind verletzt. Sie brechen auf, zu Fuß, und laufen tagelang durch die Wüste. Unterwegs essen sie wilde Hirse, die sie in Wasser einweichen. Schatten gibt es nirgends. Immer wieder suchen sie mit besorgtem Blick den Horizont nach einer Staubwolke ab. Sie beten, dass die Reiter nicht wieder auftauchen mögen. Mit letzter Kraft erreichen sie Mornei.

Mornei hatte einmal 5.000 Einwohner. Heute sind es 90.000. Es ist eine Großstadt aus Strohwänden und Plastikplanen geworden, voller Menschen, die den arabischen Reiterbanden entkommen sind. Es wäre

schön, wenn sie hier in Sicherheit wären. Aber das sind sie nicht. Sobald jemand das Lager verlässt, um Wasser oder Brennholz zu holen, schlagen die Reiterbanden wieder zu. Einmal haben sie einen toten Esel ins Flussbett geworfen, um das Wasser zu vergiften. Und im Lager selbst sind viele krank und unterernährt. Wenn die Regenzeit einsetzt, werden die provisorischen Hütten wohl nicht halten. Und die Mücken werden kommen, und mit ihnen die Malaria.

In Mornei gäbe es täglich viele Tote, wenn die Hilfsorganisationen nicht wären. Und Flüchtlingslager wie Mornei gibt es im Sudan viele. Allein UNICEF hilft beim Aufbau von Gesundheitsstationen, sorgt für Impfstoff und Medikamente, bringt Ärzte hin, liefert spezielle Nahrungsmittel für stark unterernährte Kinder, bohrt Brunnen und stellt Handpumpen auf, organisiert Tankwagen, die Trinkwasser bringen, verteilt Kanister, damit die Menschen das Wasser mit in ihre Hütten nehmen können, baut Toiletten und richtet provisorische Klassenzimmer in Zelten ein. All dies sind natürlich nur Notmaßnahmen, keine Lösungen auf Dauer. Aber niemand weiß, wie lange diese Hilfsmaßnahmen noch den Tod von Millionen Menschen verhindern müssen. Denn solange die sudanesische Regierung nichts gegen die Reiterbanden unternimmt, können die Flüchtlinge unmöglich in ihre Dörfer zurückkehren.

Afrika, Asyl, Brunnen

Der Bürgerkrieg macht den Menschen im Sudan das Leben zur Hölle. Oft ist die einzige Rettung ein Flüchtlingslager.

Flutkatastrophe

Bericht der UNICEF-Mitarbeiterin Anna Stechert über die Lage in Banda Aceh (Indonesien) ein Jahr nach dem Tsunami von 2004, der dort alle Küstendörfer verwüstete:

Als die Flut kam, spielte Hasima gerade mit ihrer kleinen Kusine. Das Baby überlebte nicht, ebenso starb ihre Großmutter. Ihre Mutter wurde schwer verletzt.

„Nach einer so großen Katastrophe kann man noch nicht von Normalität sprechen. Über 400.000 Menschen leben immer noch in Barackenlagern oder haben bei Freunden Unterschlupf gefunden. Es ist unklar, wann sie wieder ein eigenes Haus bekommen. Die Notunterkünfte sind einfach und eng, aber auf jeden Fall besser als die Zelte, in denen die Menschen anfangs untergebracht waren. UNICEF liefert dreimal am Tag frisches Wasser in die Lager. Um die Lage der Kinder zu erleichtern, haben wir 21 Kinderzentren eingerichtet. Morgens sind die ganz Kleinen dort, nachmittags kommen die Schulkinder. Dort wird gespielt, getanzt, gesungen, die Kinder lernen und machen ihre Hausaufgaben.

Diese Kinder sind unheimlich stark. Sie sind viel lebendiger geworden. Kurz nach dem Tsunami waren sie wie benommen und beteiligten sich kaum am Unterricht. Jetzt versuchen sie, das Beste aus ihrer Situation zu machen. Wenn ich sie besuche, höre ich kein Gejammer, erlebe auch keinen Streit und keine Wutanfälle. Vor allem die Älteren

wollen selbst etwas machen, mithelfen, nützlich sein. Ich glaube, vielen ist bewusst geworden, dass sie als Kinder auch Rechte haben und für sich selbst sprechen können – auch das ist ein Erfolg von UNICEF. Wir helfen ihnen, Kinderkomitees zu gründen. Dort treffen sie sich regelmäßig, diskutieren ihre Probleme und geben ihre Vorschläge an die Verantwortlichen der Lager weiter. Natürlich gibt es auch Rückschläge. An stürmischen Tagen oder wenn wir eines der vielen Nachbeben erleben, bricht schnell Panik aus – bei den Kindern wie bei den Erwachsenen.

Der Bau von 200 provisorischen Schulen ist fast abgeschlossen. In den nächsten drei Jahren wird UNICEF 350 feste Schulgebäude errichten, die ersten sind schon im Bau. Natürlich wäre uns lieber, der Wiederaufbau würde noch schneller vorangehen. Aber manches steht nicht in unserer Macht. Bevor wir eine Schule bauen können, muss zum Beispiel feststehen, dass die Menschen auch tatsächlich in diese Gegend zurückkehren wollen. Und dann ist es nicht so einfach, die Aktivitäten der vielen Hilfsorganisationen in Banda Aceh aufeinander abzustimmen. Die Zusammenarbeit der Hilfsorganisationen untereinander muss sehr gut organisiert werden, sonst vergrößern wir nur das Chaos. UNICEF organisiert zum Beispiel die Hilfe in den Bereichen Wasserversorgung, sanitäre Einrichtungen, Kinderschutz und Bildung.

Seitdem ich hier bin, erlebe ich tagtäglich wunderschöne Augenblicke. Ich liebe es einfach, mit diesen Kindern zu spielen und zu beobachten, wie viel Spaß sie miteinander haben. Viele kennen meinen Namen und freuen sich, wenn ich komme. Nein, sie sind wirklich unglaublich. Unglaublich stark."

Wer einmal geholfen hat, mag gar nicht mehr aufhören

Die 16-jährige Sarah Faust aus Krefeld ist UNICEF-Juniorbotschafterin. Sie berichtet:

„Vor zwei Jahren habe ich angefangen, mich für UNICEF zu interessieren. Ich und meine Freundin Kim. Damals haben wir in unserer Kirchengemeinde angeregt, im nächsten Gottesdienst eine Kollekte für die Tsunami-Opfer zu sammeln. Und dann hatten wir das Gefühl: Das reicht nicht, wir könnten noch mehr machen. Also haben wir einen Trödelmarkt organisiert. Wir haben die Geschäfte in Krefeld wegen Sachspenden abgeklappert und bei Sportvereinen nachgefragt und dann auch noch ein Rundschreiben an alle Eltern unserer Mitschüler versandt mit der Bitte, etwas zu spenden. Da ist einiges zusammengekommen an Werbegeschenken und Sportlertrikots und Spielen und Spielsachen. Dann haben wir den Rundfunk und die Zeitungen gebeten, unseren Trödelmarkt anzukündigen, und am Abend dieses Tages hatten wir etwas über 500 Euro eingenommen. Mit dem Geld sind wir zum UNICEF-Büro, und die haben es auf ein Tsunami-Spendenkonto überwiesen. Wir waren ziemlich stolz.

Danach hatten wir erst recht Lust, weiterzumachen. Was tun? Eine Zeitschrift herstellen und verkaufen! Eine Zeitschrift zum Thema ‚Gleichberechtigung von Mädchen'. Wir haben im Internet recherchiert, täglich zwei Stunden, und dann die Artikel geschrieben – über Mädchenbeschneidung und Bildungschancen und so weiter –, und hatten das Glück, auch noch eine Druckerei zu finden, die uns das kostenlos gedruckt und gebunden hat. Diese Zeitschriften haben wir in der Stadt verkauft und noch mal 80 Euro eingenommen. Und jetzt machen wir einen Film von etwa 20 Minuten Länge. Da geht es um Aids und Mangelernährung und Hungersnöte in der Welt. Das Filmmaterial bekommen wir von UNICEF, aber die Interviews mit Prominenten – vor allem Sport-

Sarah und Kim aus Krefeld, die für die Tsunami-Opfer gesammelt haben und für ihren Einsatz zu UNICEF-Juniorbotschafterinnen ernannt worden sind.

lern, aber zum Beispiel auch DJ Bobo –, die machen wir selbst. Mit diesem Film wollen wir dazu beitragen, ein Heim in Brasilien zu finanzieren, in dem Prostituierte einen richtigen Beruf erlernen können.

Warum ich das alles mache? Das habe ich mich auch schon manchmal gefragt. Wahrscheinlich, weil es ein schönes Gefühl ist, anderen zu helfen. Helfen macht einfach Freude."

Ninhaz Haque ist 15. Er rettete sich, indem er zunächst auf einen Baum kletterte und dann auf einen vorbeitreibenden Kühlschrank sprang. Seine Familie hat er wiedergefunden, doch viele seiner Freunde sind vermisst.

Entwicklungshelfer, Erdbeben, Juniorbotschafter, Schule

Freiheit

Was ist eigentlich Freiheit? Zu nichts gezwungen werden? Immer seinen Willen kriegen? Keine Regeln befolgen und keinen Gesetzen gehorchen müssen? Tun und lassen, was man gerade möchte? Oder: nicht eingesperrt sein? Sich frei bewegen können und gehen dürfen, wohin man will? Oder: frei von Sorgen sein und frei von Angst? Oder ist es Freiheit, dass einem keiner hineinredet, wenn man zum Beispiel eine Entscheidung treffen muss? Dass man selbst bestimmt, wie man lebt? Dass man seinen eigenen Weg geht, unabhängig davon, was andere sagen oder denken?

„Brüder, zur Sonne, zur Freiheit!"
Hymne der DDR, 1953

Ist dies alles Freiheit? Schauen wir uns die Antworten einmal an. Immer seinen Willen kriegen, keine Regeln befolgen und keinen Gesetzen gehorchen – das ist sicherlich auch eine Art von Freiheit, aber eine, die keine Rücksicht auf andere nimmt. Das ist die Freiheit von Piraten, von Räuberbanden oder von Mafiabossen. Eine Freiheit, die man

sich nur dann
nehmen kann, wenn man der Stärkere ist
und Gewalt anwendet. Sie geht auf Kosten anderer, der Schwächeren,
die keine Gewalt anwenden wollen oder können. Die Schwächeren und
die Rücksichtsvollen haben dabei das Nachsehen. Tun und lassen, was
man will – das ist also nicht gerade das, was wir unter Freiheit verstehen. Das kommt nicht einmal für Erwachsene infrage, es sei denn, sie
sind Verbrecher. Die Freiheit soll für alle gleich sein, deshalb muss sich
jeder an bestimmte Regeln halten, an Regeln, die für alle gelten.

Nicht eingesperrt sein, sich frei bewegen können? Das ist bestimmt
Freiheit. Das ist Bewegungsfreiheit, und Bewegungsfreiheit ist die Voraussetzung für Freiheit
überhaupt. Aber Bewegungsfreiheit allein ist zu

„Leben! Freiheit! Eigentum!"
Wahlspruch der Aufständischen in England, 1642

wenig. Wer sich frei bewegen kann, muss noch lange nicht in der Lage
sein, mit seiner Freiheit auch etwas Gutes und Sinnvolles anzufangen.
Dazu braucht er außerdem Entscheidungsfreiheit – also die Möglichkeit, selbst zu bestimmen, wie er leben möchte. Selbstbestimmung nennt
man das, und Selbstbestimmung ist zweifellos das, worum es bei der
Freiheit im Grunde geht: aus unserem Leben das machen zu können,
was unseren eigenen Vorstellungen und unseren eigenen Fähigkeiten ent-
spricht.

Die Regeln und Gesetze in Deutschland garantieren uns diese Freiheit, diese Selbstbestimmung. Der Schutz der persönlichen Freiheit ist
geradezu der Sinn dieser Gesetze. Es ist allerdings nicht damit getan,

„Freiheit! Gleichheit! Brüderlichkeit!"
Motto der Französischen Revolution, 1789

dass es sie gibt, dass sie in einem Ge-
setzbuch stehen. Zwei Dinge müssen hinzukommen, damit wir unse-
re Freiheit auch wirklich genießen können: Richter, die sich genau an
diese Gesetze halten, wenn andere unsere Freiheit bedrohen – und unsere eigene Bereitschaft, uns freiwillig diesen Gesetzen zu unterwerfen.
Denn Gesetze und Regeln allein reichen nicht.

Die meisten Länder dieser Welt haben ganz ähnliche Gesetze wie wir,
und trotzdem gibt es dort oft weniger Freiheit als bei uns. Das liegt daran,
dass sich Richter und Politiker und Polizisten oder auch die Bürger selbst

nicht immer an ihre eigenen Gesetze halten. Sie stehen nur auf dem Papier, sagt man dann, aber in Wirklichkeit herrscht das Gesetz des Stärkeren oder Schlaueren – und wer nicht dazu gehört, dem nützen auch die Gesetze nichts.

„Landbesitz und Freiheit!"
Motto der mexikanischen Revolution, 19

Das Besondere an Deutschland ist also, dass wir uns auf unsere Gesetze verlassen können, weil sich alle, oder doch die allermeisten, daran halten.

Es gibt aber noch eine weitere Art der Freiheit, und die ist unabhängig von Regeln und Gesetzen. Diese Freiheit ist ein beglückendes Gefühl, wie ein Aufatmen, wenn uns unsere

„Freiheit ist nun mal unordentlich."
Donald Rumsfeld, Verteidigungsminister der USA, 2003

eigene Kraft und unsere eigenen Fähigkeiten bewusst werden, wenn wir uns stark genug fühlen, mit allen Schwierigkeiten und allen Herausforderungen fertig zu werden – so, als würde die ganze Welt uns offen stehen, ja, geradezu auf uns warten. Dieses Gefühl grenzenlosen Selbstvertrauens, auch das ist Freiheit, und das können Menschen immer und überall empfinden.

Deutschland, Erziehung, Kinderrechte

Frisur

Kennst du den Bob? Hast du schon einmal von Vokuhila oder Iro gehört? Wenn du an ein paar Rapper denkst: Nicht schlecht, stimmt aber trotzdem nicht. Es handelt sich um Namen von Frisuren. Bob ist die Bezeichnung für einen Frauenhaarschnitt, bei dem die Haare alle gleich lang sind und ungefähr auf der Höhe des Kinns enden. Vokuhila ist der Ausdruck für eine Frisur, bei der die Mähne <u>vo</u>rne <u>ku</u>rz, <u>hinten lang</u> gehalten ist. Und Iro ist die Abkürzung für den inzwischen wieder in Mode gekommenen Irokesen-Schnitt, bei dem die Haare an den Seiten kurz geschnitten sind, aber in der Mitte lang gelassen und zu einer Art Hahnenkamm aufgestellt werden. Der Bob ist bei uns normal, Vokuhila und Iro kommen auch nicht so selten vor. Aber es geht natürlich noch ganz anders.

Eine Menge Arbeit, so eine schöne Frisur!

Zum Beispiel gibt es Frisuren, für die man nachts eine spezielle Stütze braucht, um überhaupt schlafen zu können. In Japan leben junge Frauen, die Geishas genannt werden. Man erkennt sie daran, dass ihre Gesichter und Hälse weiß geschminkt sind und sie eine sehr aufwändige Frisur tragen. Ihre langen schwarzen Haare werden nach einer alten Technik (die geheim ist und deshalb hier nicht beschrieben werden darf) gekämmt, geknotet, gewachst und verziert. In der Mitte thront ein ganz bestimmter Schmuck, der je nach Jahreszeit unterschiedlich aussieht. Bis das alles sitzt, braucht man viel Zeit. Deshalb darf eine Geisha den Kopf abends auch nicht einfach in die Kissen wühlen, sondern muss eine frisurenschonende Haltung auf einer Kopfstütze einnehmen. Und nach einer Woche wird wieder neu frisiert. Alles für die Schönheit!

Keine alten Zöpfe

Viel Zeit braucht, wer seine Haare als Rastazöpfe tragen möchte: Je nach Anzahl der Zöpfe kann der Termin beim Flechter 4 bis 14 Stunden dauern. Früher gab es diese Frisur vor allem in afrikanischen Ländern, inzwischen haben Stars wie Christina Aguilera und Shakira sie in aller Welt bekannt gemacht. Für Rastazöpfe wird so gut wie immer Kunsthaar eingeflochten. Die Haare werden in bestimmte Muster eingeteilt, kleine Quadrate, Rauten, Dreiecke oder Kreise. Mindestens 60 Zöpfchen werden auf dem Kopf verteilt, nach oben hin gibt es keine Grenze, 300 Zöpfchen sind keine Seltenheit. Je feiner die Zöpfe sind, desto länger kann man seine stolze Haarpracht tragen. Spätestens nach fünf Monaten ist aber Schluss, weil dann der Ansatz rausgewachsen ist.

Länger Freude an ihrer Frisur haben die Dreadlocks-Träger. Dreadlocks sind im Prinzip verfilzte Haarsträhnen. Da es früher für die Menschen nicht so einfach war, regelmäßig die Haare zu kämmen und zu waschen, ist diese Frisur wahrscheinlich so alt wie die Menschheit selbst. Bekannt wurde diese Haarmode in unseren Tagen vor allem durch den Reggae-Sänger Bob Marley und durch die Rastafaris, eine politisch-religiöse Bewegung, die vor etwa 100 Jahren unter der afrikanischen Bevölkerung Jamaikas entstanden ist. Menschen, deren Haar von Natur aus kraus ist, müssen nur einige Wochen aufs Kämmen verzichten, schon formen sich ihre Haare von selbst zu Dreadlocks. Bei glattem Haar muss man dagegen etwas nachhelfen: Strähne für Strähne wird – beispielsweise mit Bienenwachs – verklebt und stundenlang toupiert. Das geht nicht ohne heftiges Ziepen ab. Und wer weiß, vielleicht haben die Dreadlocks ihren Namen deswegen auch nicht von ungefähr: Übersetzt bedeutet er nämlich „Furchtlocken".

Fußball

Auch wenn die deutsche Mannschaft bei der Weltmeisterschaft 2006 einen guten dritten Platz erkämpft hat: Technisch brillanten Fußball sieht man eher beim Gegner. Das musste leider gesagt werden, auch wenn es die Fans schmerzt. Aber woran liegt es eigentlich, dass Teams aus Brasilien, Argentinien, Mexiko, Kamerun oder der Elfenbeinküste bei ihren Anhängern Begeisterungsstürme auslösen, während die deutschen Zuschauer oft über die „Rumpel-fußballer" im eigenen Land stöhnen?

Viele Fußballexperten wie Franz Beckenbauer, Günter Netzer oder auch Jürgen Klinsmann meinen: „Es gibt zu wenig Straßenfußballer in Deutschland." Was sich ein bisschen seltsam anhört, weil die Spiele ja ohnehin im Stadion stattfinden. Also, was heißt das überhaupt – Straßenfußballer? Ist das ein Fußballspieler, der von der Straße kommt, oder einer, der auf der Straße spielt?

In Deutschland wird Fußball hauptsächlich mit zwei echten Toren auf richtigen Sportplätzen gespielt, auf Rasen oder manchmal auch auf Schotter. Meist kicken die Spieler im Verein: In Deutschland trainieren über sechs Millionen

Früh übt sich …

Menschen in Klubs. Dabei ist eigentlich weder ein Verein noch ein Sportplatz nötig, um das Runde ins Eckige zu befördern. Es kann auch eine Straße sein. Diese Spieler, die sich dort ihr fußballerisches Können beigebracht haben, werden „Straßenfußballer" genannt. Es gibt sie in vielen südamerikanischen Ländern wie Brasilien und Argentinien oder in afrikanischen wie Nigeria und Kamerun. Dort sind Kinder und Jugendliche lange Zeit Straßenfußballer, bevor sie in einem Klub spielen. Anders als beim Vereinstraining können die jungen Kicker das Spiel ohne Anleitung von Erwachsenen frei erlernen und ihre Regeln selbst aufstellen. Regeln wie beispielsweise „Letzter Mann hält" oder „Nur einmal berühren".

 **Fußball**

In den armen Straßenvierteln, beispielsweise den südamerikanischen Slums, schießen die Sportler mit leeren Cola-Dosen, weil sie kein Geld für einen echten Fußball haben. Oder sie treten barfuß auf staubigen Plätzen gegen alles, was sich irgendwie als Ballersatz eignet – aus Plas-

tik, Leder oder verknoteten Lumpen geformte Knäuel. Äste, Mülltüten oder Waschpulvertonnen markieren die Tore.

So kann man doch kein guter Fußballspieler werden? Falsch! Dort, wo die Kinder ihre eigenen Regeln aufstellen und keine vorgegebene Taktik befolgen, können sie jede Menge Tricks üben. Wer hat die besten Kniffe drauf? Wer ist der beste Knipser? Übersteiger, Hackentrick, Lupfer und Fallrückzieher sind bald kein Problem mehr – siehe Maradona, Ronaldo, Ronaldinho und Marcelinho. Leidenschaftlich wie kaum ein Vereinsspieler wollen die Straßenfußballer in den Slums um jeden Preis gewinnen und sehen den Ball nicht bloß als Spielgerät: Für sie ist es das Leder, das die Welt bedeutet – denn sie träumen davon, wie ihre großen Vorbilder als Fußballprofi den Weg aus der Armut zu finden.

Brasilianischer Samba-Fußball und afrikanische Spielfreude haben gerade auf solchen Straßen ihren Ursprung. Es muss also nicht unbedingt der Verein sein, in dem du dich mit deinen Kumpels zum Kicken triffst. Straßen eignen sich zwar nicht besonders gut, da sie oft zugeparkt und zu viele Autos unterwegs sind. Andere Bolzplätze kannst du aber überall finden: Schau dich bloß mal um nach dem Rasen vor dem Spielplatz, der Wiese auf dem Schulhof oder dem Feld neben der Wohnsiedlung! Schnapp dir ein paar Freunde und einen Ball – Tore könnt ihr euch notfalls auch selbst basteln – und los geht's!

Ein Tipp für Mädchen: Der deutsche Frauenfußball ist zurzeit sehr erfolgreich!

 **Spiele**

Gastfreundschaft

In arabischen Ländern kann es passieren, dass man von einem wild-fremden Menschen in sein Haus zum Essen eingeladen wird. Du gehst um die Zeit des Mittagessens durch die Straße eines Wüstendorfs, ein Mann steht in der Tür seines Hauses, er sieht dich, er macht ein paar Schritte auf dich zu und bittet dich herein. Es ist ein schlichtes Haus, das Haus einer armen Familie, eine nackte Glühbirne hängt an der Decke, und auf dem Boden sitzt bereits die Familie um eine Schüssel mit Reis und Gemüse. Die Kinder rücken ein wenig auseinander, ma-chen dir einen Platz frei, du sagst höflich „salam aleikum" und setzt dich dazu. Der Vater spricht ein Gebet, und die Mutter fordert dich mit einem freundlichen Blick auf, in die Schüssel zu greifen. Eine merk-würdige Situation. Soll man jetzt kräftig mitessen? Und was soll man sagen – wenn man nur wenige Worte Arabisch kennt? Reicht es, nur stumm dazusitzen? Da muss man wissen, was die Höflichkeit verlangt.

Für den Mann war es ein Gebot der Höflichkeit, dich einzuladen. In seiner Welt gehört es sich, einen Fremden um die Essenszeit in sein Haus einzuladen, und du bist ein Fremder. Aber es wäre jetzt unhöflich von dir, die Gelegenheit zu nut-zen, dir den Bauch voll zu schlagen. Das Essen reicht sowieso kaum für die ganze Familie. Du hältst dich also zurück, du ver-ständigst dich mit Bli-cken, du zeigst deinem Gastgeber, dass es dir schmeckt. Und wenn dir

Auch in den kleinsten Hütten ist Platz für Gäste.

dann noch die arabischen Worte für „gut" und „danke" einfallen, bist du sogar in der glücklichen Lage, dich hinterher höflich verabschieden zu können. Nur kein Geld anbieten! Eine solche Einladung ist ernst ge-meint, sie ist ein Geschenk, ein Ausdruck des Zusammengehörigkeits-gefühls aller Menschen, die in der Wüste leben.

Früher, als es noch nicht so viele Restaurants wie heute gab, war die Gastfreundschaft in den arabischen Ländern heilig. Vor allem in der Wüste. Jeder, der vorbeikam, musste bewirtet werden. Teilweise ist es auch heute noch so – und nicht nur in arabischen Ländern. Wer in Somalia nicht unhöflich sein will, der hat den ganzen Tag einen Topf mit gutem Essen auf dem Feuer, für den Fall, dass plötzlich unerwartete Gäste auftauchen. Nie darf man einen Gast mit leerem Magen wieder gehen lassen!

Auch im Sudan oder Äthiopien muss man damit rechnen, zum Essen eingeladen zu werden, selbst wenn man nur kurz „guten Tag" sagen will. Das ist manchmal recht strapaziös. Es kann nämlich vorkommen, dass man bei drei verschiedenen Familien dreimal hintereinander ein üppiges Essen vorgesetzt bekommt, und dann wird keine Ausrede geduldet, dann muss man auch beim dritten Mal noch zugreifen, auch wenn man nach der ersten Mahlzeit schon pappsatt war. Die Gastfreundschaft beruht also auf Gegenseitigkeit: Sie verpflichtet den Gastgeber, einen Gast zu bewirten. Und sie verpflichtet den Gast, das Angebotene nicht abzulehnen.

Ein schönes Beispiel für Gastfreundschaft aus Deutschland berichtet Moritz Freiherr Knigge, der ein Buch über den richtigen Umgang miteinander geschrieben hat. Er erzählt, dass seine Mutter eines Morgens einen Obdachlosen im Bett des Gästezimmers fand. Seine Eltern hatten nämlich die Gewohnheit, ihre Haustüre des Nachts nicht abzuschließen – so war der Mann ins Haus gelangt und hatte das bequemste Nachtlager gefunden. Die Mutter rief nicht die Polizei. Sie ließ den Mann ausschlafen, er durfte das Badezimmer benutzen. Schließlich servierte sie dem Eindringling auch noch ein reichhaltiges Frühstück, bevor er sich wieder auf den Weg machte.

Dass man Freunde aufnimmt und bewirtet, ist selbstverständlich. Aber wahre Gastfreundschaft ist eben, auch Fremde wie Freunde zu behandeln.

Besteck

Geburt

Chulkapa ist ein Dorf im äußersten Norden Afghanistans. Dort hockt der dreijährige Abdul Rahman auf dem Dach der Lehmhütte seiner Eltern und lauscht der Unterhaltung im Innenhof. Was die Frauen reden

können, wenn sie unter sich sind! Ein knappes Dutzend Frauen sitzt da, seine Mutter und viele Nachbarinnen, und dann noch eine Fremde, eine kleine, gebeugte Alte, die allerhand mitgebracht hat. Seife packt sie aus, Rasierklingen, Verbandszeug und bunte Babydecken. Sie verteilt das alles, untersucht dann die Frauen, tastet sie ab und

Obwohl sie schon alt ist, kann die Hebamme Bibihalema sich noch nicht zur Ruhe setzen. Denn in Afghanistan gibt es viel zu wenig Ärzte und Krankenschwestern, um den Frauen zu helfen, die ein Baby bekommen.

spricht mit ihnen in einem ruhigen, ernsten Ton. Abdul versteht längst nicht alles, aber eins bekommt er doch mit: Es geht ums Kinderkriegen.

Bibihalema heißt der Gast. Sie ist 66 Jahre alt und Hebamme. Und wo sie auftaucht, wird sie wie ein Ehrengast empfangen. Denn in Afghanistan kommen die meisten Kinder zu Hause zur Welt, und Bibihalema ist weit und breit die Einzige, die Frauen bei der Geburt helfen kann. Oft kommt sie nicht in Chulkapa vorbei, schließlich wird sie auch in vielen anderen Dörfern gebraucht. Umso froher sind die schwangeren Frauen von Chulkapa, dass Bibihalema jetzt Zeit für sie hat. Abduls Mutter verdankt ihr sogar ihr Leben. Bei Abduls Geburt hatte sie nämlich zwei Tage und zwei Nächte lang Wehen, aber das Baby wollte nicht kommen. Da wurde Bibihalema gerufen. Sie organisierte ein Auto, das Abduls Mutter ins nächste Krankenhaus brachte – eine ziemlich lange Fahrt –, und dort gelang es den Ärzten, Abdul doch noch aus dem Mutterleib zu befreien. Jetzt erwartet sie ihr drittes Kind.

Bibihalema ist wirklich ein Segen für die ganze Gegend. Die winzigen Ortschaften hier am Fuß des Hindukusch-Gebirges liegen weit verstreut und sind oft schwer erreichbar – besonders im Winter, wenn

 **Geburt**

Schnee liegt und ein eisiger Wind weht. Die kleine Bibihalema mit ihrem gebückten Gang ist dann meist zu Fuß unterwegs. In weit entfernte Dörfer reitet sie manchmal auch auf einem Pferd oder einem Esel. Eigentlich ist die Arbeit viel zu viel für sie. Aber in ganz Afghanistan gibt es nur 2.400 Hebammen. Für die fast 10 Millionen Frauen bräuchte man aber 8.000 Hebammen! Schuld daran ist der jahrzehntelange Krieg und die Herrschaft der Taliban. Die Taliban sind islamische Fundamentalisten, die während ihrer Zeit an der Macht für Frauen nur Verbote übrig hatten. Schule, Ausbildung, Berufstätigkeit – alles für Frauen verboten. Und deswegen keucht Bibihalema immer noch, sommers wie winters, über die einsamen Landstraßen hier im Norden Afghanistans.

Frauen wie Bibihalema retten Leben. Wenn es mehr von ihnen gäbe, müsste in Afghanistan nicht ungefähr alle halbe Stunde eine Frau während oder nach der Geburt sterben. Leider fehlt es nicht nur an Hebammen, sondern auch an Ärzten und Ärztinnen. Dr. Beharestani zum Beispiel betreut in ihrem Krankenhaus jede Woche zwanzig Mütter vor oder nach der Geburt – allein. Strom gibt es nur, wenn genug Diesel für den Generator da ist, also fast nie. Immer wieder fällt die Heizung aus, und Operationen müssen oft ohne Vollnarkose durchgeführt werden, weil Betäubungsmittel fehlen.

Das Schlimmste aber ist, dass weiterhin viele afghanische Männer kein besonderes Interesse für die Gesundheit ihrer Frauen aufbringen. Das ist in Chulkapa und Umgebung allerdings anders. Hier hat das Beispiel der unermüdlichen Bibihalema die Männer so tief beeindruckt, dass sie sich nun auch schon mal selbst um das Wohlergehen ihrer schwangeren Frauen kümmern.

Tetanus, Yasmine

Geburtstag

Bei uns in Deutschland ist der Geburtstag für jedes Kind eines der schönsten Ereignisse im ganzen – und vor allem in jedem – Jahr! Jeder freut sich über die vielen Geschenke und eine große Torte mit Kerzen. Mit ein bisschen Glück bekommst man noch nicht einmal Hausaufgaben auf! Oder vielleicht steht ja auch ein besonderer Geburtstag an, denn der 6., 12. und 13. sind etwas ganz Besonderes. Wichtige Ereignisse stehen an: Die Kinder dürfen dann in die Schule, mehr Kinofilme ansehen oder das erste Geld durch das Austragen von Zeitungen verdienen.

Aber nicht in allen Ländern der Welt werden Geburtstage jedes Jahr gefeiert, oder sie laufen ganz anders ab. In Japan zum Beispiel feiert man nicht jedes Jahr mit Geschenken und Kuchen. Die Menschen dort berechnen das Alter sogar ganz anders: Neugeborene sind direkt ein Jahr, wenn sie auf die Welt kommen, und werden dann am folgenden Neujahrsfest zwei Jahre, also völlig unabhängig von ihrem tat-sächlichen Alter und ihrem wirklichen Geburtstag. Es kommt daher auch vor, dass ein Kind im Dezember „ein Jahr wird" und kurz darauf an Neujahr schon zwei Jahre. An jedem Neujahrstag feiert somit das ganze Land zusammen Geburtstag.

Also gibt es in Japan kein Fest für ein einzelnes Geburtstagskind? Genau. Dafür finden einmal im Jahr für Kinder eines bestimmten Alters spezielle Veranstaltungen statt. So zum Beispiel am 15. November das „7-5-3-Fest" (shichi-go-san), bei dem die Eltern mit den 7-, 5- und 3-Jährigen in festlichen Kimonos oder Rockhosen gemeinsam zu einer religiösen Stätte der Gemeinde gehen. Dort danken sie dafür, dass die Kinder gesund sind, und beten für ihre Zukunft. Dieses Fest kommt also aus einer religiösen Tradition.

Die letzte Puppe

Bei den Mexikanern gibt es einen Brauch, der von ihren Vorfahren, den Azteken, stammt: Der 15. Geburtstag der Mädchen wird besonders gefeiert. Er heißt auf Spanisch Quinceañera. Die Mädchen werden an diesem Tag feierlich in das Erwachsenenleben geführt. Dieser Tag beginnt

mit einer Messe und führt dann zu einem Festessen, zu dem die ganze Gemeinde eingeladen ist. Am Abend findet eine große Party statt, die mit vielen verschiedenen traditionellen Ereignissen verbunden ist. Zum Beispiel führt der Vater die Tochter mit einem Tanz symbolisch ins Erwachsenenleben ein. Außerdem bekommt das Mädchen eine Puppe geschenkt. Diese soll die letzte ihrer Kindheit sein, denn von nun an ist sie eine Frau.

Anders als in Japan feiern die Kinder in Mexiko jedes Jahr Geburtstag. Die Zeremonie zum 15. Jahr ist nur eine spezielle Tradition. Es gibt zudem einen Brauch, der auf keinem Kinderfest in Mexiko fehlen darf: die Piñata, ein aus Ton oder Pappmaschee gebautes Gefäß, dessen Bauch ganz viele Süßigkeiten enthält. Die Piñata wird an einem Baum angebracht, und die Kinder müssen mit verbundenen Augen und einem Stock in der Hand abwechselnd gegen sie schlagen, bis sie zerbricht und der Inhalt herausfällt.

Ob Japan oder Mexiko oder ganz woanders: Religiöse und traditionelle Gebräuche gehören in vielen Ländern zu den wichtigsten Ereignissen. Geburtstag kann also mehr bedeuten als Geschenke und Kuchen.

 **Alter**

Geiz

„Geiz ist geil" – mit diesem Spruch warb ein Kaufhaus für Elektronikartikel. Geiz ist geil? An diesem Satz ist alles falsch. Erstens, weil die Werbetexter gar nicht Geiz, sondern Sparsamkeit meinen. Und zweitens, weil Geiz etwas Widerwärtiges ist. Wenn Geiz geil wäre, dann wären Geizkragen sympathische Leute. Jeder weiß aber, dass sie unsympathisch sind. Niemand hat gerne mit ihnen zu tun, weil sie nicht teilen können. Liebenswürdig und liebenswert hingegen sind Menschen, die großzügig sind und teilen können.

Eine Welt aus Geizigen wäre eine Welt aus Hartherzigen. Es wäre eine Welt, in der es die vielen ganz normalen Menschen nicht gäbe, die aus freien Stücken denen helfen, die sich nicht mehr selbst helfen können. Menschen wie die Gemeindemitglieder der Giorgis-Kirche in der äthiopischen Hauptstadt Addis Abeba zum Beispiel.

Dort wird, an jedem Sonntag des Jahres, im Hof der Kirche eine Armenspeisung durchgeführt. Die Vorbereitungen dazu beginnen schon mitten in der Woche. Als Erstes wird im Keller unter der Kirche in großen Fässern Talla gebraut, ein leichtes Bier aus Hopfen, Brotteig und Wasser, wie es jede Hausfrau in Äthiopien selbst herstellen kann. Bis zum folgenden Sonntag wird es seine braune Färbung und seinen säuerlichen Geschmack angenommen haben.

In den Morgenstunden des Sonntags werden dann im Hof der Kirche zwei Ochsen geschlachtet, ausgenommen und in immer kleinere Stücke zerlegt. Oben, in der großen Küche der Kirche, bereiten Frauen unterdessen in großen Töpfen scharfe Soßen und Hunderte von Pfannkuchen

zu. Die beiden Ochsen ergeben ungefähr 200 Portionen, und ebenso viele Menschen, mindestens so viele, drängen sich auch um elf Uhr vor dem Tor zum Hof – die Ärmsten der Armen, viele Kranke, viele alte Frauen, viele Mütter mit Kindern auf dem Arm, manche darunter, die seit Tagen nichts mehr gegessen haben.

Das Tor wird geöffnet, jeder erhält eine Portion, dazu einen Becher Talla, alle verteilen sich auf die aufgestellten Bänke und essen, ohne ein Wort zu sprechen. Ochsenfleisch in scharfer Soße mit Pfannkuchen und Talla – keiner von denen, die da in ihren abgerissenen Kleidern sitzen und andächtig kauen, könnte sich etwas derart Köstliches selbst leisten.

Und wer bezahlt das Ganze? An jedem Sonntag ein anderer. Jedes Gemeindemitglied der Giorgis-Kirche, das etwas wohlhabender ist, kommt einmal im Jahr dran. Die Ausgaben für die zwei Ochsen und alles andere sind enorm, und die meisten müssen das ganze Jahr sparen, damit die Bettler, die Straßenmütter, die Gebrechlichen einmal in der Woche zu ihrem Festessen kommen. Trotzdem gibt es mindestes 52 Familien in dieser Gemeinde, die sich das Glück der Armen so viel kosten lassen. Wirklich reich in unserem Sinne ist keiner von ihnen. Aber dass Geiz geil sein soll – einen solchen Unsinn würden sie sich niemals einreden lassen.

Besteck, Gastfreundschaft

Gleichberechtigung

Febronia ist 35 Jahre alt. Sie lebt in einem Dorf in Tansania, und ihr Arbeitstag kennt keine Atempause. Morgens um sechs fängt sie an. Als Erstes bereitet sie den Getreidebrei für ihren Mann und ihre vier Kinder zu, dann holt sie Wasser aus einem drei Kilometer entfernten Fluss, schneidet Gras für die kleine Kuhherde, sammelt Brennholz zum Kochen, geht auf den Markt einkaufen, kocht, putzt, arbeitet in ihrem Gemüsegärtchen, stillt zwischendurch das Baby, begleitet die Kinder zum Waschen an den Fluss, bringt sie anschließend ins Bett und geht dann selbst todmüde schlafen. So verläuft jeder Tag ihres Lebens.

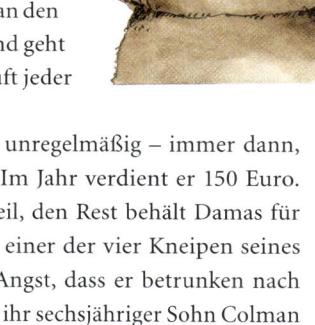

Febronias Mann Damas arbeitet nur unregelmäßig – immer dann, wenn die Kaffeeplantage ihn braucht. Im Jahr verdient er 150 Euro. Febronia bekommt davon nur einen Teil, den Rest behält Damas für sich. Oft trifft er sich mit Freunden in einer der vier Kneipen seines Dorfs. Febronia lebt in der ständigen Angst, dass er betrunken nach Hause kommt und sie dann schlägt. Und ihr sechsjähriger Sohn Colman eifert dem Vater schon nach. Während Febronias Töchter nach der Schule Geschirr abwaschen, auf die Jüngste aufpassen und beim Grasschneiden helfen, spielt Colman im Schlamm und klettert auf Bäume.

So wie Febronia geht es Millionen Frauen auf der Welt. Die Männer erwarten von ihnen, dass sie die Arbeit machen, für die sie sich selbst zu schade sind. Als wäre es ein Naturgesetz, dass Männer die Überlegenen sind und Frauen sich zu unterwerfen haben. Aber nicht nur, dass die meiste Arbeit an den Frauen hängen bleibt. Sie dürfen auch vieles nicht, was für Männer selbstverständlich ist. Zum Beispiel in öffentlichen Angelegenheiten mitreden, also ihre Meinung sagen, wenn es um Fragen geht, die die Zukunft eines Dorfes, einer Stadt oder eines Landes betreffen.

In Afrika, in Asien und auch in Lateinamerika werden viele wichtige Entscheidungen allein von Männern getroffen, in der Familie genauso wie in der Politik. Außerdem ist es dort eine weit verbreitete Ansicht,

Frauen und
Mädchen – sie
sind in vielen
Ländern immer
noch Menschen
zweiter Klasse.

dass Bildung nicht für Mädchen taugt. In vielen Regionen sind die Mädchen noch immer stark benachteiligt, wenn es um einen Platz in der Schule geht. In Ländern wie Bangladesch, Afghanistan, Angola, Somalia oder Mosambik kann weit mehr als die Hälfte der Frauen nicht lesen und nicht schreiben. Wissen macht einen Menschen eben unabhängiger, selbstständiger und selbstbewusster, und genau das soll verhindert werden. Frauen sollen sich unterlegen fühlen.

Und dann gibt es noch grausamere Formen der Benachteiligung und Unterdrückung. In Südasien nehmen viele Frauen sogar Abtreibungen vor, nur weil das Kind in ihrem Bauch ein Mädchen ist. Es kommt auch vor, dass neugeborene Mädchen getötet werden, weil die Eltern unbedingt einen Jungen haben wollen. Und in einigen afrikanischen und arabischen Ländern werden Mädchen in jungen Jahren beschnitten, das heißt, ihre Schamlippen werden abgeschnitten und die Wunde zusammengenäht, sodass sie nie mehr in ihrem Leben bei der Liebe Lust empfinden können. Viele werden anschließend sehr krank und leiden ihr Leben lang unter Entzündungen und Schmerzen; immer wieder sterben dabei auch Mädchen an den Folgen von Blutvergiftungen.

Dies alles verletzt die Menschenwürde von Frauen. Deshalb setzen sich Hilfsorganisationen bei allen ihren Projekten für die Gleichberechtigung der Frauen ein. Frauen sollen mitreden und mitentscheiden können – in dem Wasserkomitee, das sich um den Dorfbrunnen kümmert, genauso wie in der großen Politik. Mädchen sollen die gleichen Bildungschancen wie Jungen bekommen – nicht nur, damit sie später Aussicht auf eine gut bezahlte Arbeit haben, sondern auch, damit sie sich selbstbewusster gegen die Zumutungen von Männern wehren können.

Und Ehefrauen sollen sich aus der völligen Abhängigkeit von ihren Männern befreien können.

Deshalb vergeben manche Hilfsorganisationen Kleinkredite nur an Frauen. Das heißt, sie leihen ihnen Geld, damit sie sich einen kleinen Laden davon einrichten können und ihr eigenes Geld verdienen. Diese Kredite sind gut angelegt – es hat sich nämlich herausgestellt, dass Frauen meist zuverlässiger als Männer sind, verantwortungsvoller mit Geld umgehen und alles, was sie verdienen, ihrer Familie zukommen lassen.

Es wird noch eine ganze Weile dauern, bis wirklich überall auf der Welt Gleichberechtigung herrscht. Vielen Männern fällt es schwer, Abschied von ihrer eingebildeten Überlegenheit zu nehmen. Aber vielleicht lassen sie sich doch irgendwann davon überzeugen, dass alle besser wegkommen, wenn Frauen gleichberechtigt sind. Denn die Erfahrung zeigt, dass sich ein Land umso besser entwickelt, je mehr Gehör die Frauen dort finden.

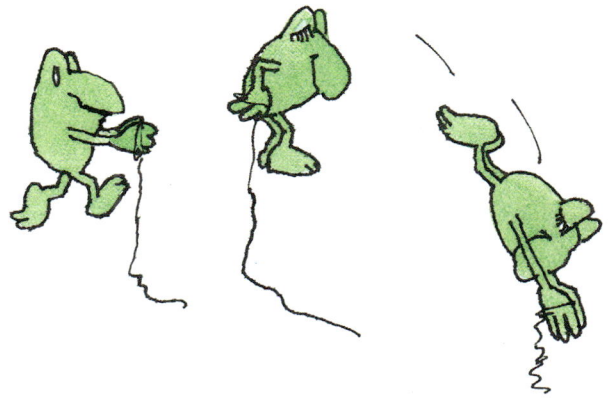

Beschneidung, Machismo, Mädchen, Pfadfinder, Yasmine

Gott

Von den vielen Religionen auf der Welt gibt es nur drei, die den Glauben an einen einzigen Gott lehren – das Judentum, der Islam und das Christentum.

Man nennt sie die drei großen Weltreligionen, weil man Juden, Muslime und Christen fast überall auf der Welt antrifft. Aber es gibt noch weitere große Religionen, Religionen mit sehr vielen Anhängern – den Buddhismus zum Beispiel, den Hinduismus und den Shintoismus. Von den ersten drei Religionen unterscheiden sie sich dadurch, dass sie statt einem viele Götter kennen oder gar keinen.

Ein Ausdruck der Zuversicht: Moschee in Adi Arkay in Äthiopien.

Der Buddhismus kommt ganz ohne Gott und Götter aus. Buddhisten leben hauptsächlich in Indien, Japan und Südostasien, und sie vertrauen darauf, dass sich die Menschen aus eigener Kraft von allem befreien können, was sie quält. Selbst nicht mehr leiden und anderen kein Leid zufügen – das ist das Ziel des Buddhismus. Im Hinduismus dagegen gibt es zahlreiche Götter. Ihre Bilder stehen in vielen indischen Häusern und Tempeln. Die Inder verehren in ihnen alle Lebenskräfte, die die Natur und das menschliche Dasein beeinflussen. Wie die Natur und wie die Gefühle, die einen Menschen bewegen, können diese Lebenskräfte böse und zerstörerisch oder freundlich und hilfreich sein; deshalb opfern die Hindus ihren Göttern und feiern sie mit großen, religiösen Festen, in der Hoffnung, dass diese göttlichen Kräfte dann nur Gutes bewirken.

Auch im Shintoismus werden Götter verehrt, nämlich Naturgötter oder die eigenen Vorfahren, die Ahnen. Der Shintoismus ist die größte Religion in Japan. Und die Götter des Shintoismus erinnern jede neue Generation an die ewigen Gesetze, die das Zusammenleben der Men-

schen genauso regeln wie alle Abläufe in der Natur. Solche Götter machen die Denk- und Lebensweise der Vorfahren zum Vorbild für die heute Lebenden. Sie bieten Halt in der Tradition und Orientierung an einer unendlich weit zurückreichenden Vergangenheit.

Jede dieser drei Religionen stellt den Menschen ein bestimmtes Glück in Aussicht. Der Buddhismus verheißt den inneren Frieden, der sich einstellt, wenn man sich von allen Wünschen befreit und jedes Interesse an der Welt verliert. Der Hinduismus bringt Ordnung ins Leben und ermutigt die Menschen gleichzeitig, die göttlichen Lebenskräfte für sich und seine eigenen Pläne zu nutzen. Und der Shintoismus verspricht Selbstsicherheit und Geborgenheit, egal wie stürmisch sich die Welt verändern mag.

Und was bieten Judentum, Christentum und Islam? Welches Glück erhoffen sich Juden, Christen und Muslime von ihrem Glauben an einen einzigen Gott?

Das ist gar nicht so leicht zu sagen. Das Besondere an dem Gott dieser drei Religionen ist, dass man mit ihm Erfahrungen machen kann – fast wie mit einem Menschen. Dass man eine persönliche Beziehung zu ihm haben und mit ihm reden kann und hoffen darf, von ihm gehört zu werden – als wäre er ein Freund oder ein Vater. Nur dass dieser Gott im Unterschied zu Menschen oder Göttern nicht unberechenbar ist und nicht bei Laune gehalten werden muss, weil er stets und grundsätzlich das Beste für jeden Menschen will. Muslime, Juden und Christen glauben deshalb, sich auf diesen Gott hundertprozentig verlassen zu können. Ihm vertrauen zu dürfen.

Es gibt einen Grund für dieses vertrauensvolle Verhältnis zwischen Mensch und Gott. Dieser Grund ist die Überzeugung, dass

Die Geburt Jesu, dargestellt in einer Kirche in dem äthiopischen Ort Gorgora am Tanasee.

117

Gott den Menschen nach seinem Vorbild geschaffen hat. Deshalb ist jeder Mensch Gott ähnlich. Und deshalb ist Gott auch uns Menschen ähnlich. Das heißt: Jeder Mensch hat etwas Göttliches, Heiliges. Heute verstehen wir darunter die Menschenwürde, die jeden Mann, jede Frau, jedes Kind auf dieser Welt zu einer einmaligen, einzigartigen Person mit unantastbaren Rechten macht. So einmalig und einzigartig eben wie Gott selbst. Der Mensch ist also keine Dutzendware, ist nicht austauschbar, er ist gewissermaßen ein Einzelstück von un-

Die Lesung der Thora ist einer der wichtigsten Momente im jüdischen Gottesdienst. Die Thora wird mit der Hand auf Pergament, also Tierhaut, geschrieben. Zwischen den Gottesdiensten werden die Pergamente aufgerollt, mit Mänteln geschützt und im Heiligen Schrein aufbewahrt. Unten sieht man ein Fragment aus Rehhaut.

schätzbarem Wert. Vielleicht führt diese Ähnlichkeit zwischen Schöpfer und Geschöpf zu einer viel engeren, viel persönlicheren und vertrauensvolleren Beziehung zwischen den Menschen und Gott, als das in anderen Religionen der Fall ist.

Welches Glück erhoffen sich also Christen, Muslime und Juden von ihrem Glauben an einen einzigen Gott? Vielleicht kann man es so ausdrücken: Ihr Glück besteht darin, in Gott einen Verbündeten zu haben, der sie nie im Stich lässt – weil jeder einzelne Mensch für ihn so wertvoll ist wie ein Kind für seinen Vater oder seine Mutter. Diese Überzeugung verbindet Muslime, Christen und Juden. Und diese Überzeugung sollte ihnen auch helfen zu verstehen, dass jedes Menschenleben denselben Wert hat – egal, wie ein Mensch denkt, wie er aussieht, wie reich oder arm er ist und welcher Religion er angehört.

Freiheit

Grenzen

Grenzen trennen Staaten voneinander. Sie werden fast überall auf der Welt streng bewacht. Nur in Europa, in den Ländern der Europäischen Union, sind die Grenzkontrollen abgeschafft worden, sodass man kaum noch merkt, wenn man von einem Land in ein anderes wechselt. Aber normalerweise legen Staaten großen Wert darauf, genau zu wissen, wer da einreist. Einmal, weil sie keine Verbrecher hereinlassen wollen. Vor allem aber, weil sie keinen Wert auf Leute legen, die dort bleiben und ein neues Leben beginnen wollen, ohne eine Aufenthaltsgenehmigung zu haben.

Deshalb schützen sich die USA zum Beispiel mit einem hohen Zaun entlang ihrer Grenze nach Mexiko. Ohne diesen Zaun würden täglich Hunderte, vielleicht Tausende von Mexikanern unkontrolliert die Grenze überschreiten und sich in den USA niederlassen, weil sie sich dort ein besseres Leben versprechen als in ihrer Heimat. Der Grenzzaun soll sie aufhalten, damit sie den Amerikanern keine Arbeitsplätze wegnehmen. Trotzdem gelingt es Mexikanern immer wieder, diesen Zaun zu überwinden, sie klettern drüber oder graben Tunnel drunter durch. Die Hoffnung, endlich die Armut hinter sich zu lassen, ist eben stärker als die Furcht, erwischt zu werden.

Auch Europa hat so einen Grenzzaun. Allerdings ist es kein künstlicher Zaun, sondern eine natürliche Barriere, nämlich das Mittelmeer. Das Mittelmeer bildet die Grenze zwischen den reichen Ländern der Europäischen Union und den armen Ländern Afrikas – und genauso, wie die mexikanischen Auswanderer alles versuchen, die Grenze zu den USA zu überwinden, unternehmen Menschen aus Schwarzafrika alles,

Am Grenzüber-
gang von Jazince
in Mazedonien:
Die Flüchtlinge
aus dem Kosovo
warten auf
Einlass.

um über das Mittelmeer nach Spanien oder Italien zu gelangen. Zehntausende warten in den Küstenländern Nordafrikas auf eine Gelegenheit, nach Europa überzusetzen. Viele haben einen langen Weg hinter
sich. Und viele riskieren bei dem Versuch, Europa zu erreichen, ihr
Leben. Immer wieder kentern voll besetzte Flüchtlingsboote, und dann
werden Leichen an den Stränden Spaniens und Italiens angespült. Andere schaffen es. Was soll man mit ihnen machen?

Offen gesagt: Die Europäer wissen es nicht. Auch sie fürchten, dass
all die Armutsflüchtlinge der eigenen Bevölkerung Arbeitsplätze wegnehmen könnten und die Arbeitslosigkeit in Europa dann noch größer
wird. Aber einfach alle zurückschicken? Das wäre unmenschlich. Europa
bietet ihnen deshalb die Möglichkeit, Asyl zu beantragen. Manche
Flüchtlinge machen von diesem Angebot Gebrauch. Andere tauchen
unter und bleiben illegal in Europa. Ohne Pass, ohne Aufenthaltsgenehmigung leben sie in ständiger Sorge, entdeckt zu werden. Aber alles
ist ihnen lieber, als zurückzumüssen, wo Armut und Aussichtslosigkeit
sie erwarten.

Grenzen können also nicht nur zwei Staaten trennen, sondern auch zwei Welten, nämlich die Welt der Armen von der Welt der Reichen – die USA und Europa sind die besten Beispiele dafür. Grenzen sind aber nichts Überflüssiges. Sie schützen auch die Bewohner eines Landes, sie geben ihnen Sicherheit und bieten ihnen die Möglichkeit, nach eigenen Gesetzen in Unabhängigkeit zu leben. Grenzen werden deswegen oft militärisch bewacht.

Staaten reagieren gewöhnlich mit Drohungen oder Gegenwehr auf die Verletzung ihrer Grenzen. In der Politik ist es deshalb das oberste Gebot, die Grenzen jedes anderen Landes anzuerkennen und zu respektieren. Gegen dieses Gebot wird allerdings immer wieder verstoßen, vor allem in Afrika. Dann brechen Grenzkriege aus. Der Grund dafür ist meistens, dass es jenseits der Grenze Bodenschätze gibt, Erdöl oder Gold oder andere wertvolle Erze, und der Angreifer sich in den Besitz dieser Reichtümer bringen will. Manchmal ist der Habgier eines Staates nur Einhalt zu gebieten, indem die UNO Friedenstruppen an die umstrittene Grenze verlegt. Wegen ihrer blauen Stahlhelme heißen diese Friedenstruppen auch „Blauhelmsoldaten". Sie kommen aus vielen Ländern der Erde und haben nur eine Aufgabe: den Frieden aufrechtzuerhalten.

Grenzen haben also einen großen Nachteil: Sie hindern die Menschen daran, sich frei zu bewegen und ihr Glück da zu suchen, wo die Aussicht auf Glück am größten ist. Grenzen haben aber auch einen großen Vorteil: Sie klären, welcher Teil der Erde wem gehört, und tragen so zum Frieden bei. Wenn in Europa heute Grenzen keine große Rolle mehr spielen, dann ist das ein wunderbarer Beweis dafür, dass wir Europäer endlich gelernt haben, uns gegenseitig zu vertrauen.

Afrika, Asyl, Flüchtlinge, Naher Osten

Guatemala

Guatemala ist wunderschön – gebirgig, vulkanreich und dicht bewaldet. Vor mehr als tausend Jahren beherrschten die Maya von großen Städten aus dieses Land. Die größte davon hieß Tikal; sie soll eine halbe Million Einwohner gehabt haben, und ihre Tempelpyramiden waren damals mit 70 Metern die höchsten Bauwerke Amerikas. Heute ist es eine unvergessliche Erfahrung, im Morgengrauen auf der Spitze einer solchen Pyramide zu sitzen und mitzuerleben, wie beim ersten Sonnenstrahl der Urwald ringsum erwacht, mit tausend Stimmen, mit Zwitschern und Pfeifen und Schnarren und Kreischen und dem Geheul der Brüllaffen.

Nicht alle Maya-kinder haben es so gut wie Maria: Sie besucht eine Schule und lernt die Geschichte ihres Landes und ihres Volkes.

Die Maya leben immer noch in Guatemala, sie machen fast die Hälfte der Bevölkerung aus. Aber aus den ehemaligen Herren des Landes sind heute bitterarme Bauern geworden, die von den Nachfahren der spanischen Eroberer rücksichtslos unterdrückt werden. Sie leben in kleinen Dörfern im Gebirge abseits der modernen Zivilisation und spielen im gesellschaftlichen und politischen Leben Guatemalas keine Rolle. Während des 30-jährigen Bürgerkriegs (1966–1996) wurden viele von ihnen von Soldaten entführt und umgebracht – angeblich, weil sie zu den Aufständischen gehalten hätten, in Wirklichkeit aber wohl, weil die weiße Oberschicht Guatemalas die Maya als rückständig verachtet und einfach als lästige Störfaktoren betrachtet.

Tatsächlich führen die Maya ihr eigenes Leben. Nur etwas mehr als die Hälfte von ihnen beherrscht die Amtssprache Spanisch; untereinander sprechen die Maya meist ihre eigene Sprache, die so alt ist wie die Tempelpyramiden von Tikal. Und zwei von drei Maya können weder lesen noch schreiben. Das liegt auch daran, dass die Maya den staatlichen Schulen misstrauen, auf denen nur Spanisch gesprochen wird und wo ihre Kinder bloß Dinge lernen, die sie im Dorf, auf dem Feld oder in der Kaffeeplantage später doch nicht brauchen werden. Das Misstrauen in Guatemala ist also gegenseitig: Die Nachfahren der Spanier in den Städten und auf den großen Gütern sehen in den Maya unzivilisierte Barbaren, unfähig, sich der modernen Welt anzupassen. Und die Maya schützen sich und ihre traditionelle Kultur vor dem Einfluss der westlichen Zivilisation, indem sie den Kontakt mit der Außenwelt möglichst vermeiden. Eine tragische Geschichte, aber verständlich, denn die Maya haben in den letzten 500 Jahren nichts als Unterdrückung und Verfolgung erlebt.

Ein Jahr Schule sei genug, meinen viele Mayaeltern. Doch ohne Schulbildung haben ihre Kinder kaum die Möglichkeit, sich aus Armut und Unterdrückung zu befreien. UNICEF hat deshalb in den letzten Jahren zweisprachige Schulen in Guatemala gefördert. Dafür mussten Lehrer, die bis dahin nur Spanisch sprachen, die Mayasprache erlernen und sich mit dem unbekannten Leben und Denken der Maya vertraut machen. Außerdem stellte UNICEF zweisprachiges Unterrichtsmaterial zur Verfügung. Und die Eltern wurden in Seminaren darüber aufgeklärt, wie wichtig Bildung für ihren Nachwuchs ist. In diesen Schulen machen Mayakinder jetzt erstmals die Erfahrung, dass ihre eigene Kultur nichts Primitives und Minderwertiges ist. Und da sie außerdem in der Schülervertretung mitarbeiten und Verantwortung übernehmen dürfen, fühlen sie sich auch nicht mehr als Fremdkörper.

Es geht den Maya in Guatemala also im Grunde genauso wie vielen anderen Menschen auf dieser Erde, die in einer alten Kultur leben: Es bleibt ihnen nichts anderes übrig, als moderne Menschen zu werden, wenn sie ihr Schicksal in die eigenen Hände nehmen wollen.

 **Maya**

Warten auf eine
bessere Zukunft ...

Handy

Wie viele Handys hast du: keins, eins oder mehrere? Viele Kinder und Jugendliche können sich kaum noch vorstellen, dass es eine Welt ohne

Handys gegeben hat. Und dass es auch heute noch Gegenden gibt, in denen Handy kaum verbreitet sind. Wer in diesen unterversorgten Regionen eins besitzt, nutzt es nicht nur für sich selbst.

In Bangladesch vergeben Banken Kleinkredite, vor allem an ärmere Landfrauen, mit denen sie sich ein Handy anschaffen können. Aber nicht, damit sie dauernd mit ihren Freundinnen im Nachbardorf quatschen können,

sondern um ein Geschäft damit aufzuziehen. In Bangladesch existiert nämlich quasi kein ausgebautes Festnetz, und mit ihren Handys können die Frauen als „Telefonzentrale" des Dorfes ihren Lebensunterhalt verdienen. Für jedes Gespräch, das ein Dorfbewohner führen will, muss er eine kleine Gebühr an die Frauen entrichten, und da das nächste öffentliche Telefon meist kilometerweit entfernt ist, nehmen viele diesen Service gerne in Anspruch.

In Bolivien heißt der Beruf des Handyvermieters Chalequero. Selbst in den Anden, auf knapp 3.500 Metern Höhe, kann man für umgerechnet zehn Cent eine Minute lang mit einem geliehenen Mobiltelefon ein Ortsgespräch führen. Damit sich keiner mit dem Handy aus dem Staub macht, legen die Handyvermieter ihre Telefone sicherheitshalber an die Kette.

Auch bei den orthodoxen Juden sind Handys schwer im Trend. In Jerusalem boomt in den Handyläden der orthodoxen Viertel das Geschäft mit so genannten koscheren Handys. Das sind Mobiltelefone, die den jüdischen Religionsvorschriften entsprechen. Sie sind mit einer speziel-

len Sim-Karte ausgerüstet, die den Zugang zum Internet blockiert, denn den Orthodoxen ist das Surfen im Internet verboten.

Viele Namen für dasselbe

Wer dachte, dass das Wort Handy englisch sei und man jeden Briten oder Amerikaner nach seinem Handy fragen könnte: Irrtum! In deren Heimat heißt es „mobile phone", bewegliches Telefon. Die Italiener lieben ihr „telefonino", ihr Telefönchen, und die Türken gehen mit einem „cep telefonu" aus, was so viel heißt wie Hosentaschentelefon. In Finnland ist der Mensch mit einem „matkapuhelimet" unterwegs, einem Reisetelefon. Das somalische „telefoonka gacanta" ist ein Handtelefon, und das persische „telefon-hamráh" ist ein Freundschaftstelefon.

Hitzefrei

Gibt es hitzefrei in Afrika? Ja. Aber höchst selten. In Afrika kann es sehr heiß werden, in der Sahara zum Beispiel oder in der Danakilwüste zwischen Eritrea, Äthiopien und Djibouti. Du kannst dir vorstellen – wenn es ab 30 Grad hitzefrei gäbe, hätten die Kinder fast das ganze Jahr über schulfrei. Aber an besonders heißen Tagen, wenn das Thermometer im Lauf des Vormittags auf 45 oder 50 Grad klettert, dann brennt einem die Luft in den Lungen, dann kann man sich beim besten Willen nicht mehr auf seine Rechenaufgaben konzentrieren, und die Lehrer machen um zehn oder elf Uhr Schluss. Allerdings geht der Unterricht dann meist um vier oder fünf Uhr nachmittags weiter, bis abends um sieben. An solchen glutheißen Tagen bleiben übrigens auch die Büros und Amtsstuben geschlossen, weil die großen, alten Ventilatoren an den Zimmerdecken auch nicht mehr gegen die Hitze ankommen.

Im Schatten ruhen: Das ist das einzige Mittel, um die Mittagshitze einigermaßen auszuhalten.

Nicht hitzefrei, aber kältefrei gibt es in Russland. Und zwar ab 35 Grad minus. Nur – die Lehrer haben nichts davon. Sie müssen auf jeden Fall zur Schule kommen. Viele Eltern schicken ihre Kinder nämlich trotz Kältefrei in die Schule. Sie kennen ihre Sprösslinge und glauben, dass die in der Schule besser aufgehoben sind als zu Hause, wo niemand ein Auge auf sie hat, weil in den meisten Familien beide Elternteile tagsüber arbeiten. Immerhin findet an solchen Tagen kein normaler Unterricht statt, die Lehrer lassen sich vielmehr etwas Unterhaltsameres einfallen.

Schule

Hungersnot

Eine Hungersnot können wir uns beim besten Willen nicht vorstellen. Eher können wir uns ein Erdbeben oder eine andere Naturkatastrophe mit ihren Folgen ausmalen. Aber eine Hungersnot? Wo bei uns doch selbst für den kleinen Hunger zwischendurch, für ein leichtes Magenknurren bereits tausenderlei Snacks und Schokoriegel angeboten werden. Unser Problem ist eher das Übergewicht, in manchen Ländern Europas ist ja schon ein Drittel der Kinder zu dick.

Aber in Afrika kann die Hungersnot ganz schnell zu einer grausamen Wirklichkeit werden. Es muss nur ein Jahr lang wenig oder gar nicht regnen. Dann stirbt das Vieh, die Ernte auf den Feldern verdorrt unter der sengenden Sonne, die Preise für Lebensmittel steigen in Schwindel erregende Höhen, und dann ist bald einfach nichts mehr da, was man noch essen könnte. So war es 2005 im Niger, einem Land in der afrikanischen Sahelzone. Der Niger besteht zum größten Teil aus Wüste, nur im Süden kann man Landwirtschaft betreiben. Im Herbst 2004 blieb dort der Regen aus, und dann fegte auch noch die schlimmste Heuschreckenplage seit 15 Jahren über das Land. Die Insekten fraßen Äcker und Gärten kahl, mancher Bauer erntete nicht mal ein Hirsekorn, und die Vorräte waren bald aufgebraucht.

Die Kinder sind in einem solchen Fall die Ersten, die sterben. Nach wenigen Tagen schon sehen sie wie kleine Greise aus, mit großen Köpfen auf dünnen Hälsen, hervorquellenden Augen, aufgedunsenen Bäuchen und hervor-

Marianna Kanneh aus Sierra Leone ist schon sechs Jahre alt, aber durch die schwere Unterernährung viel zu klein für ihr Alter. Sie wartet mit ihrer Mutter am Eingang eines Ernährungszentrums in Bo, das Hilfsorganisationen errichtet haben.

stechenden Knochen unter der faltigen Haut. Sie sind sogar zu schwach zum Schreien. Ihre Eltern suchen mit letzter Kraft nach Essbarem. Schon im Morgengrauen kriechen sie in Dornbüsche und reißen Blätter von den Zweigen, die erst durch langes Kochen überhaupt essbar werden. Aber es reicht nicht. Die ausgemergelten Körper der Kinder sind zu

 **Hungersnot**

Nach einer Missernte in Somalia gibt es nicht genug zu essen. Diese Frau ist mit ihren beiden Kindern auf dem Weg zu einer Verteilstelle für Nahrungsmittel, in der sie Mais bekommt.

schwach, um sich noch gegen Krankheiten zu wehren. Zehntausende sterben, noch bevor Hilfe eintrifft.

Die Hilfsaktion für die Hungernden im Niger ist ein Wettrennen gegen die Zeit. Hunderte Tonnen Getreide müssen von den Flugplätzen auf Lastwagen in die betroffene Region geschafft werden. Lager müssen eingerichtet werden, mit Krankenstationen und Betten für die Schwächsten. Dahin bringen die Eltern ihre erschöpften Kinder, und die Krankenschwestern dort versuchen, sie mit einer Spezialmilch und vitaminreicher Erdnussbutter wieder aufzupäppeln. Währenddessen wird Getreide an die Erwachsenen ausgeteilt. Und überall, wo Hilfe geleistet wird, sind auch die UNICEF-Mitarbeiter zu finden. So kann vielen in letzter Sekunde geholfen werden. Aber wenn es im folgenden Jahr wieder regnen sollte und der Alltag wieder in die Dörfer einzieht, werden auch viele Kinder nicht mehr da sein. Sie sind Opfer einer Hungersnot geworden, die in Europa unvorstellbar ist, die sich in Afrika aber jederzeit wiederholen kann. Wenn nicht im Niger, dann in irgendeinem anderen Land.

Brunnen, Regen, Sahelzone

Hygiene

Europäer nehmen es ungeheuer ernst mit der Hygiene. Wir Bewohner der reichen Länder setzen Unmengen von Putzmitteln, Scheuermitteln, Seifen und Wasser ein, damit es überall hygienisch zugeht, vor allem in Küche, Bad und Toilette. Wir versprechen uns davon einen Schutz vor Krankheiten; die Hygiene soll Krankheitserreger von uns fern halten, und das tut sie auch. Aber eine solche Hygiene ist in den armen Ländern gar nicht möglich.

Schauen wir uns nur einmal an, wie das Volk der Dorse in Südäthiopien lebt. Die Dorse bewohnen runde Hütten, die wie große Zipfelmützen aussehen. Die Wände dieser Hütten sind aus Bambusrinde geflochten. Innen gibt es nur einen einzigen, ziemlich dunklen Raum. In der linken Hälfte dieses Raums schläft nachts das Vieh, Kühe und Ziegen. In der Mitte ist die Feuerstelle, wo das Essen zubereitet wird. Und in der rechten Hälfte schlafen die Menschen auf Lehmbänken auf Kuhhäuten. Wenn man jetzt noch bedenkt, wie mühsam es ist, Wasser herbeizuschaffen, kann man sich vorstellen, dass Hygiene für die Dorse keine Rolle spielt. Nicht, dass die Dorse schmutzig wären. Vor jeder Mahlzeit geht jemand mit einer kleinen Kanne herum und gießt den Anwesenden daraus Wasser über die Hände, denn wie überall in Äthiopien wird auch hier mit den Fingern gegessen, und jedem ist klar, dass die sauber sein müssen. Aber der enge Kontakt mit den Tieren und die Notwendigkeit, Wasser zu sparen, machen es unmöglich, im gleichen Maße wie bei uns auf Hygiene zu achten.

In einer Dorsehütte leben Menschen und Tiere gemeinsam.

Dazu kommt, dass es bei den meisten Häusern der Dorse keine Toiletten gibt. Bäder sowieso nicht. Oft liegen Abfälle und Kot in der Nähe der Wohnungen herum. Natürlich sind die Dorse durch die ständige Berührung mit dem Schmutz abgehärteter als wir, sie werden nicht so leicht krank. Gesund sind solche Verhältnisse trotzdem nicht – es sind einfach zu viele Krankheitskeime, Viren und Bakterien in der Luft, im Wasser, auch im Essen und überall, wo man hinfasst. Dabei sind die Dorse nur ein Beispiel. In vielen Teilen der Welt sind Toiletten zumindest auf dem Land unbekannt, in Afrika und Asien, aber auch in Mittel- und Südamerika.

Viele Menschen müssen mit sehr wenig Wasser auskommen, und an vielen Orten werden Lebensmittel nicht sauber aufbewahrt und zubereitet. Dieser Mangel an Hygiene ist die Ursache für viele Krankheiten, die in den reicheren Ländern fast ausgerottet sind. Die Gesundheitsvorsorge in jenen Ländern beginnt deshalb damit, dass man den Menschen die Grundbegriffe der Hygiene beibringt. Damit ist nicht unsere panische Angst vor jedem Dreckspritzer gemeint, sondern ein Verständnis dafür, wie Schmutz und Krankheiten zusammenhängen.

Brunnen, Cholera, Klo

Er lernt von Anfang an, dass Hygiene wichtig ist – und Spaß machen kann.

Impfen

Vor lebensgefährlichen Krankheiten ein für alle Mal sicher sein? Bis vor 200 Jahren war das eine unsinnige Hoffnung, völlig unvorstellbar. Wie sollte man sich denn vor tödlichen Seuchen schützen, vor Gelbfieber und Cholera und Pocken und der Pest?

Gerade die Pocken haben eine lange Geschichte. Schon im Altertum haben griechische und arabische Ärzte diese scheußliche Krankheit beschrieben. Ihr berühmtestes Opfer war der ägyptische Pharao Ramses V. Er lebte um 1000 vor Christus, wurde nach seinem Tod einbalsamiert, und noch heute, 3.000 Jahre später, sind am Kopf seiner Mumie die typischen Blatternnarben zu erkennen. Auch die Europäer wurden immer wieder von Pockenepidemien heimgesucht. Im 18. Jahrhundert starben in Europa rund 60 Millionen Menschen an dieser Seuche.

Jede Berührung mit einem Pockenkranken konnte ansteckend sein. Mit jedem Atemzug konnte man Pockenviren einatmen. Dann bildeten sich eitrige Pusteln im Gesicht, die sich über den ganzen Körper ausbreiteten. Oft griff die Entzündung auf die Augen, die Ohren, die Lungen und das gesamte Nervensystem über, das heißt, Kranke konnten blind und taub werden oder sogar sterben. Typisch war ein modriger, jaucheartiger Mundgeruch, weshalb man heute noch von „Pesthauch" spricht, wenn etwas nach Verwesung riecht. Wer die Krankheit überlebte, der behielt für den Rest seines Lebens hässliche, tiefe Narben zurück, und seine Gesichtshaut hatte Ähnlichkeit mit der Schale einer Ananas. Man schätzt, dass fast jeder zweite Kranke die Pocken nicht überlebte.

Da hatte der englische Arzt Edward Jenner 1796 eine Idee. Er spritzte einem achtjährigen Jungen aus der Nachbarschaft die Erreger einer harmlosen Pockenart unter die Haut, die so genannten Kuhpocken. Doktor Jenner beschreibt sein Experiment so: „Der Impfstoff stammte aus der Pustel vom Arm einer Milchmagd, die sich bei den Kühen ihres Herrn angesteckt hatte ... Am 9. Tag befiel den Jungen leichter Frost, er verlor den Appetit und hatte geringe Kopfschmerzen. Während des

ganzen Tages war er offensichtlich krank und verbrachte die Nacht in Unruhe, doch am nächsten Tage fühlte er sich wieder wohl. "

Das erste Experiment war gelungen. Aber war der Junge jetzt wirklich davor sicher, an den echten, den lebensgefährlichen Pocken zu erkranken? Doktor Jenner machte ein zweites Experiment. Sechs Wochen später ritzte er ihm die Haut noch einmal auf und rieb Eiter mit den Erregern der tödlichen Pockenart hinein. Entweder würden sich nun am ganzen Leib des Jungen eitrige Pusteln bilden, er würde blind oder taub werden und überall hässliche Narben zurückbehalten; vielleicht würde er auch sterben. Oder aber – es würde nichts geschehen. Doktor Jenner bereitete der Ausgang seines Experiments schlaflose Nächte. Aber es passierte zum Glück nichts. Der Junge blieb gesund. Und Doktor Jenner war es gelungen, einen ungefährlichen und völlig sicheren Impfstoff gegen die Pocken zu finden.

Dabei konnte er sich seine Entdeckung nicht einmal erklären. Er wusste nicht, was heute jeder Arzt weiß und was, wenn man's weiß, auch gar nicht schwer zu verstehen ist. Jeder Mensch hat nämlich eine innere „Gesundheitspolizei", die weißen Blutkörperchen, die machen sich über gefährliche Eindringlinge wie Viren und Bakterien her, auch ohne die Hilfe von Medikamenten. Gäbe es diese körpereigenen Abwehrkräfte nicht, wären wir alle laufend krank – beziehungsweise längst tot. Das Problem ist nur: Diese Einsatztruppe in unserem Körper ist ziemlich langsam. Sie braucht normalerweise Tage, um einen Krankheitserreger im Körper zu erkennen und anzugreifen. Diese Zeit kann der Erreger nutzen, um sich auszubreiten, und dann kommt der Angriff der weißen Blutkörperchen womöglich zu spät.

Bei einer Impfung geschieht nun nichts anderes, als dass den eigenen Abwehrkräften auf die Sprünge geholfen wird, damit sie ein bestimmtes Virus auf Anhieb erkennen und sofort bekämpfen. Durch den Impfstoff werden diese Abwehrkräfte gewissermaßen mit dem Feind bekannt gemacht – das nächste Mal wissen sie dann Bescheid und greifen ihn unverzüglich an.

Gefährliche Ansteckungskrankheiten wie Masern, Röteln oder Keuchhusten verlieren durch Impfen ihren Schrecken. Manche sind bei uns sogar ganz ausgerottet, wie Diphtherie und Kinderlähmung. Und eine Gefahr durch Pocken, mit denen ja alles anfing, besteht heute nirgendwo mehr auf der Welt. Vor allem in tropischen Ländern aber drohen Krankheiten, die in Europa kaum eine Rolle spielen, wie Typhus, Cholera, Hepatitis und Tollwut. Und dagegen muss man sich auf jeden Fall impfen lassen, egal ob Kind oder Erwachsener, wenn man in diese Länder fährt. Das ist kein Problem. Jeder Arzt hat eine Liste derjenigen Krankheiten, die in einem bestimmten Land besonders häufig auftreten; vor jeder Reise kann man sich

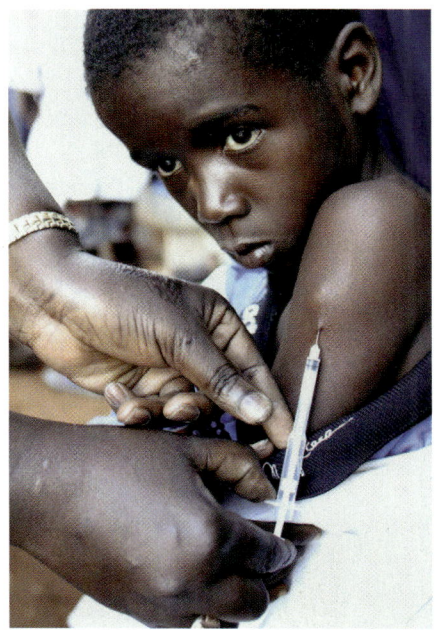

In Angola sterben jährlich 10.000 Kinder an Masern. Man versucht, die Krankheit durch große Impfaktionen auszurotten.

von ihm beraten und impfen lassen. Manche dieser Impfungen halten ein Leben lang, andere verlieren mit der Zeit ihre Wirkung und müssen nach ein paar Jahren erneuert werden. Damit man nicht den Überblick verliert, werden alle Impfungen in einen Impfpass eingetragen, ein Heftchen aus gelbem Papier, das man immer dabeihaben sollte.

Die Entdeckung des Doktor Jenner hat sich längst über die ganze Welt ausgebreitet. Drei Viertel aller Kinder auf dieser Erde werden heute gegen die gefährlichsten Kinderkrankheiten geimpft. Sicher wäre es noch besser, wenn alle geimpft würden. Aber je mehr Menschen überleben, desto mehr Menschen müssen auch zu essen haben. Deshalb muss gleichzeitig die Armut auf der Welt noch entschiedener bekämpft werden. Sonst drohen statt Krankheiten Hungersnöte.

 **Armut, Cholera, Infektion, Kinderlähmung**

Infektion

Infektion heißt Ansteckung. Damit ist das Eindringen von Bakterien, Viren, Pilzen, Würmern usw. in einen Körper gemeint, wo die Eindringlinge sich dann vermehren und eine Krankheit auslösen. Es gibt die verschiedensten Möglichkeiten, sich anzustecken, je nach Krankheit: durch Berühren eines Kranken, durch Einatmen der Atemluft eines Kranken, durch Kontakt mit Schmutz, durch Trinken unreinen Wassers, durch Insektenstiche, durch Geschlechtsverkehr. Eine Infektion führt aber nur dann zur Krankheit, wenn der Körper nicht darauf vorbereitet ist. Deshalb ist Impfen so wichtig – die Impfung versetzt den Körper in Abwehrbereitschaft, sodass Infektionen erst gar nicht zu Krankheiten werden.

Impfen

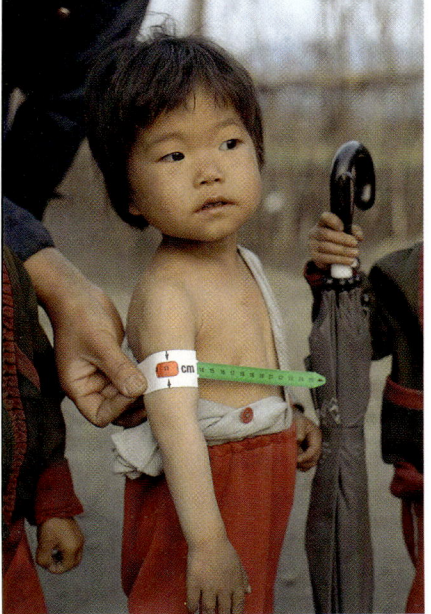

Der Armumfang zeigt, dass dieses kleine koreanische Mädchen unterernährt ist. Das macht es auch anfälliger für Infektionen.

Jäger

Im Februar reicht das Eis hier im Norden von Grönland weit hinaus in die offene See. Aber die Robben lassen sich dadurch nicht vertreiben, sie sorgen dafür, dass genug Atemlöcher im Eis offen bleiben. Und ein solches Atemloch suchen die beiden dick vermummten Gestalten, die mit ihrem Hundeschlitten über die blendend weiße Eisfläche stapfen. Der eine ist der zwölfjährige Anta. Der andere ist sein Vater Jens.

Plötzlich bleibt Jens stehen. Direkt vor ihm ist eine Öffnung im Eis. Er nimmt ein Gewehr und eine Harpune vom Hundeschlitten, baut sich vor dem Loch auf und wartet, reglos und still. Die letzten Male hat er stundenlang so dagestanden und vergeblich gewartet – vielleicht hat er diesmal mehr Glück. Anta weiß, was er jetzt zu tun hat. Er umkreist seinen Vater in einem weiten Bogen mit dem Hundeschlitten, um die Robben durch das Rumpeln der Schlittenkufen von den anderen Atemlöchern zu vertreiben, sodass sie zu dem fliehen, an dem sein Vater wartet. Und diesmal hat Jens tatsächlich Glück. Anta hört den Schuss, blickt sich um und sieht gerade noch, wie sein Vater mit der Harpune zustößt, damit die tote Robbe nicht auf Nimmerwiedersehen unter dem Eis verschwindet. Dann hilft er seinem Vater, das Loch im Eis zu vergrößern und die Robbe herauszuziehen. Anta hat ihn noch vor sich, den größten Augenblick im Leben eines grönländischen Jungen, wenn er seine erste eigene Robbe erlegt.

Die letzten drei Monate war es ununterbrochen Nacht gewesen. Jetzt kommt das Tageslicht zögernd zurück, zunächst nur für wenige Stunden. Jens und Anta schlagen ihr Zelt auf dem Eis auf und zerlegen dann die Robbe. Nichts als Knochen bleiben von ihr übrig, denn was die Menschen nicht essen oder verwerten können, das bekommen die Hunde. Draußen ist es jetzt minus 45 Grad, doch im Zelt lässt es sich aushalten, und endlich können die beiden ihre pelzgefütterten Jacken ablegen.

Am nächsten Tag stoßen sie bis zur Eiskante vor, dahinter liegt das offene Meer. Kurz vor Mittag, im ersten Licht der aufgehenden Sonne, erspäht Anta eine Robbe, etwa

hundert Meter weit draußen im Meer. Er läuft zum Schlitten, holt das Gewehr, stützt sich auf einem Eisblock ab, zielt, schießt und trifft. Und strahlt übers ganze Gesicht. Doch diesmal erlaubt ihm sein Vater noch nicht, die erlegte Robbe auch aus dem Wasser zu holen, das macht er sicherheitshalber selbst, zwängt sich in das kleine, schmale Kajak, paddelt hinaus und zieht sie an der Harpune hinter sich her an Land. Die schönste Belohnung ist für Anta im Augenblick ein Stück frischer, warmer Robbenleber – es gibt nichts Köstlicheres, und gesund ist sie auch, nämlich genauso vitaminreich wie Obst oder Gemüse.

Acht Robben in fünf Tagen, kein schlechtes Ergebnis. Zeit, den Heimweg anzutreten. Der Weg an der Küste entlang ist zu gefährlich geworden, weil die Meeresströmung das Eis aufzubrechen beginnt. Jetzt müssen sie den weiten und beschwerlichen Weg über die Gletscher im Landesinneren nehmen. Aber auf ihre Hunde ist Verlass, und nach sieben Tagen im Eis haben sie es geschafft: Vor ihnen liegt Savissivik, ihr Heimatdorf. Endlich kann Anta von seiner Heldentat berichten.

In den nächsten Tagen hat seine Mutter alle Hände voll zu tun. Sie schabt den Speck von den Fellen, wäscht die gesäuberten Felle und spannt sie auf einen Rahmen, damit sie schön glatt werden. Es gibt nichts Besseres als Robbenfell für die Stiefel, mit denen man sich draußen gegen die Kälte schützt. Im Augenblick hat Anta allerdings ganz anderes im Kopf. Denn der Tag nach ihrer Rückkehr ist ein besonderer Tag, für Anta wie für das ganze Dorf: Jedes Mal, wenn ein Junge seine erste Robbe erlegt hat, gibt es ein großes Fest.

Nach der Schule läuft Anta los und lädt seine Gäste persönlich ein, Angutiliarsu zum Beispiel, den alten Jäger, und Krelak, der im Generatorenhaus arbeitet, wo der Strom für Savissivik erzeugt wird. Und abends treffen sich alle in der kleinen Wohnung von Antas Familie. In einem großen Topf auf dem Herd köchelt Fleisch von Antas Robbe. Und Anta selbst packt Geschenke aus: Gewehrpatronen, ein Messer und sogar ein ganzes Geschirr für Schlittenhunde aus Robbenleder. Nach dem Essen

Es braucht
viel Geduld,
wenn man
eine Robbe
erlegen will.

setzt sich einer an das kleine elektrische Klavier im Wohnzimmer, und
alle tanzen und stampfen immer ausgelassener mit ihren Robbenfell-
stiefeln auf.

Anta tanzt nicht. Tanzen ist etwas für Erwachsene. Dabei darf sich
Anta seit ein paar Tagen eigentlich auch zu den Erwachsenen zählen.
Denn von nun an kann er sich selbst ernähren, und das Dorf hat einen
Jäger mehr. Aber an diesen Gedanken muss sich Anta erst noch ge-
wöhnen.

 **Einkaufen**

Juniorbotschafter

Alljährlich sucht UNICEF neue Juniorbotschafter für Kinderrechte. Juniorbotschafter sind Kinder und Jugendliche bis 18 Jahren, die sich für die Rechte von Kindern in allen Teilen der Welt stark machen – indem sie Aktionen starten, mit denen sie zum Beispiel auf die Gleichberechtigung von Mädchen, auf die Probleme von Aids-Kranken und Waisen, die ihre Eltern durch Aids verloren haben, oder auf die grausame Sitte der Mädchenbeschneidung aufmerksam machen. Einmal im Jahr werden die besten Aktionen ausgezeichnet.

Wenn du auch Juniorbotschafter werden willst, dann informiere dich unter www.juniorbotschafter.de oder schreib eine E-Mail an: schulen@unicef.de oder schick einen Brief an: UNICEF Deutschland, Höninger Weg 104, 50969 Köln.

Zwei UNICEF-Juniorbotschafterinnen berichten

Nana Yaa Nyantakyi (12), Leverkusen

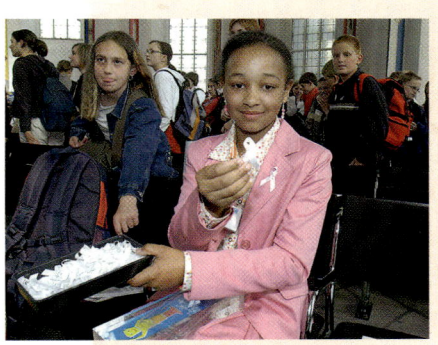

„Aufregend war es schon, die Preisverleihung in der Frankfurter Paulskirche. Ich wusste ja noch nicht, dass UNICEF mich zur Juniorbotschafterin 2005 gewählt hatte. Da saßen 500 Kinder mit ihren Eltern, alle hatten sich tolle Aktionen einfallen lassen, und dann wurde ich mit dem 1. Preis ausgezeichnet. Das ist so ein Figürchen, eine Art Oscar für Kinderrechte, der steht jetzt bei uns im Wohnzimmer über dem Fernseher, damit ihn jeder sehen kann. Also, das war schon was.

Aber das Aufregendste war, wie ich danach in Osnabrück die Schirmherrschaft für ein Friedensfest übernommen habe. An diesem Tag sind viele Kinder zwischen neun und zehn auf selbst gebastelten Steckenpferden durch die Innenstadt von Osnabrück geritten, und ich habe

auf dem Podium gestanden, habe sie begrüßt und eine Rede gehalten. Als Schirmherrin hatte ich vorher schon in einer Schule bei der Herstellung von Friedenstauben zugeschaut. Sie haben die Friedenstaube von Picasso nachgemalt und ausgeschnitten – und dann wurden die ganzen Friedenstauben rund um das Osnabrücker Rathaus aufgehängt.

Angefangen hat es damit, dass ich die Bilder von dem Tsunami im Fernsehen sah. Da wollte ich helfen. Ich wollte etwas Besonderes machen. Ich habe mir überlegt: Schleifen symbolisieren Solidarität und Zusammengehörigkeitsgefühl, und die Farbe Weiß steht bei den Hindus für Trauer, aber auch für Hoffnung. Wie wär's, wenn du weiße Schleifen herstellen und verkaufen würdest?

Zunächst habe ich diese Schleifen selbst gemacht. Ich habe Satinband gekauft, die Schleifen zugeschnitten und hinten mit einer Nadel versehen, sodass man sie anstecken konnte. Die ersten Schleifen habe ich noch selbst verkauft, an Passanten auf der Straße oder Leute, die mich hereinließen, wenn ich bei ihnen klingelte. Ich habe auch immer gleich um Spenden gebeten. Später haben mir Klassenkameraden beim Verkauf in der Schule geholfen. Und dann habe ich Sponsoren gefunden. Eine Firma, die mir ein ganzes Paket mit Satinband geschickt hat, und eine Näherei, die die Schleifen mit der Maschine genäht hat, sodass ich selbst nur noch die Nadeln anbringen musste. Mittlerweile haben sich auch andere Kinder von der Idee anstecken lassen, und heute könnte ich gar nicht mehr sagen, wie viele Schleifen es im Lauf der Zeit geworden sind. Sehr viele. Und alle Einnahmen gehen an UNICEF.

Es ist einfach schön, zu erfahren, dass Menschen geholfen wird, die alles verloren haben. Dass es ihnen wieder besser geht und dass man selbst dazu beigetragen hat. Menschen brauchen Hoffnung – ohne Hoffnung kann man nicht leben. Und dann ist es großartig, wie viele andere Kinder man kennen lernt, die sich auch für UNICEF engagieren. Deshalb will ich weitermachen.

Joey Kelly • Sarah Faust • Kim-Anh Tran

Kim Anh Tran (17), Krefeld

„Juniorbotschafter? Das Wort hatte ich bis vor zwei Jahren noch nie gehört. Gut, ich kannte UNICEF, ich wusste, das ist das Kinderhilfswerk. Aber den Juniorbotschafter brachte die Mutter meiner Freundin ins Spiel. Da haben wir uns informiert und bei unserem UNICEF-Büro angerufen. Am Anfang waren sie ein bisschen reserviert. Aber dann haben sie uns bei unseren Aktionen voll unterstützt. Die haben nicht gesagt: ‚Na, dann macht mal schön‘, sondern haben alles getan, um uns zu helfen. Mit denen konnte man ganz normal reden, die hatten immer ein offenes Ohr und waren total nett. Das war die erste schöne Erfahrung.

Und dann: Wenn man liest, wie viel Ungerechtigkeit, Not und Grausamkeit es auf der Welt gibt, ist man anfangs deprimiert. Aber dann ist es ein Ansporn. Man merkt plötzlich: Es könnte so viel gemacht werden, und möchte dann unbedingt selbst etwas tun. Und es war jedes Mal eine riesige Freude, wenn ich mit meiner Freundin wieder einen neuen Geldbetrag gesammelt hatte und damit zu UNICEF gehen konnte. Außerdem lernt man dadurch viele andere Jugendliche kennen, die ähnlich denken wie man selbst. Wenn man der Freundin in der Schule erzählt, was man vorhat, sagt sie vielleicht etwas sarkastisch: ‚Na, toll‘, nimmt dich aber nicht ganz ernst. Aber mit den anderen Juniorbotschaftern ist man auf einer Wellenlänge.

Was mich am meisten stört, ist die Benachteiligung von Mädchen in vielen Ländern dieser Erde. Das regt mich auf, und am wenigsten verstehe ich, dass Mädchen in ihrer eigenen Familie nicht genauso viel Liebe erfahren wie die Jungen, dass sie getötet werden, nur weil sie Mädchen sind, dass der eigene Vater ihnen den Schulbesuch verbietet,

als wäre eine Tochter nicht sein Kind, sondern ein Objekt. Ich müsste vielleicht selbst einmal in solche Länder fahren und mir alles mit eigenen Augen anschauen. Aber ich habe auch ein bisschen Angst davor. Ich weiß nicht, ob ich den Anblick von Not oder Ungerechtigkeit aushalte. Aber auf der anderen Seite bekäme ich dann vielleicht ein noch besseres Gefühl dafür, dass wir Menschen alle eine große Familie bilden."

Beschneidung, Flutkatastrophe, Gleichberechtigung, Kinderrechte, Mädchen, Weltkindertag

Kambodscha

Kambodscha liegt in Südostasien. Es hat etwa zehn Millionen Einwohner, ist halb so groß wie Deutschland und reich an prächtigen alten Tempeln und Palästen. Die Blütezeit Kambodschas liegt allerdings schon 500 Jahre zurück. In den letzten Jahrzehnten haben die Kambodschaner furchtbare Kriege und Gewalt über sich ergehen lassen müssen und unter einem mörderischen Regime gelitten. Heute ist es eines der ärmsten Länder der Welt. Und eines, in dem sich Aids besonders stark ausbreitet. Aber noch ist nicht alles verloren. Nicht, solange sich Männer und Frauen finden, die die Not ihrer Mitmenschen nicht kalt lässt. Die gibt es auch in Kambodscha. Einer von ihnen ist Muny Van Saveth.

Muny Van Saveth ist Mönch in einem buddhistischen Tempel, und das Elend der Kinder in seinem Land lässt ihm keine Ruhe. Früher hat er Jungen und Mädchen geholfen, die durch kriegerische Gewalt ihre Eltern oder ihr Zuhause verloren hatten. Vor einigen Jahren stellte er fest, dass Aids genauso verheerende Folgen für Kinder hat wie der Krieg. Seither tut er alles, was in seinen Kräften steht, um diesen Kindern und ihren Familien zu helfen. Mit Unterstützung von UNICEF bildet er andere Mönche und Nonnen aus und schickt sie in die umliegenden Dörfer, wo sie Aids-Kranke pflegen, allein gelassene Kinder versorgen und die Einwohner über Aids aufklären.

Wie in Afrika haben auch in Kambodscha viele Menschen keine Ahnung, was es bedeutet, HIV-positiv zu sein, oder wie man sich ansteckt und wie man sich schützen kann. Es kommt vor, dass eine ganze Familie aus der Dorfgemeinschaft ausgeschlossen wird, wenn ein Familienmitglied Aids hat, dass Kindern der Schulbesuch verboten wird und niemand mehr mit ihnen spielt. Den Leuten ihre Angst vor Aids-Kranken nehmen, damit die Betroffenen wenigstens nicht mehr unter Schikanen leiden müssen – das ist die wichtigste Aufgabe von Muny Van Saveth und seinen Mitarbeitern. Und niemand eignet sich dafür besser. Denn die meisten Kambodschaner sind ebenfalls Buddhisten, deshalb genießen Mönche und Nonnen bei ihnen hohes Ansehen, deshalb sind

Muny Van Saveth unterstützt Aids-Kranke und ihre Familien.

sie vertrauenswürdiger als Ärzte oder Regierungsbeamte, und deshalb lassen sich die Dorfbewohner von ihnen leichter überzeugen als von irgendjemandem sonst.

Diese Erfahrung hat auch Chun Sophead gemacht. Chun Sophead hatte als Lehrer gearbeitet, bis er von seiner Ansteckung erfuhr. In kürzester Zeit sprach sich herum, dass er HIV-positiv ist, und sämtliche Freunde ließen ihn im Stich. Wenn er auf dem Markt erschien, um an einem Stand etwas zu essen, nahmen alle vor ihm Reißaus. Auch seine drei Kinder wurden wie Aussätzige behandelt. Und seine Frau fand diese Schande so unerträglich, dass sie zu Verwandten zog und ihren Mann und die Kinder sich selbst überließ.

Zwei Jahre lang kämpfte Chun Sophead völlig auf sich allein gestellt gegen seine Krankheit und seine Verzweiflung an. Dann lernte er Mitarbeiter von Muny Van Saveth kennen, und sein Leben nahm eine andere Wendung. Sie besuchten ihn, sie brachten ihm Reis und was er sonst zum Überleben brauchte, sie ermutigten ihn und sprachen mit

seinen Freunden und Nachbarn. Das wirkte. Chun Sophead wurde wieder in die Dorfgemeinschaft aufgenommen, und auch seine Frau zog wieder bei ihm und den Kindern ein. Mittlerweile erhält er Medikamente, sein Lebensmut ist zurückgekehrt, und seine Nachbarn helfen ihm sogar dabei, ein neues Haus zu bauen.

Inzwischen haben sich Mönche und Nonnen aus vielen weiteren Tempeln dieser Aktion angeschlossen; zu Hunderten ziehen sie über Land und setzen sich dafür ein, dass Aids-Kranke und ihre Familien ein halbwegs normales Leben führen können. Auch Vertreter der Christen und Muslime, die es in Kambodscha ebenfalls gibt, beteiligen sich an Muny Van Saveths Hilfsprogramm. Das ist ein enormer Fortschritt. Denn in der Vergangenheit waren sich Buddhisten, Christen und Muslime in Kambodscha aus dem Weg gegangen, ja, die einen hatten sich nicht einmal in die Dörfer der anderen getraut. Jetzt arbeiten sie zusammen. Ein Grund zur Hoffnung – nach den vielen bitteren Erfahrungen der letzten Jahrzehnte.

Aids, Erinnerungsbücher

Kinderarbeit

Kinderarbeit – das muss eigentlich nichts Schlimmes sein. Oft können Eltern auf die Mitarbeit ihrer Kinder auch gar nicht verzichten. Vor allem in den ländlichen Gebieten dieser Erde, wo die meisten Menschen von der Landwirtschaft leben, müssen alle mithelfen, sonst schaffen es die

In einem Steinbruch in der Nähe von Lima, der Hauptstadt Perus: Schwerstarbeit, die krank macht.

Erwachsenen gar nicht. Da hüten bereits Siebenjährige eine ganze Kuhherde, da helfen Söhne und Töchter ihren Eltern bei der Ernte, da stehen Jungen mit ihrer Steinschleuder auf einem Hochstand mitten im Feld und vertreiben mit einem gezielten Wurf Affen und Vögel. Solche Arbeit ist für Kinder sogar gut, weil sie das Selbstvertrauen stärkt. Etwas schaffen, etwas leisten, sich das Vertrauen der Erwachsenen verdienen – das sind wichtige Erfahrungen für Kinder. Und schließlich – bei uns jobben die jungen Leute ja auch, in den Ferien oder in ihrer Freizeit. Oder sie helfen ihren Eltern im Geschäft.

Kinderarbeit wird aber zu einem Verbrechen, wenn Kinder gezwungen werden, für einen Hungerlohn zu schuften, sich zehn Stunden am Tag in Fabriken oder Werkstätten, auf Feldern oder in Bergwerken abzuquälen, und ihre Gesundheit dabei ruinieren. Und dieses Verbrechen wird weltweit täglich an rund 218 Millionen Kindern zwischen fünf und

14 Jahren begangen. Diese Kinder werden ausgebeutet, weil sie wehrlos sind und weil sie den Arbeitgeber fast nichts kosten. Viele von ihnen arbeiten unter unmenschlichen Bedingungen, setzen ihre Gesundheit aufs Spiel und haben weder die Zeit noch die Kraft, eine Schule zu besuchen. Die Glücklichen unter ihnen verdienen ein paar Cent. Andere arbeiten wie Sklaven, ohne rechtlichen Schutz und ohne ärztliche Betreuung. Für diese Jungen und Mädchen gibt es keine Hoffnung auf eine Zukunft voller Möglichkeiten. Ohne Schulausbildung und ohne ordentlichen Beruf werden sie immer zu den Ärmsten gehören, zu denen, die sich durchs Leben schlagen müssen.

Eine der schlimmsten Formen der Ausbeutung von Kindern ist die so genannte Schuldknechtschaft. Vor allem auf dem Land kommt es oft vor, dass Familien sich verschulden müssen, um überhaupt überleben zu können. Manchmal sind diese Schulden so hoch, dass keine Chance besteht, sie je zurückzuzahlen. Dann müssen die ganze Familie, Eltern und Kinder, diese Schulden bei ihren Gläubigern – Großgrundbesitzern oder Unternehmern – abarbeiten, ohne einen Cent dafür zu bekommen, wie Sklaven. Man schätzt, dass allein in Indien zehn Millionen Kinder als Schuldsklaven arbeiten. Diese Kinder mühen sich bis zur Erschöpfung ab, müssen grausame Strafen über sich ergehen lassen, werden misshandelt und manchmal sogar getötet, ohne dass es für ihre Peiniger irgendwelche Folgen hätte.

Er ist noch klein, muss aber schon diese schweren Strohbündel transportieren.

Kinderarbeit ist eine Folge der Armut, die in vielen Ländern herrscht. Alles, was Hilfsorganisationen oder Regierungen unternehmen, um die Armut zu bekämpfen, kommt deshalb auch den ausgebeuteten Kindern zugute.

Kinderrechte

Kindergarten

Wenn wir uns an unsere Kindergartenzeit erinnern, was fällt uns da ein? Kleine, blanke Tische und Stühle aus hellem Holz, eine Kuschelecke, jede Menge Spielzeug, freundliche und manchmal etwas genervte Erzieherinnen und draußen Mutter oder Vater, die einen abholen? So

Er wird stets sehnsüchtig erwartet: der rollende Kindergarten in Manila.

etwas Ähnliches wahrscheinlich. In Deutschland sehen Kindergärten so aus. Aber nicht überall auf der Welt. Wenn man zum Beispiel Kinder in den Armenvierteln von Manila fragen würde, was sie sich unter einem Kindergarten vorstellen, bekäme man eine ganz andere Antwort. „Ein knallbuntes Auto mit Cory am Steuer und Fatima auf dem Beifahrersitz", würden sie sagen. Der einzige Kindergarten, den sie kennen, ist nämlich ein bunt bemalter Kleinbus, ein Kindergarten auf Rädern.

Manila ist die Hauptstadt der Philippinen, eine Inselgruppe im Südpazifik, und in den Armenvierteln gibt es keine festen Kindergärten. Die Kinder dort kennen auch kein Spielzeug – ein Ball aus zusammengeknoteten Lumpen ist schon das Höchste der Gefühle. Deshalb kommt der Kindergarten zu ihnen, zwei- oder dreimal in der Woche, ein rollender Kindergarten voller Kinderbücher und Spiele und Musikinstrumente. Wenn Cory und Fatima, die beiden „rollenden Kindergärtne-

rinnen", ihren bunten Kleinbus in einer Gasse anhalten, laufen die Kinder zusammen, und dann gibt es zwei Stunden lang Programm: Geschichten erzählen, singen, vorlesen, spielen. Ja, und auch zählen lernen, wenigstens von eins bis zehn. Cory und Fatima machen das umsonst, einfach weil es ihnen Spaß macht zu erleben, wie Kinder aufblühen, die sonst nichts kennen als den ganzen Tag im Dreck zu spielen. Man sieht – gute Ideen müssen nicht viel kosten.

Auch auf Englisch heißt es „Kindergarten"

Das deutsche Wort Kindergarten ist in viele andere Sprachen übernommen worden. Deshalb begegnet man diesem Wort auch in afrikanischen und amerikanischen Städten. Der Kindergarten ist nämlich in Deutschland erfunden worden, um 1780 herum. In der Anfangszeit hieß er allerdings noch Kinderverwahranstalt. Aber schon damals wollte man dasselbe damit erreichen wie Cory und Fatima mit ihrem Kindergarten auf Rädern heute: dass schon kleine Kinder dazu angeregt werden, alle ihre Sinne zu gebrauchen und ihren Verstand zu trainieren. Oder, wie Fatima es ausdrückt: „Es ist so wichtig, Kindern möglichst früh Augen und Ohren, Herz und Seele zu öffnen."

Straßenkinder

Kinderlähmung

Die Kinderlähmung (oder Polio) beginnt fast wie eine gewöhnliche Grippe, mit Fieber, Schläfrigkeit, Gliederschmerzen und Schweißausbrüchen. Später treten Lähmungen auf, am häufigsten an den Beinen. Wenn die Krankheit auch das Zwerchfell und die Atemmuskeln befällt, kann sie zum Tod führen.

Kinderlähmung ist eine ansteckende Krankheit. Sie wird durch Viren ausgelöst und durch Tröpfchen von Körperflüssigkeit übertragen. Polioviren greifen das Rückenmark an, dort, wo die Nerven sitzen, die die Muskeln steuern. Erwachsene sind vor Kinderlähmung merkwürdigerweise sicher. Allerdings tritt Kinderlähmung in Deutschland auch bei Kindern kaum noch auf, seit es die Schluckimpfung gibt.

Der Impfstoff gegen Polio muss in einer Kühltasche transportiert werden.

Jahrzehntelang haben die Weltgesundheitsorganisation WHO, UNICEF und Partnerorganisationen dafür gekämpft, die Kinderlähmung auch in anderen Ländern auszurotten. Viele Millionen von Schluckimpfungen wurden verabreicht. Dass die Kinderlähmung fast überall besiegt ist, ist ein großer Erfolg. Die Zahl der Poliofälle ging um 99 Prozent zurück. Doch Polio ist hartnäckig, und es gibt Rückschläge im Kampf gegen das Virus. Im Jahr 2008 wurden in vier Ländern noch Fälle von Polio registriert: Afghanistan, Indien, Nigeria und Pakistan. Der endgültige Sieg ist erst dann möglich, wenn man alle Kinder erreicht und impfen kann, auch die in sehr abgelegenen Regionen und in Kriegsgebieten.

Impfen

Kindermangel

Geschwister zu haben ist schön, denn Geschwister halten zusammen. Man streitet sich mit ihnen, sie gehen einem auf die Nerven, sie petzen, aber wenn es drauf ankommt, kann man sich auf sie verlassen – mehr als auf jede Freundin, jeden Freund. Geschwister erleben so viel gemeinsam, kennen sich so gut, dass sie einander vertrauen können. Sie haben eine gemeinsame Lebensgeschichte, und das verbindet sie – bei aller Unterschiedlichkeit. Wer mit Geschwistern aufwächst, hat also einen großen Vorteil: Er hat Verbündete, Menschen etwa seines Alters, denen er vertraut. Und Vertrauen ist wichtig, weil es stark und selbstbewusst macht, ein Leben lang.

Dieses Vertrauen, diese Zuverlässigkeit, das macht überhaupt die Stärke einer Familie aus. Keine andere Gruppe von Menschen hält in einer kritischen Situation so eng zusammen wie eine Familie. Oder kannst du dir vorstellen, dass du in einer Gefahr eher jemand anderen retten würdest als deine Geschwister und deine Eltern? Die eigene Familie lässt man nicht im Stich, egal wie oft man sich über sie geärgert hat. Ganz abgesehen davon, dass sich auch im ganz normalen Alltag jeder in einer Familie auf den anderen verlassen kann, nicht nur die Geschwister untereinander, sondern natürlich auch die Kinder auf Vater und Mutter.

Dabei ist die Familie für alle Familienmitglieder gleich wichtig, für die Kinder genauso wie für die Eltern. Denn hier lernt jeder das, was die Welt menschlicher macht. Nicht nur, dass Kinder lernen, was Liebe, Zärtlichkeit und Vertrauen ist. Auch die Eltern lernen. Sie lernen, was Fürsorge, Selbstlosigkeit, Geduld und Verantwortung ist – alles Eigenschaften und Fähigkeiten, die einem nicht so einfach in den Schoß fallen. Die muss man einüben, damit muss man seine Erfahrungen machen. Dafür muss man eigene Kinder haben und erleben, wie sie sich entwickeln, vom Säugling bis zur Pubertät. Erwachsene brauchen Kinder. Sie stellen einen Reichtum dar, der sich nicht in Euro ausdrücken lässt, sondern in wertvollen Erfahrungen berechnet wird.

Zu mehreren
ist es doch am
schönsten.

So gesehen ist das reiche Deutschland ein armes Land. Die meisten Eltern haben nur noch ein einziges Kind. Viele Paare haben gar keine Kinder. Und einige wollen keine eigenen Kinder haben. In keinem anderen Land Europas gibt es so wenige Kinder wie in Deutschland. Wenn das so weitergeht, werden Kinder bei uns bald eine verschwindende Minderheit sein. Und währenddessen wächst in den Entwicklungsländern die größte Jugendgeneration aller Zeiten heran. In vielen Ländern Afrikas machen Kinder unter 15 Jahren schon die Hälfte der Bevölkerung aus. So gesehen sind diese armen Länder reich. Aber auch in Deutschland waren kinderreiche Familien früher normal.

Noch vor 50 Jahren gab es bei uns viele Familien mit drei oder vier Kindern. Wiederum 40 Jahre zuvor waren Familien mit acht Kindern keine Seltenheit. Und um 1900 konnte es vorkommen, dass ein Kind 11 oder sogar 13 Geschwister hatte. Heute wachsen in jeder deutschen Familie, statistisch gesehen, nicht mehr als 1,2 Kinder auf. Woran das liegt? Die Experten sagen: Immer mehr Erwachsene empfinden Kinder als störend. Kinder sind teuer, sie verlangen von den Eltern manchen

Kindermangel

Verzicht auf Freizeit oder Vergnügungen, sie passen einfach nicht mehr zu den Vorstellungen von einem guten Leben, die viele Deutsche heute haben. Kinder sind ihnen einfach lästig. Viele Frauen, die viel Zeit in ihre Ausbildung investiert haben und gerne arbeiten, haben Probleme, Kinder und Beruf miteinander zu vereinbaren, weil es nicht genügend Tagesstätten oder andere Betreuungsmöglichkeiten für die Kinder gibt. Und wenn sie längere Zeit zu Hause bleiben, um das Kind großzuziehen, ist es oftmals sehr schwierig, wieder in den Beruf einzusteigen. Deshalb verzichten sie lieber ganz auf Kinder.

Und noch etwas anderes kommt hinzu: Immer mehr Familien zerbrechen, weil sich die Eltern scheiden lassen. Es gibt also nicht nur immer weniger Kinder, sondern auch immer weniger Familien. Und das heißt auch: immer weniger Liebe und immer weniger Vertrauen. Denn Kinder brauchen nicht nur Geschwister, sie brauchen auch das Vorbild von Vater und Mutter, damit sie all das lernen, was wichtig ist, um das eigene Leben später zu meistern. Sich zu vertragen zum Beispiel. Sich nur mit Worten zu streiten und dann auch wieder zu versöhnen. Oder zusammenzuhalten, sich aufeinander zu verlassen und darauf zu vertrauen, dass es trotz aller Schwierigkeiten gut ausgehen wird, wenn die Wogen einmal hochgehen und es so aussieht, als würde man sich gar nicht mehr verstehen. Lebensmut könnte man das nennen.

Und dieser Lebensmut scheint immer schwächer zu werden, je weniger Kinder in einer Familie aufwachsen und je mehr Ehen scheitern. Psychologen haben die Gründe dafür untersucht. Sie sagen, dass die meisten Eltern von Einzelkindern viel zu hohe Anforderungen an dieses eine Kind stellen. Dass diese Eltern am liebsten ein Wunderkind hätten, das reibungslos funktioniert und alle ihre Erwartungen erfüllt. Wo es mehrere Kinder in einer Familie gibt, da verteilen sich die Erwartungen der Eltern auch auf mehrere Kinder. Ein einziges Kind aber bekommt den Ehrgeiz seiner Eltern viel stärker zu spüren – und fühlt sich überfordert. Dazu kommt: Weil Eltern bei ihrem einzigen Kind unbedingt alles richtig machen wollen, fühlen sich auch die Väter und Mütter

überfordert. Sie verzweifeln viel schneller, schon bei kleinen Erziehungsproblemen. Immer mehr Eltern suchen deshalb Rat bei einem Psychologen. Es fehlt ihnen einfach die Erfahrung, die man ganz von selbst gewinnt, wenn man mehrere Kinder großzieht.

Mit anderen Worten: In dem reichen, aber kinderarmen Deutschland werden die Lebensbedingungen für Kinder immer schlechter. Und das macht sich bei den Kindern bemerkbar. Viele essen nicht mehr richtig, schlafen nicht mehr richtig, leiden unter Kopfschmerzen oder Asthma, werden aggressiv oder ziehen sich zurück, können sich nicht mehr konzentrieren oder zeigen andere Verhaltensstörungen.

Der Kindermangel in Deutschland tut also niemandem gut, weder Eltern noch Kindern. Kinder haben deshalb völlig Recht, wenn sie eine intakte Familie wollen, eine Familie mit möglichst vielen Geschwistern. Solche Familien können Kindern nämlich das Wichtigste auf ihren Lebensweg mitgeben, was es gibt, wichtiger als die besten Noten oder das bequemste Leben der Welt. Und das ist Lebensmut.

 **Deutschland, Eltern, Väter**

Kinderrechte

Brauchen Kinder überhaupt eigene Rechte? Sind Kinder denn etwas Besonderes?

Im Hauptquartier bei den Vereinten Nationen in New York treffen sich die Delegierten des Kindergipfels.

Ja, Kinder sind etwas Besonderes. Denn Kinder sind schwächer als Erwachsene. Wehrloser. Verletzlicher. Stärker auf Schutz und Fürsorge angewiesen. Man kann ihnen leichter verweigern, was ihnen zusteht. Kinder machen auch Erfahrungen, an die sich Erwachsene nicht mehr erinnern können oder wollen, zum Beispiel, dass sie als unvernünftige, halb fertige Wesen behandelt werden, deren Meinungen nicht zählen und denen man nichts zutraut. Deshalb war es ein großer Fortschritt, als die UNO in New York 1989 das Abkommen über die Rechte des Kindes beschloss. Dieses Abkommen ist ein weltweit gültiges Grundgesetz, in dem festgelegt ist, worauf Kinder einen Anspruch haben und wovor sie unbedingt geschützt werden müssen – nicht nur in den reichen Ländern, sondern überall auf der Erde. 54 Artikel mit den Rechten der Kinder zählt die Konvention auf. Was gehört alles dazu? Hier eine kleine Aufzählung. Sie ist nicht vollständig.

🟢 Das Recht, mitzuentscheiden. Das heißt, dass Kinder ihre Gedanken frei äußern dürfen, dass sie bei allem, was sie direkt angeht, gefragt werden sollen und dass ihre Meinung beachtet werden muss – zu Hause genauso wie in der Schule oder auf Ämtern und Behörden.

🟢 Das Recht, zur Schule zu gehen.

🟢 Das Recht, bei Krankheit medizinisch versorgt zu werden.

🟢 Das Recht, die eigene Sprache zu sprechen, die eigene Kultur zu pflegen und die eigene Religion auszuüben, wenn Kinder einer Minderheit angehören.

🟢 Das Recht auf Information durch Radio, Fernsehen und Zeitungen.

🟢 Das Recht auf Privatleben. Das heißt zum Beispiel, dass kein Erwachsener ohne ihre Erlaubnis die Briefe oder Tagebücher von Kindern lesen darf.

🟢 Das Recht, mit Mutter und Vater zusammenzuleben – auch dann, wenn die Eltern nicht mehr zusammenwohnen.

🟢 Das Recht auf Schutz vor Ausbeutung und jeder Art von Arbeit, die die Gesundheit gefährdet.

🟢 Das Recht, nicht vor dem 18. Lebensjahr zum Kriegsdienst gezwungen zu werden.

Alle Staaten dieser Erde, bis auf die USA und Somalia, haben das Abkommen über die Kinderrechte unterschrieben. Damit verpflichten sie sich, diese Rechte in ihren Ländern durchzusetzen. Allerdings kann niemand sie dazu zwingen.

Trotzdem sind die Kinderrechte mehr als nur schöne Worte. Sie setzen nämlich neue Maßstäbe für die Behandlung von Kindern. Sie erinnern die Erwachsenen daran, dass Kinder eigenständige Persönlichkeiten sind, mit denen man nicht

Gemeinsam
kämpfen,
denn Kinder-
rechte sollten
weltweit gelten.

nach Belieben umsprin-
gen darf. Dass Kinder
besondere Bedürfnisse
haben, die man bei allen
Gesetzen und Entschei-
dungen berücksichtigen
muss. Und dass es keine
verzeihliche Entgleisung,
sondern ein Verbrechen
ist, wenn man Kinder
misshandelt oder miss-
braucht oder vernach-
lässigt. Außerdem kann man mit dem Hinweis auf die Rechte von Kindern
leichter die Öffentlichkeit alarmieren, wenn Politiker oder Beamte die
Interessen von Kindern missachten. Eine wachsame Öffentlichkeit bietet
die sicherste Gewähr dafür, dass Kinderrechte nicht verletzt werden.

Wächter der Kinderrechte

In Europa gibt es ganz konkrete, handfeste Auswirkungen des Ab-
kommens über Kinderrechte. So haben Länder wie Finnland, Schweden,
Österreich und Belgien Kinderbeauftragte eingesetzt. Sie prüfen, ob neue
Gesetze kinderfreundlich sind, beraten die Regierungen und kümmern sich
um Beschwerden, die Kinder selbst bei ihnen eingereicht haben. In Deutschland gibt es mittlerweile in vielen Städten Kinderbüros. In Schleswig-
Holstein müssen Kinder und Jugendliche gefragt werden, wenn Städte
irgendetwas planen, das junge Leute direkt betrifft. Und in Baden-Würt-
temberg haben schon 40 Gemeinden Kinder- und Jugendparlamente
eingeführt, bundesweit gibt es mittlerweile über 400 Kinder- und Jugendparlamente. Die Abgeordneten dieser Kinderparlamente werden meist
an Schulen oder in Vereinen gewählt. Einen Kinderbeauftragten, der für
ganz Deutschland zuständig ist, gibt es noch nicht. Aber UNICEF setzt
sich dafür ein.

Gleichberechtigung, UNICEF

Kindersoldaten

„Ali stand an der Kreuzung zweier Sandpisten in der Wüste. Er trug einen Tarnanzug mit schwarzen, grünen und braunen Flecken, wie er bei der äthiopischen Armee üblich ist. Sein Gewehr hatte er neben sich abgestellt. Da war sonst nichts – nur Sand, Himmel, die Piste und die schmächtige, dünne Gestalt von Ali.

Ich hielt meinen Landrover an. Ali stieg ein, ein stiller, freundlicher Kerl mit einem hübschen, schmalen Gesicht. Er wolle in die nächste Stadt, sich bei seinem Kommandeur melden, sagte er. Und dann erzählte er seine Geschichte. Ali war 15 und seit einem Jahr bei der äthiopischen Armee. Er war an der Front gewesen und hatte gegen die Eritreer gekämpft. Die letzten zwei Monate hatte er allerdings in einem Lazarett, einem Feldkrankenhaus zugebracht, weil er von dem ständigen Kanonendonner aus nächster Nähe taub ge-

worden war. Jetzt ging es wieder besser; er war entlassen worden und würde wohl an die Front zurückkehren. Noch dauerte der Krieg ja an. ‚Die Armee zahlt gut‘, sagte er, ‚man bekommt dort zu essen und tolle Stiefel.‘ In der Stadt angekommen, stieg er aus und verschwand mit seinem Gewehr im Menschengetümmel.“

In vielen Ländern werden Kinder als Soldaten missbraucht. Der achtjährige Gabriel kämpft im Sudan: An ein Leben vor dem Krieg kann er sich nicht erinnern.

Dieser Ali, von dem uns ein Entwicklungshelfer hier erzählt, war freiwillig zur Armee gegangen. Viele Armeen Asiens und Afrikas nehmen Jugendliche auf, die so alt sind wie Ali. Es kommt aber auch vor, dass 14- oder 15-Jährige von Soldaten regelrecht geraubt werden, aus ihren Häusern herausgeholt und in eine Uniform gesteckt werden – manchmal, ohne dass man ihren Eltern auch nur Bescheid sagt.

Noch übler ergeht es Kindern, Jungen und Mädchen, die in einem Bürgerkrieg zum Kämpfen gezwungen werden – für irgendeine Armee,

die auf eigene Faust Krieg führt. Oft sind diese Kinder nicht viel älter als zehn Jahre und können kaum ein Gewehr tragen. Solche Kindersoldaten sind für ältere Soldaten sehr praktisch. Sie widersetzen sich nicht, sie können zu den unangenehmsten und gefährlichsten Arbeiten gezwungen werden, sie müssen jede Strafe still erdulden, sie sind leicht zu beeinflussen. Manchmal sind sie deshalb auch besonders grausam zu ihren Gegnern. Für die Kinder ist dieses Leben in einem Haufen roher, abgestumpfter Soldaten die Hölle auf Erden. Sie lernen dort, dass ein Menschenleben nichts wert ist, weder ihr eigenes noch das irgendeines anderen Menschen. Auf der ganzen Welt sind es etwa 250.000 Kinder, die in Kriegen und Aufständen kämpfen müssen. Freiwillig – wie Ali. Oder gezwungenermaßen – wie die meisten.

Auch in Burma müssen schon Kinder kämpfen.

Kindersoldaten erzählen

*Kinder aus Sierra Leone in Westafrika, die gezwungen wurden, im Bürger-
krieg mitzukämpfen, berichten:*

1. „Ich wurde in Makeni entführt, bekam Kokain gespritzt und wurde
in ein militärisches Ausbildungslager verschleppt. Danach musste ich
an einem Angriff auf Truppen des Nachbarstaats Guinea teilnehmen."

2. „Bevor sie mich entführten, haben die Rebellen meinen Vater und
meine Mutter vor meinen Augen erschossen. Danach packte mich einer
der Anführer bei der Kehle, fesselte mir die Hände, ritzte mir die Haut
an verschiedenen Stellen auf und rieb Kokain in die Wunden. Mir blieb
nichts anderes übrig, als ihnen zu folgen, weil ich keine Eltern mehr
hatte."

3. „Erst haben sie uns entführt und beigebracht, mit einem Gewehr
umzugehen, und dann mussten wir verschiedene Dörfer angreifen. Alle,
die wegzulaufen versuchten, wurden eingefangen, und dann wurde ihnen
mit Messern oder Rasierklingen oder spitzen Stöcken RUF (Name einer
Rebellengruppe) auf den Körper geschrieben."

4. „Ich war zehn, als mich die Rebellen entführten. Eines Tages verriet
ein Freund von mir unserem Anführer, dass ich weglaufen wollte. Er
ließ mich holen, verhörte mich, bedrohte mich, und dann schnitt er mir
mit einem Messer die Buchstaben RUF in die Brust. Dieses Zeichen der
Schande muss ich nun mein Leben lang mit mir herumtragen."

 **Bürgerkrieg, Krieg**

Kindersterblichkeit

Wer jüngere Geschwister hat oder schon mal auf andere Kinder aufpasst, der kennt das: Kleine Kinder sind besonders empfindlich. Sie werden schneller krank, sie halten weniger aus, man muss ihnen regelmäßig

Viele Kinder erreichen aufgrund schlechter Lebensbedingungen nicht das Erwachsenenalter. Hoffentlich schaffen es diese beiden Geschwister aus Ost-Timor.

die Windeln wechseln, sie wollen gefüttert und immer mal wieder beruhigt werden. In vielen Ländern aber ist das Leben so hart, dass Kleinkinder viel weniger Fürsorge erfahren als bei uns. Deshalb sterben auch sehr viel mehr von ihnen als bei uns. Die Liste auf der rechten Seite nennt die 20 Länder mit der höchsten Kindersterblichkeit. Im Vergleich dazu führt sie 10 weitere Länder mit niedriger Kindersterblichkeit auf. Gezählt werden die Todesfälle bei Kindern unter fünf Jahren auf 1.000 Geburten.

Das Ausmaß der Kindersterblichkeit ist ein sicheres Zeichen dafür, wie weit es ein Land auf dem Weg zu menschenwürdigen Lebensbedingungen gebracht hat. Denn die Kindersterblichkeit hängt von vielen verschiedenen Umständen ab: von der Ernährung, der Zahl und der Ausbildung der Ärzte in einem Land, dem Zugang zu sauberem Trinkwasser, den hygienischen Verhältnissen, dem Wissen der Mütter über alles, was zum Wohl ihrer Kinder beiträgt, und nicht zuletzt von Krieg oder Frieden in einem Land. Diese Liste gibt also einen ziemlich sicheren Aufschluss über die Lebensverhältnisse der gesamten Bevölkerung.

Die Todesursachen sind in Europa übrigens ganz andere als in den Entwicklungsländern. Dort sterben die meisten Kinder an ansteckenden Krankheiten wie Durchfallerkrankungen, Masern, Malaria oder Aids. In Europa aber ist ein Unfall die häufigste Todesursache bei Kindern bis 14 Jahren. Genauer gesagt: Von 100 Todesfällen gehen 34 auf das Konto von Autounfällen, in 13 Fällen ist Ertrinken die Ursache, in 6 Fällen ein Mord, in 5 Fällen ein Sturz, in 4 Fällen ein Brand, und in weiteren 4 Fällen liegt ein Selbstmord vor.

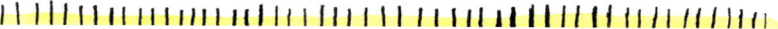

Land	Sterblichkeitsrate	Rang
Sierra Leone	270	1
Angola	260	2
Afghanistan	257	3
Niger	253	4
Liberia	235	5
Mali	217	6
Tschad	209	7
Äquatorialguinea	206	8
Kongo, Dem. Rep.	205	9
Burkina Faso	204	10
Guinea-Bissau	200	11
Nigeria	191	12
Sambia	182	13
Burundi	181	14
Zentralafrikanische Rep.	175	15
Swasiland	164	16
Guinea	161	17
Ruanda	160	18
Kamerun	149	19
Benin	148	20
Rumänien	18	119
Oman	12	138
Chile	9	148
USA	8	151
Thailand	8	151
Belgien	4	175
Deutschland	4	175
Schweden	3	189

Hier ein Beispiel, wie man die Tabelle lesen soll: Von 1.000 Kindern, die in Sierra Leone geboren werden, sterben 270 vor ihrem fünften Lebensjahr – also jedes vierte. Im Vergleich aller Länder liegt Sierra Leone damit auf Rang 1. Das heißt, hier ist die Kindersterblichkeit am höchsten in der ganzen Welt.

Klo

Weißt du, wie viele Menschen auf der Erde kein Klo haben? Fast die Hälfte. Gut drei Milliarden. Was machen die, wenn sie mal müssen? Sie gehen raus, hinters Haus, ein paar Schritte weit in die Landschaft, an den Straßenrand, und hocken sich nieder. In Äthiopien benutzt nur jeder Zehnte eine Toilette, wenn es so weit ist. Und in Sri Lanka, einer großen Insel vor der indischen Südküste, fehlen Klos selbst in den schönsten, neuesten

Viel besser als gar nichts, dieses Klo in einer Schule in Ägypten.

Häusern. Mehrere Badezimmer, aber kein Klo. Einfach vergessen. In vielen Ländern gelten Klos als überflüssiger Luxus.

Ist das schlimm? Ja. Weil Kot und Urin das Trinkwasser verseuchen und vom Regen in die Höfe und Hauser gespült werden können. Diese Jauche löst Durchfallerkrankungen wie Cholera aus, Krankheiten, an denen vor allem Kinder sterben. Nicht nur Brunnen sind wichtig, sondern auch Toiletten. Aber irgendwie kommen Toiletten immer zu kurz. Vielleicht, weil man nicht gerne darüber redet, weil es vielen einfach peinlich ist, das Thema überhaupt anzuschneiden. Auf jeden Fall sind enorme Anstrengungen fällig, wenn auch in den ärmeren Ländern die hygienischen Verhältnisse verbessert werden sollen.

Um bis zum Jahr 2015 auch den letzten Erdenbürger mit einem Klo zu versorgen, müssten täglich 100.000 Toiletten gebaut werden.

Brunnen, Cholera, Hygiene

Krieg

Wir in Deutschland kennen keinen Krieg (nur die älteren Leute haben den letzten Weltkrieg noch selbst erlebt), wir kennen nur unseren friedlichen, mehr oder weniger gut organisierten Alltag mit seinen alltäglichen Sorgen: schlechte Noten, Ärger über eine Freundin, Stress mit den Eltern, Langeweile vielleicht. Wir haben noch nie im Bett gelegen und nächtlichen Kanonendonner gehört, wir haben noch nie erlebt, dass uns Gewehrkugeln um die Ohren fliegen oder morgens plötzlich Leichen auf der Straße liegen. Wir leben im Frieden, und Frieden ist etwas Wunderbares, ein Grund zum Glücklichsein. Und weil wir von Krieg verschont worden sind, lässt sich der eine oder andere vielleicht von Filmen faszinieren, in denen es um Leben und Tod und Krieg und Gewalt geht. Das mag einem in Filmen tatsächlich wie ein großes Abenteuer vorkommen, aufregend und spannend. In der Wirklichkeit aber ist es kein Abenteuer. Diese Filme erzählen nicht die Wahrheit.

Die allermeisten, die in Kriegen umkommen oder verletzt werden, sind keine Soldaten, keine heldenhaften Kämpfer der einen oder anderen Armee, sondern Zivilisten, hauptsächlich Frauen und Kinder. Sie werden von plündernden Soldaten erschossen, aus reiner Mordlust oder um Angst und Schrecken zu verbreiten oder weil ein Volk ein anderes Volk hasst und es ausrotten will. In den vergangenen zehn Jahren sind bei etwa 20 Kriegen in Afrika und Asien, aber auch in Südosteuropa, knapp zwei Millionen Kinder getötet, sechs Millionen Kinder verwundet und fast 20 Millionen Kinder heimatlos geworden. Und selbst die Kinder, die einen Krieg unverletzt überstehen, haben Furchtbares erlebt. Sie haben mitansehen müssen, wie ihre Eltern oder Freunde ermordet wurden, haben Todesangst ausgestanden, haben erlebt, wie ihr Dorf bombardiert wurde und in Flammen aufging. Sie haben das Unerträgliche ertragen müssen.

Ein Krieg ist deshalb noch lange nicht vorbei, wenn er vorbei ist. Einmal, weil Krankenhäuser und Schulen und Brunnen zerstört sind und dem Staat das Geld zum Wiederaufbau fehlt. Und zum anderen, weil die seelischen Verletzungen langsamer heilen als körperliche Wunden. Kinder, die einen Krieg erlebt haben, ziehen sich oft in sich selbst zurück, verlieren jedes Interesse an der Welt und dem Leben und werden

Krieg

buchstäblich sprachlos – oder sie werden aggressiv. Unter einem Krieg leiden vor allem die Kinder noch lange hinterher.

Kann man überhaupt helfen, wenn ein Krieg erst einmal ausgebrochen ist? UNICEF und viele andere Organisationen versuchen es zumindest. Sie verhandeln mit den Kommandeuren der Krieg führenden Truppen, um sie zu einer Unterbrechung der Kämpfe zu überreden, damit Nahrungsmittel, Trinkwasser, Medikamente und Impfstoffe ins Kriegsgebiet gebracht werden können. Sie versuchen, Friedenszonen einzurichten und Notunterkünfte für Vertriebene bereitzustellen, damit sie wenigstens gegen die Sonnenglut oder Wind und Wet-

In Angola bestimmt der Krieg das Leben von Millionen Kindern.

ter geschützt sind. Mit anderen Worten: Sie tun alles, damit die Menschen zunächst einmal überleben.

Natürlich darf diese Hilfe nicht aufhören, wenn der Krieg vorüber ist. Deshalb bildet UNICEF Männer und Frauen aus, die sich um die verstörten und verängstigten Kinder kümmern, gibt Geld für die Wiederherstellung von Schulen und Brunnen, hilft Straßenkindern, die in den Ruinen leben, und vieles mehr. Mit dem Wahnsinn von Kriegen Schluss machen, das können Hilfsorganisationen leider nicht, dafür sind die Politiker da. Aber ohne ihren Einsatz hätten Kriege noch viel schlimmere Folgen.

Angola, Bürgerkrieg, Kindersoldaten

Landminen

Minen sind Sprengkörper, die während eines Kriegs zu Tausenden in der Erde vergraben werden, um den Feind aufzuhalten. Sie explodie-

ren, sobald jemand darauftritt oder drüberfährt. Solche Minen sind besonders heimtückische Waffen, weil sie – unsichtbar im Boden versteckt – immer noch Menschen töten, wenn der Krieg schon längst vorbei ist.

Foto links: Für Kinder sind Landminen besonders tückisch. Sie vergessen beim Spielen schnell, dass sie aufpassen müssen.

Man schätzt, dass weltweit 110 Millionen Minen auf Feldern, auf Straßen und in Häusern lauern. Seit vielen Jahren bemühen sich viele Organisationen und Politiker darum, diese Minen und alle Waffen, die so heimtückisch wie sie sind, abzuschaffen. Aber bis heute gibt es Länder, die Minen auch in Zukunft unbedingt einsetzen wollen. Und es wird Jahrzehnte dauern, bis man alle Minen, die schon im Boden versteckt sind, gefunden und entschärft hat.

Dieser thailändische Junge ist von einer Landmine verletzt worden. Aber er hat noch Glück gehabt.

Nichts für schwache Nerven: Bomben entschärfen

Auch in Deutschland schlummert noch manche gefährliche Hinterlassenschaft des Zweiten Weltkriegs im Erdboden – Gewehrkugeln, Granaten

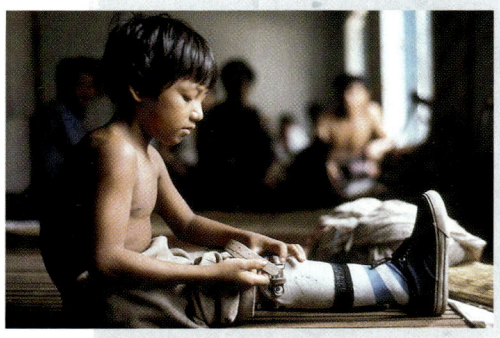

und Bomben. Vor allem am Niederrhein und in der Gegend um Aachen. Dort sind in den letzten Monaten des Kriegs, im Winter 1944/45, besonders viele Bomben niedergegangen – einige davon, ohne zu explodieren. Wenn jemand sie findet und berührt, können sie jederzeit losgehen. Zum Glück gibt es eine Gruppe von Spezialisten, den so genannten

In Kambodscha liegen Tausende von Minen in der Erde. Die Kinder sind besonders gefährdet.

Kampfmittelräumdienst, der macht solche Bomben unschädlich. Eine Arbeit, die unglaublich viel Fingerspitzengefühl und eiserne Nerven und vor allem eine sehr, sehr ruhige Hand erfordert. Denn jede Ungeschicklichkeit würde der Mann, der sie entschärft, mit dem Leben bezahlen müssen. Immer noch werden allein im Rheinland bis zu 100 Bomben jährlich entdeckt, und dann heißt es: Hinfahren, die Anwohner ringsum auffordern, ihre Häuser zu verlassen, vorsichtig ausgraben und genauso behutsam den Zünder entfernen. Anschließend werden diese Bomben und Granaten in einem Spezialbetrieb in kleine Stücke zerlegt.

Angola

Lesen und Schreiben

Wie ergeht es einem, der nicht lesen kann? Er findet nicht die richtige Klingel, wenn er unten an der Haustür steht und jemanden besuchen möchte. Er kann im Restaurant mit der Speisekarte nichts

anfangen. Er begreift keine Gebrauchsanweisung. Er findet sich in fremden Städten nicht zurecht. Er muss ohne Zeitungen und Bücher auskommen und kann sich deshalb kein genaues Bild von der Welt machen. Mit anderen Worten: Er ist hilflos. Unfähig, ein selbstständiges Leben zu führen.

Menschen, die nie Lesen gelernt haben, heißen Analphabeten. Wir können natürlich lesen (und schreiben). Aber es kann passieren, dass auch wir uns plötzlich wie Analphabeten fühlen, wenn wir nämlich ein Land bereisen, das eine andere Schrift hat – Griechenland etwa oder China oder Korea oder Syrien. Würden wir dort leben, kämen wir mit unserer Kenntnis der lateinischen Schrift nicht weiter. Wir könnten kein Straßenschild und keinen Hotelnamen, kein Telefonbuch und keine Zeitung lesen, und Arbeit würden wir dort höchstens als Straßenkehrer oder Erntehelfer finden. Ein komisches Gefühl.

Wer nicht lesen kann, der ist von vielen Lebensbereichen ausgeschlossen. Er kann oft keine eigene Entscheidung treffen und ist daran gewöhnt, sich von anderen sagen zu lassen, wo's langgeht. Er hat keine Chance, aus seinem Leben etwas zu machen. Er ist kein freier Mensch. Und davon gibt es mehr, als wir glauben – auch im Jahr 2006 noch. Auf einem Platz in Mexiko-Stadt zum Beispiel, der Plaza Santo Domingo, wo unter einem Bogengang in langer Reihe Männer mit Schreibmaschinen sitzen. Ihre Kundschaft besteht aus alten Leuten und ein paar jüngeren, die sich von den Männern mit den Schreibmaschinen Briefe vorlesen oder Briefe schreiben lassen, weil

In dieser Koranschule in Djibouti wird eifrig geübt.

167

sie selbst dazu nicht in der Lage sind. Sie sind auf fremde Hilfe angewiesen, bei Briefen an Verwandte oder Behörden und sogar bei Liebes-
briefen. Noch schlimmer sieht es in Afghanistan aus, wo 95 Prozent
aller Frauen nie lesen und schreiben gelernt haben. In manchen afrikanischen Ländern besteht die Bevölkerung zur Hälfte aus Analphabeten. Und selbst in den USA gibt es unter den Erwachsenen erstaunlich
viele Analphabeten.

Wie kommt das? Eigentlich gibt es in jedem Land der Welt Schulen
und auch Schulpflicht, eigentlich müsste jeder Mensch auf dieser Erde
lesen und schreiben können.
Aber manchmal ist die nächste Schule einfach zu weit weg,
und Verkehrsmittel gibt es
nicht. Manchmal werden die
Kinder daheim gebraucht, um
das Vieh zu hüten, Wasser zu
holen oder die Felder zu bewachen. Manchmal befürchten
die Eltern, dass ihre Kinder sie
verlassen und in die Stadt ziehen werden, um Karriere zu

**Viele Kinder
müssen ihren
Eltern helfen
und zum Bei-
spiel die Felder
bewachen. Für
die Schule bleibt
dann keine Zeit.**

machen, wenn sie ihnen erlauben, in die Schule zu gehen. Dann sitzen
sie im Alter allein in ihrem Dorf, niemand kümmert sich um sie, und
das wollen sie nicht. In manchen Ländern werden Kinder gezwungen,
vom morgens bis abends in Fabriken oder Bergwerken zu arbeiten und
Turnschuhe oder Teppiche herzustellen. Und manchmal werden Schulen im Krieg zerstört und lange nicht wieder aufgebaut, weil das Geld
fehlt. Wo das Leben nicht so sicher und bequem ist wie bei uns, können viele Kinder von Bildung nur träumen – auf 93 Millionen schätzt
man die Zahl der Kinder auf der Welt, die nicht zur Schule gehen.

Dabei ist Lesen und Schreiben heute wichtiger denn je. Wer sich aus
der Armut befreien will, muss eine solide Schulbildung haben, muss
möglichst gut informiert sein. Kommunikation spielt in der Arbeits-
welt wie im Privatleben eine immer größere Rolle. Und auch eine De-

mokratie funktioniert nur dann, wenn die Bürger über politische Vor-
gänge in ihrem Land Bescheid wissen und sich deshalb von Politikern
nichts vormachen lassen. Staaten, in denen viele Analphabeten leben,
können ihre Probleme kaum lösen. Man kann fast sicher sein, dass dort
eine schlechte Politik gemacht wird und große Armut herrscht. Wenn
also Entwicklungshelfer, Kirchen und Hilfsorganisationen in Ländern
der Dritten Welt Schulen unterstützen und die Ausbildung von Lehrern finanzieren, dann tun sie damit nicht nur den Kindern
etwas Gutes. Dann verbessern sie auch die Aus-
sichten eines ganzen Landes auf Frieden, Freiheit und Wohlstand.

Kinderarbeit, Schule, Yasmine

**Thomas ist zwölf.
Seit seinem dritten
Lebensjahr hat er
auf den Straßen
von Nairobi gelebt.
Jetzt geht er in ein
Zentrum, das Hilfs-
organisationen ein-
gerichtet haben,
und lernt dort
lesen, schreiben
und rechnen.**

Machismo

„Machismo" (wie ‚Matschismo' ausgesprochen) ist ein spanisches Wort. Es ist von „macho" (‚Matscho') abgeleitet, womit bei Tieren das Männchen gemeint ist. Beim Machismo geht es ursprünglich um ein besonders männliches Auftreten oder Gehabe, um ein Verhalten etwa wie bei einem Hengst, der Stuten imponieren will. Vor allem  südamerikanischen Männern wurde früher Machismo nachgesagt, weil sie die männliche Selbstherrlichkeit besonders weit trieben. Heute bedeutet Machismo ganz allgemein, dass Männer sich für etwas Besseres halten, bloß weil sie Männer sind, und deshalb meinen, Frauen wie dumme und hilflose Wesen behandeln zu dürfen.

Der Machismo kann ganz nett sein, wenn er ein Zeichen von männlichem Selbstbewusstsein ist, wenn er Männer dazu bringt, besonders höflich und charmant zu Frauen zu sein. Der Machismo ist aber unangenehm, wenn er sich als Machtanspruch äußert, als männliches Überlegenheitsgefühl und Frauenverachtung. Dieser Machismo herrscht heute noch in vielen Teilen der Welt. Dort werden Mädchen und Frauen als Menschen zweiter Klasse behandelt – oder überhaupt nicht als Menschen.

Bangladesch, Gleichberechtigung, Mädchen, Pfadfinder

Mädchen

Als Mädchen geboren zu werden, kommt nicht selten einem Todesurteil gleich. Das ist übertrieben? Ist es nicht. Sicher, auf Europa trifft

es nicht zu. Aber in vielen Ländern Süd- und Ostasiens ist es die traurige Wahrheit. Daran ist nicht allein der Machismo der Männer schuld. Alle, Männer wie Frauen, verhalten sich dort so, als ob Jungen wertvoller wären als Mädchen.

Einige Beispiele: In Indien, Bangladesch, Pakistan und China wird die Geburt eines Mädchens von vielen Eltern als Unglück angesehen, fast wie eine Strafe. Deshalb

werden dort weibliche Embryos oft gezielt abgetrieben oder Mädchen gleich nach der Geburt getötet oder als Kinder so vernachlässigt, dass sie sterben. Mädchen bekommen oft weniger zu essen als Jungen, und wenn sie krank werden, wird kein Arzt gerufen. Viel wichtiger ist, dass die Jungen überleben. Von Jungen versprechen sich die Eltern, dass sie später einmal gut verdienen und ihre Eltern im Alter versorgen. Mädchen kosten nur, sie sind ein Verlustgeschäft. Deshalb müssen sie daheim schwer arbeiten, werden seltener auf eine Schule geschickt und in jungen Jahren schon verheiratet. Vorausgesetzt, sie überleben.

In Nordäthiopien ist es nicht so schlimm wie in manchen Ländern Asiens, wenn man ein Mädchen ist. Aber genauso viel wert wie Jungen sind Mädchen auch hier nicht.

Man schätzt, dass in Südasien jährlich eine Million Mädchen sterben, nur weil sie Mädchen sind. Mit dem Ergebnis, dass in diesen Ländern immer weniger Frauen leben. In China gibt es inzwischen deutlich mehr Männer als Frauen, in Bangladesch fehlen etwa fünf Millionen Frauen, in Pakistan ist der Männerüberschuss noch größer, und in Indien würden sogar 40 Millionen Frauen mehr leben, wenn sie dieselbe Fürsorge und Betreuung erfahren hätten wie Jungen.

Dazu kommt, dass in Indien durchschnittlich alle sechs Stunden eine junge Braut lebendig verbrannt oder totgeschlagen oder in den Selbstmord getrieben wird, weil die Familie ihres Ehemanns glaubt, zu wenig Mitgift erhalten zu haben. Mitgift ist die Geldsumme, die die Familie einer Braut an die Familie ihres Bräutigams zahlen muss, damit die Ehe überhaupt zustande kommt. Fühlen sich die Schwiegereltern benach-

Mädchen

teiligt, lassen sie ihre Wut an der Braut ihres Sohnes aus. Und in Pakistan werden alljährlich Hunderte von Mädchen und jungen Frauen von der eigenen Familie erschlagen, weil Brüder oder Väter den Eindruck haben, sie hätten die Ehre ihrer Familie verletzt.

Natürlich geht es nicht immer um Leben und Tod. Viel häufiger müssen Mädchen die Erfahrung machen, dass sie zu Dingen gezwungen werden, die ihre Freiheit und ihre Würde verletzen. So werden zum Beispiel weltweit Millionen von Mädchen zwischen 12 und 17 an fremde Familien abgegeben, wo sie oft unter härtesten Bedingungen im Haushalt arbeiten müssen. Millionen andere werden in fremde Länder verkauft und zur Prostitution gezwungen – Frauenhandel ist ein gutes Geschäft, auch in manchen Ländern Ost-

Die Mädchen in Senegal: Blicken sie skeptisch oder sind sie entschlossen, ihr Schicksal in die Hand zu nehmen?

europas. Besonders in Südafrika werden Mädchen von vielen Männern als Freiwild angesehen – jede dritte Frau wird dort mindestens einmal in ihrem Leben vergewaltigt. Und Jahr für Jahr werden rund 3 Millionen Mädchen an ihren Genitalien beschnitten, vor allem in afrikanischen Ländern.

Was kann man tun? Die Männer werden sich ändern müssen. Sie werden lernen müssen, Frauen nicht als ihren Besitz anzusehen. Sie werden einsehen müssen, dass Frauen gleichberechtigt sind, weil sie gleichwertig sind. Und sie müssen begreifen, dass die Gleichberechtigung der Frauen ein Fortschritt wäre, der auch ihnen selbst zugute käme. Es wären ja alle glücklicher, wenn Frauen dieselbe Achtung entgegengebracht würde, die die Männer für sich verlangen. Eines allerdings darfst du nicht glauben: dass alle Frauen in Südostasien oder Afrika von morgens bis abends nur jammern und klagen würden. So ist es nicht. Viele dieser Frauen haben nämlich gelernt, sich zu wehren, und sind daher unglaublich stark und selbstbewusst. Was sie vor allem brauchen, ist die Unterstützung der Politiker in ihren Ländern – und die unsere.

Beschneidung, Gleichberechtigung, Machismo, Meena, Pfadfinder, Yasmine

Malaria

Malaria oder Sumpffieber ist eine Ansteckungskrankheit, die durch Stechmücken (Moskitos) übertragen wird. Diese Stechmücken gedeihen besonders gut in feuchtheißen Regionen. In den tropischen Zonen Afrikas, Lateinamerikas und Südasiens ist Malaria daher weit verbreitet.

Malaria ist nicht unbedingt tödlich. Die europäischen Abenteurer, Forscher und Missionare, die im 18. und 19. Jahrhundert den afrikanischen Kontinent bereisten, bekamen dort fast alle Malaria. Das war lästig, aber meist nicht lebensbedrohlich. In der Regel leiden Malariakranke für ein bis zwei Wochen unter Schüttelfrost und hohem Fieber, danach klingt die Krankheit wieder ab. Allerdings – wer einmal Malaria gehabt hat, der wird sie nie mehr los. Im Abstand

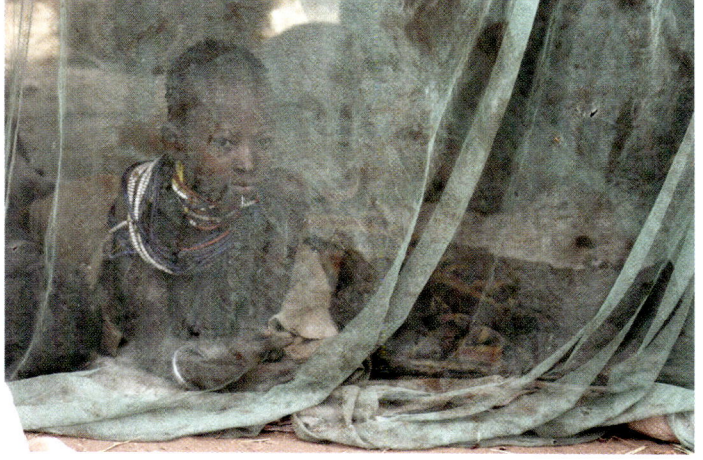

Imprägnierte Moskitonetze sind der beste Schutz gegen Malaria.

von ein bis zwei Jahren kommt es bis zum Lebensende immer wieder zu Rückfällen mit Schüttelfrost und Fieber. Tödlich ist nur eine besondere Art der Malaria, die Malaria tropica. Wer daran erkrankt, bekommt hohes Fieber, und in kurzer Zeit werden Hirn und Nieren so geschädigt, dass der Mensch stirbt.

Gegen Malaria kann man sich zwar nicht impfen lassen, wohl aber schützen. Zum Beispiel dadurch, dass man tagsüber und vor allem in der Abenddämmerung alle Körperteile gut bedeckt, sich nachts unter einem engmaschigen Moskitonetz schlaf legt, das keine Mücke durchlässt, und regelmäßig Malariatabletten einnimmt. Einen hundertprozentigen Schutz gegen Malaria gibt es allerdings bis heute nicht. Und da Malariatabletten auf die Dauer die Leber schädigen, verzichten Europäer, die sich längere Zeit in den Tropen aufhalten, ganz darauf, reiben sich bloß mit einem Insektenschutzmittel ein und vertrauen im Übrigen auf ihr Glück.

Doch in vielen Ländern sterben Kinder an Malaria, weil ihre Familien kein Geld haben, um die teuren Medikamente zu kaufen. Um die Moskitos gar nicht erst zum Zuge kommen zu lassen, verteilt UNICEF imprägnierte Mückennetze. Allein im Jahr 2006 hat UNICEF 25 Millionen solcher Netze erworben und ist damit der weltweit größte Einkäufer von imprägnierten Moskitonetzen. Hinzu kommen Medikamente zur Behandlung von rund 11,6 Millionen Malariakranken.

Entwicklungshelfer

Maya

Die Maya sind das größte Indianervolk Amerikas. 15 bis 20 Millionen Maya leben im Süden Mexikos und im Nachbarland Guatemala. Die

meisten von ihnen sind einfache Bauern. Die Männer bauen Mais und Gemüse auf kleinen Feldern in der Nähe ihrer Dörfer an. Die Frauen kümmern sich um die Kinder, machen den Haushalt, füttern die Truthähne und backen kleine, runde Tortillas aus Maismehl.

Einst aber waren die Maya ein mächtiges Volk. Sie hatten große, prachtvolle Städte, in denen Wissenschaftler, Mathematiker, Architekten, Maler, Bildhauer, Priester und Kaufleute lebten. Sie besaßen eine eigene Schrift, mit der sie Steinplatten und Buchseiten beschrieben. Sie liebten Feste, die sich oft über Wochen hinzogen, und ihre Könige brachten blutige Opfer für das Wohl ihres Volkes dar. Jede Stadt war ein eigener Staat, und alle Mayastaaten wetteiferten untereinander um die höchste Tempelpyramide, den schönsten Palast. Bis zu 70 Meter hoch ragten ihre Pyramiden aus dem Urwald heraus, der diese Städte umgab.

Heute stehen wir staunend vor den gut erhaltenen Ruinen aus jener Zeit, vor den Pyramiden, den großen Inschriftentafeln, den Palästen. So richtig wissen wir immer noch nicht, weshalb die große Zivilisation der Maya unterging. Vielleicht waren die Ackerböden irgendwann ausgelaugt und konnten die wachsende Menschenzahl nicht mehr ernähren. Um das Jahr 900 nach Christus jedenfalls waren die meisten der großen Mayastädte schon leer, von allen ihren Bewohnern verlassen.

Zeugnisse der großen Vergangenheit des Mayavolkes: die Pyramide des Zauberers in Uxmal in Mexiko.

 **Maya**

Und als dann um 1500 nach Christus die Spanier nach Mexiko kamen, war das Schicksal der Maya endgültig besiegelt. Die Spanier eroberten das ganze Land, machten die Maya zu Sklaven, trieben ihnen den Glauben an ihre Götter aus und brachten es so weit, dass die Maya selbst keine Erinnerung mehr an ihre eigene große Geschichte besaßen. Die prächtigen alten Pyramidenstädte verschwanden im Urwald, riesige Bäume schlugen Wurzeln im Gemäuer der verlassenen Tempel, und erst vor zweihundert Jahren entdeckten amerikanische und europäische Forscher die untergegangenen Städte wieder. Heute stehen die Maya selber staunend vor den Bauwerken, die ihre Vorfahren vor 1500 Jahren errichtet haben.

Bett, Guatemala

Meena

Meena war neun Jahre alt, als sie 1992 in Bangladesch zur Welt kam. Heute ist sie immer noch neun, und das wird sie wohl auch noch eine ganze Weile bleiben. Die Länge ihres Lebens hängt von ihrem Erfolg ab, und im Augenblick hat sie jede Menge Erfolg. Denn Meena ist die beliebteste Comicfigur in Südasien.

Dabei ist Meena ein ganz normales Mädchen. Sie hat zwei kleine Ohrringe, einen langen, schwarzen Zopf, trägt ein Hemd mit kurzen Ärmeln und einen Rock bis über die Knie, an den nackten Füßen hat sie ein Paar einfache Badeschlappen aus Gummi, und von der Schulter hängt ihr meist eine gestreifte Schultasche, aus der ein Buch herausschaut. Sie sieht aus, wie Millionen Mädchen in Bangladesch aussehen, und sie ist auch ebenso arm wie die allermeisten. Sie lebt mit ihren Eltern, ihren beiden Brüdern und ihrer Großmutter in einem Dorf wie Tausende andere. Aber in zwei Dingen unterscheidet sie sich doch. Erstens: Sie hat einen Papagei auf der Schulter, der ihr bei den Rechenaufgaben hilft. Und zweitens: Sie ist selbstbewusst und lässt sich nichts gefallen.

Meena verlangt, genauso viel zu essen zu bekommen wie ihre beiden Brüder – was alles andere als selbstverständlich ist in einem Land, in dem sich Mädchen stets mit kleineren Portionen zufrieden geben müssen. Sie tauscht die Rolle mit ihrem Bruder Raju, sodass der jetzt die gesamte Hausarbeit übernehmen muss, Feuer macht, den Boden wischt, die Hühner füttert und die Kuh melkt und am Ende des Tages fix und fertig ist. Sie ist ehrgeizig, geht fleißig zur Schule und macht – mit der Unterstützung ihres Papageis – furchtbar gerne Hausaufgaben. Sie besteht darauf, am Sportunterricht teilzunehmen. Sie hat keine Angst, einen Nachbarn zu besuchen, der HIV-positiv ist. Sie findet es unmöglich, dass Mädchen schon mit zehn oder zwölf Jahren verheiratet werden. Sie redet unbefangen über alles, auch die heikelsten Themen. Und bei alledem ist sie noch witzig und gut gelaunt. Nein, so normal ist Meena doch nicht.

Und dafür lieben die Kinder sie. Nicht nur in Bangladesch. Auch in Indien, Pakistan, Nepal, Bhutan, Kambodscha, Laos, Sri Lanka, Thai-

land und Vietnam. Und nicht nur die Kinder, auch die Erwachsenen sitzen vor dem Fernseher, wenn Meena kommt. Sie ist so beliebt, dass immer wieder Kinder im UNICEF-Büro von Dhaka anrufen und mit Meena sprechen wollen. Denn Meena macht allen vor, was viele immer noch nicht glauben wollen: dass Mädchen nicht dümmer und nicht ängstlicher und nicht weniger wert sind als Jungen.

Der (geistige) Vater von Meena ist ein UNICEF-Mitarbeiter. Aber sie hat viele Mütter, wenn man so sagen darf. Vor jeder neuen Folge nämlich werden Hunderte von Kindern und deren Eltern und ganze Dorfgemeinschaften interviewt, damit die nächste Meena-Geschichte so realistisch wie möglich wird. Meena darf sich zwar alles Mögliche leisten, was sich andere Mädchen vielleicht nicht trauen würden, aber es muss dabei alles genauso zugehen wie in der Wirklichkeit. Nur dann lassen sich auch die Erwachsenen von ihr beeindrucken.

Und Meena hat Erfolg. Das Fernsehen in Bangladesh sendet Meena fast täglich eine halbe Stunde lang. Inzwischen lacht sie von Hausmauern in Dhaka und von den Wänden in Krankenhauszimmern und von den Seiten der Schulbücher. Der Schulbesuch von Mädchen ist in Bangladesch stetig angestiegen, seitdem sie auftritt. Schulkinder denken sich eigene Meena-Geschichten aus, die dann wieder verfilmt werden. Und Eltern berufen sich auf ihr Vorbild, wenn sie ihren Kindern etwas Vernünftiges beibringen wollen. Jaharna, eine 30-Jährige, die weder lesen noch schreiben kann, sagt: „Ich finde Meena toll. Meine Töchter sollen genauso werden wie sie. Sie sollen studieren und richtige Damen werden, nicht so jemand wie ich. Ich muss den ganzen Tag wie eine Magd

Befehle ausführen. Aber manchmal lasse ich die Arbeit einfach liegen und schaue mir Meena im Fernsehen an."

Mittlerweile hat Meena übrigens mit Hilfe von UNICEF eine afrikanische Schwester bekommen. Sie heißt Sarah. Wer Meena kennt, der ist überzeugt, dass Sarah in ihrem Teil der Welt die Herzen von Kindern genauso schnell erobern wird wie ihre berühmte asiatische Schwester.

Briefe an Meena

„Ich bin eine Freundin von Meena. Ich möchte mehr Meena-Bücher und Meena-Comics, sonst lerne ich nicht mehr weiter.
Viele Grüße, Tabassum, 1. Schuljahr"

„Sehr geehrter Herr Direktor,
ich bin Hausfrau und Mutter. Meine Kinder lieben Meena über alles. Sie werden ganz aufgeregt, wenn Meena im Fernsehen kommt. Hinterher lasse ich mir immer von Meena erzählen. Und wenn ich selbst von Meena erzähle, hören mir alle zu. Zum Beispiel Geschichten übers Händewaschen vor dem Essen und das Fingernägelschneiden. Wenn Sie noch mehr über Meena haben, schicken Sie es mir bitte, damit ich daraus vorlesen kann.
Freundliche Grüße, Shamim Bilkis"

„Sehr geehrter Herr,
ich bin ein Fan von Meena. Und nicht nur ich, auch mein Bruder, meine Schwester und alle anderen. Wir schauen uns die Meena-Geschichten an und finden sie toll. Meena ist nicht nur eine Comic-Figur für Kinder, sie ist ein Vorbild. Ich möchte mehr über Meena wissen. Bitte, bitte, bitte antworten Sie auf meinen Brief. Ich möchte in meinem Leben so wie Meena werden.
Sterling"

Bangladesch, Gleichberechtigung, Kambodscha, Mädchen

Menschenhandel

Moldawien liegt in Europa. Kaum jemand bei uns kennt dieses Land zwischen Rumänien und der Ukraine, kaum jemand ist je da gewesen. Moldawien hat nicht viel zu bieten, auch seinen eigenen Bürgern nicht.

Schön zwölf-jährige Kinder werden von Menschenhändlern verkauft.

Viele Moldawier verlassen ihre Heimat, weil es fast unmöglich ist, dort Arbeit zu finden. Vor allem junge Leute träumen von einem neuen Leben jenseits der Grenzen, in einem Land der Europäischen Union. Rund 3.000 Reisebüros und 100 Jobvermittlungsagenturen in der moldawischen Hauptstadt Chisinau werben für sich mit dem Versprechen, solche Träume wahr zu machen. In Wirklichkeit verkaufen viele von ihnen Albträume. Denn oft gehören sie Menschenhändlern.

Für die 15-jährige Ana endete die ersehnte Reise ins Ausland in dem Bordell eines Nachbarlands. 1.500 Euro zahlte der Bordellbesitzer dem Menschenhändler für sie. Damit war Ana in seinen Besitz übergegangen. Sie musste nackt tanzen und mit Männern schlafen. Ihr Pass wurde ihr abgenommen. Zu essen bekam sie nur einmal am Tag. Ihr Bett war eine Matratze in dem Raum über der Bar. Wenn sie nicht gehorchte, setzte es Schläge. Zwei Jahre lang wurde sie wie eine Sklavin gehalten. Dreimal wechselte sie in dieser Zeit ihren „Besitzer".

So wie Ana ist es schon vielen Mädchen aus Moldawien und anderen Ländern der Region ergangen. In ihrer Heimat haben sie nichts als Not und Hoffnungslosigkeit kennen gelernt, wollen nur raus und glauben dem Erstbesten, der ihnen einen gut bezahlten Job im Ausland anbietet. Stattdessen werden sie verkauft, nach Westeuropa, in ein anderes osteuropäisches Land oder einen arabischen Staat, wo sie als billige Arbeitskräfte in Fabriken oder Privathaushalten schuften oder als Prosti-

tuierte arbeiten müssen. Die jüngsten Opfer sind gerade einmal zwölf Jahre alt. Und dieses Schicksal erwartet junge Menschen in vielen armen Ländern der Welt. In Laos, Kambodscha, Thailand und Westafrika – überall werden glänzende Geschäfte mit dem Verkauf von Kindern und Jugendlichen gemacht. Menschenhandel ist heute ein Verbrechen, mit dem sich fast so viel Geld verdienen lässt wie mit Waffen- oder Drogenhandel. Und oft nicht einmal besonders riskant: In Laos zum Beispiel kommen verhaftete Menschenhändler oft mit ein paar Wochen Gefängnis oder einer kleinen Geldstrafe davon.

Auf den ersten Blick ging die Geschichte von Ana aus Moldawien gut aus. Zwar endete ihr erster Fluchtversuch mit einer gebrochenen Nase. Auch der zweite scheiterte. Aber schließlich gelang es ihr doch, ihrer Mutter einen Brief zukommen zu lassen. Die alarmierte die Polizei. Nun ist Ana frei – aber ratloser denn je. Sie fürchtet, noch einmal Menschenhändlern in die Hände zu fallen. Aber sie weiß für sich keinen anderen Ausweg, als es ein weiteres Mal mit einem Job im Ausland zu versuchen. Auch auf die Gefahr hin, wieder verkauft zu werden. Wem wird sie sich beim nächsten Mal anvertrauen?

Prostitution

Müll

„Müll? Was ist Müll?", fragt Dionisio. Er ist ein mexikanischer Maya, lebt mit seiner Familie in einem eigenen Haus am Stadtrand von Izamal und findet, dass all die weggeworfenen Plastiktüten auf der Straße vor seinem Haus nicht stören. Farbige Plastiktüten und leere Saftkartons und alte Cola-Flaschen, auf 200 Meter entlang der Straße, aber sie stören ihn nicht. Und man glaubt es ihm, wenn man in seinen Garten kommt. Da rostet ein Autowrack vor sich hin, die Verkleidung einer Tankstellen-Zapfsäule ragt aus dem Gras, alte Apfelsinenkisten stapeln sich in einer Ecke und abgefahrene Autoreifen hängen an einem Baum. „Das ist kein Müll", sagt Dionisio. „Das kann man alles noch brauchen."

Und das ist der Unterschied. Der Unterschied zwischen armen und reichen Ländern. Wir werfen weg, was eben noch gut und neu war, es wandert auf den Müll, verschwindet in einer Tonne, wird abgeholt und vernichtet, in einer Müllverbrennungsanlage. Wir haben es nicht nötig, alten Krempel aufzubewahren. Für Dionisio aber ist sein Autowrack ein kostenloses Ersatzteillager. Mit der Zapfsäulenverkleidung lässt sich im Notfall das Dach reparieren. Aus den Brettern der Apfelsinenkisten macht er kleine Schränkchen, die sich ganz gut in der

In Brasilien leben rund 45.000 Kinder vom und im Müll. Sie sind stets auf der Suche nach etwas, das sich verwerten oder verkaufen lässt.

Stadt verkaufen lassen. Und mit den Autoreifen – nun, wer weiß, irgendetwas kann man bestimmt auch damit anfangen.

Aus Alt mach Neu – so lautet das Gebot in allen Entwicklungsländern. Auf afrikanischen Märkten sitzen Männer am Boden, die aus alten Autoreifen Schuhe herstellen. Oder leere Ölkanister auseinander schneiden, platt klopfen und Tabletts daraus machen. Oder Ölkanister zu Reflektoren für Solarkocher verarbeiten. Solarkocher sind kleine Öfen, die mit Sonnenlicht arbeiten. Die Männer setzen die Innenseiten der Ölkanister zu einem Fächer aus spiegelnden Metallscheiben zusammen –

fertig ist der Solarkocher. Hightech aus Müll, auch das gibt es. Es gibt aber auch noch etwas anderes. Es gibt Kinder, die buchstäblich vom Müll und im Müll leben.

45.000 Kinder sollen es allein in Brasilien sein. Die zehnjährige Anita ist eines von ihnen. Sie wohnt mit ihrer Mutter und drei Geschwistern gleich neben der riesigen Abfallhalde einer brasilianischen Großstadt. Jedes Mal, wenn ein Müllwagen hier unter ohrenbetäubendem Getöse seine Fracht ablädt, stürzt sich Anita mit 200 anderen Kindern auf den stinkenden Unrat.

Das Leben im Müll ist gefährlich und macht krank.

Sie durchwühlt ihn mit bloßen Händen, sortiert Blech zu Blech, Plastik zu Plastik, Papier zu Papier und stopft alles in rasender Eile in Tüten. Jeder versucht, dem anderen zuvorzukommen. Wenn Anita großes Glück hat, findet sie in den Abfallbergen sogar etwas Essbares. In manchen Dosen ist noch etwas drin.

Es ist ein Leben in der Hölle. Viele Kinder laufen barfuß auf den Müllbergen herum und verletzen sich an Eisenschrott oder Glasscherben. Auch kleine Wunden können sich entzünden, was zu Wundstarrkrampf führt und meist tödlich endet. Andere bekommen Durchfallkrankheiten, weil sie ihren Hunger mit Essensresten von der Müllhalde stillen. Und Anitas Zuhause ist eine Brutstätte von Krankheiten, ein Bretterverschlag ohne Betten, ohne Wasser und natürlich ohne Klo, wo sich der sortierte Abfall meterhoch türmt. Getrunken wird aus alten Konservendosen. Müll? Auch Anita kann mit diesem Wort nichts anfangen. Schließlich bekommt sie für die Ausbeute eines Zehn-Stunden-Tages auf der Müllkippe umgerechnet zwei Euro. Und jede neue Fuhre Müll bedeutet für sie neue Hoffnung.

Brasilien, Hygiene, Impfen, Kinderarbeit, Klo, Maya

183

Naher Osten

Unter dem Nahen Osten verstehen wir die Länder an der Ostküste des Mittelmeers, also Libanon, Israel, Palästina, manchmal auch Syrien und Jordanien. Wenn von diesen Ländern gesprochen wird, ist häufig auch vom „Nahost-Konflikt" die Rede. Landläufig versteht man darunter die gewaltsame Auseinandersetzung zwischen Israelis und arabischen Palästinensern. Der Nahost-Konflikt hält seit Jahrzehnten an; er ist die Ursache für unendlich viel Hass und Gewalt. Junge Palästinenser verüben Selbstmordanschläge in Israel, das heißt, sie sprengen sich in einer belebten Straße, einem gut besuchten Café oder einem voll besetzten Bus selbst in die Luft und versuchen, so viele Israeli wie möglich mit in den Tod zu reißen. Und die Israeli greifen palästinensische Siedlungen mit Kampf-

Vielen Kindern und Jugendlichen im Nahen Osten fällt es schwer, sich die Lebensfreude zu erhalten.

flugzeugen, Raketen oder Panzern an und zerstören Häuser, in denen Palästinenser leben. Einer gibt dem anderen die Schuld daran, dass diese Grausamkeiten nicht enden.

Der Hass vergiftet auch das Leben der Kinder und jungen Leute, in Israel wie in Palästina. Ihr Leben ist ständig in Gefahr, und viele haben nahe Angehörige oder Freunde bei Angriffen oder Attentaten verloren. Mit der Todesgefahr zu leben ist für sie etwas Selbstverständliches, aber es macht sie krank und aggressiv. Das Schlimmste ist, dass keiner eine friedliche Lösung weiß. Wut, Verzweiflung und Rachegefühle sind einfach zu stark.

Die 22-jährige Ola aus Israel hat den Anschlag eines Palästinensers auf eine Diskothek schwer verletzt überlebt. Es gab 21 Tote. Ola hat seither Granatsplitter in ihrem Körper, und wegen der Verletzungen an den Armen kann sie sich nicht mehr allein anziehen und nicht mehr schreiben. Die

25-jährige Yelena überlebte einen Bombenanschlag auf einen Bus, bei dem 17 Menschen starben. Es habe einen unbeschreiblich lauten Knall gegeben, sagt sie, und als sie zu sich kam, wollte sie zunächst nicht glauben, was sie sah. Die furchtbaren Bilder verfolgen sie bis heute. Ganz abgesehen davon, dass auch sie viele Granatsplitter im Körper zurückbehalten hat.

Die Toten und Verletzten, die Wütenden und Trauernden in Israel – das ist das eine Gesicht dieses Konflikts. Und das andere Gesicht, das sind die israelischen Soldaten, die mit ihren Panzern bei Tag und Nacht in palästinensische Ortschaften eindringen und Wohnhäuser zerstören, Kinderspielplätze und Plantagen platt walzen, Demonstranten erschießen und mit Raketenangriffen Blutbäder anrichten. Für die Kinder Palästinas gehört brutale Gewalt zum Alltag. Der 14-jährige Esse Elyrate erzählt: „Ein Panzer fuhr vor unserem Haus vor. Über Lautsprecher wurden wir aufgefordert, sofort das Haus zu verlassen. Ich hatte nicht einmal Zeit, meine Schulsachen mitzunehmen. Dann wurde unser Haus zerstört."

Im Nahost-Konflikt wird Gewalt mit Gewalt beantwortet – ein Teufelskreis. Denn Gewalt erzeugt neuen Hass, und Hass erzeugt neue Gewalt. Auch die Mauer, die Israel derzeit an der Grenze zu Palästina baut, wird daran nichts ändern. An manchen Stellen ist sie neun Meter hoch. Wenn sie einmal fertig ist, wird sie 630 Kilometer lang sein. Sie zerschneidet Orte und Felder, unterbricht Straßen, trennt Nachbarn und Verwandte. Palästinenser werden nur an wenigen Übergängen nach ausgiebigen Kontrollen und mit einer besonderen Genehmigung nach Israel hineingelassen, obwohl viele dort arbeiten.

Diese Mauer soll Attentäter daran hindern, nach Israel einzureisen. Vielleicht erfüllt sie diesen Zweck tatsächlich. Aber sie liefert auch neue Gründe für neuen Hass. Eine Lösung ist sie nicht. Eine Lösung kann es erst geben, wenn Israeli und Palästinenser endlich verstehen, wie viel sie gemeinsam haben – nämlich ihre Erinnerungen an großes Leid und ihre Hoffnung auf Frieden. Erkennen, was man gemeinsam hat, darin besteht die Kunst des friedlichen Umgangs miteinander.

Grenzen

Oase

Vielleicht hat es deine Mutter schon mal gesagt, beim Anblick eines Berg-sees oder einer einsamen Waldlichtung, oder du hast es mal in einem Film gehört: „Wie herrlich, eine Oase der Ruhe!" Ein schöner Aus-spruch, nur dass er leider mit Oasen nicht besonders viel zu tun hat. Denn still ist es in den Oasen nicht – es sei denn, ihr Wasser ist versiegt und sie sind verlassen worden. Oasen waren bzw. sind noch immer le-benswichtige Stationen in wasserlosen Gegenden, also in der Sahara und anderen afrikanischen Wüsten oder Wüstensteppen, aber auch in Asien. Karawanen machen hier Halt, um ihre Wasservorräte aufzufüllen, Men-schen und Tiere wollen sich erholen, müssen Sandstürme abwarten, Vorräte aufstocken und möchten sich mit anderen Menschen treffen.

Man kann sich gut vorstellen, was los ist, wenn eine Karawane nach Tagen beschwerlicher Reise in einer Oase eintrifft. Die Einwohner lau-fen herbei, Hunde kläffen, Bekannte rufen einander beim Namen, die Kamele brüllen vor Durst. Du merkst: Still wird es nicht ge-rade sein. Und selbst wenn sich alle ein bisschen er-holt haben, kehrt keine Ruhe ein. Denn Oasen sind von alters her Umschlagpunkte von Waren, Nach-richten, Geschichten und Ideen gewesen. „Wer hat den Mann mit dem lahmen Bein zuletzt gesehen? Seine Frau hat einen ge-sunden Jungen bekommen. Sagt es ihm, wenn ihr ihm begegnet!" „Habt ihr schon gehört, dass der Pass an der großen Schlucht unpassierbar geworden ist? Ein riesi-ger Felsbrocken liegt mitten auf dem schmalen Pfad. Nehmt den Weg über das Seitental." „Habt ihr Salz übrig? Ich gebe euch dafür von mei-nen besten Ziegenhäuten." So geht es hin und her.

Nicht nur rein praktische Angelegenheiten werden verhandelt. Die Oasen sind auch die Stellen der Geschichtenerzähler, selbst heute noch, im Zeitalter von Auto, Fernseher und Radio. Denn wo gäbe es ein auf-merksameres Publikum als mitten in der Wüste, wenn man den Ster-nenhimmel über sich hat und eine lange, mühsame Reise vor sich – und damit jede Menge Zeit, über das Gehörte nachzudenken?

Die Dattelpalmen sind
der Reichtum dieser
Oase im Oman.

Von mini bis mega

Oasen können sehr, sehr unterschiedlich sein. Manchmal ist es nur ein
Wasserloch mit ein paar jämmerlichen Häusern ringsherum, das keinen
besonders einladenden Eindruck macht. Das andere Extrem sind Groß-
städte mit mehreren hunderttausend Einwohnern, mit Busstationen,
Bahnlinien und allem Drum und Dran. Und zwischen der ärmlichen Sied-
lung und der modernen Stadt sind alle Zwischenformen möglich.

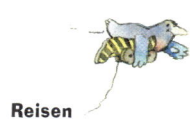

Reisen

Pfadfinder

In der pakistanischen Provinz Belutschistan arbeitet UNICEF mit den Pfadfindern zusammen. Beide haben sich eine Aufgabe gestellt, die viel Mut verlangt und viel Überzeugungskraft voraussetzt: Die Pfadfinder, alles Jungen, wollen Lehrer und Eltern in ihrer Gegend davon überzeugen, dass Töchter dasselbe Recht auf Bildung besitzen wie Söhne. In Belutschistan haben die Männer nämlich bisher nicht viel von gebildeten Frauen gehalten, weshalb dort nur zwei von hundert Frauen lesen und schreiben können.

Wie machen die Pfadfinder das?

Sie gehen in ihren Dörfern von Tür zu Tür und reden mit den Vätern, um sie dazu zu bringen, ihre Töchter zur Schule zu schicken. Sie prüfen auch nach, ob die Mädchen dann tatsächlich regelmäßig zur Schule gehen oder ob die Hausarbeit doch wieder Vorrang hat. Manchmal kommt es vor, dass Väter sich bei dem Gedanken, ihre Töchter sollten etwas lernen, aufregen und zornig werden. Dann lenken die klugen Jungs von den Pfadfindern vorsichtig ab und sprechen vorübergehend über etwas anderes, über die Notwendigkeit, seine Kinder impfen zu lassen oder Toiletten zu bauen beispielsweise. Meistens beruhigen sich die Väter dann wieder.

Außerdem suchen die Pfadfinder Schulen auf, die nur Jungen annehmen, um die Lehrer zu überreden, auch Mädchen zuzulassen. Und wenn Mädchen einen langen, gefährlichen Schulweg haben, dann begleitet ein Pfadfinder sie von der Haustür bis zur Schule – und auch wieder zurück.

Das Projekt ist ein großer Erfolg. Schon im ersten Jahr haben 2.500 Mädchen mehr die Schule besucht. Und der Bürgermeister eines Dorfes gibt zu: „Früher haben wir gesagt: ‚Ein Mädchen in die Schule zu schicken, das ist genauso dumm, wie die Pflanzen in Nachbars Garten zu gießen.' Aber die Pfadfinder haben gute Arbeit geleistet. Heute können wir uns durchaus vorstellen, dass unsere Töchter Lehrerinnen oder Ärztinnen werden."

Gleichberechtigung, Juniorbotschafter, Yasmine

Prominente

Prominente – also Berühmtheiten, Stars und Künstler – wirken tausendmal interessanter als wir stinknormalen Durchschnittsmenschen,

ganz egal, was sie gerade machen. Deshalb hört man auf sie auch dann, wenn sie nicht gerade auf Bühnen, in Fernsehstudios oder in Filmen auftreten. Was berühmte Leute sagen, das hat Gewicht, das nimmt man sich eher zu Herzen.

Foto links: Shakira tritt für UNICEF und die Kinderrechte ein.

Daher hatte UNICEF die Idee, Prominente dafür zu gewinnen, nebenbei und zwischendurch als Fürsprecher für die Kinder dieser Welt aufzutreten. Seit 1955 bereisen Musiker, Schauspieler, Talkmaster und Filmstars aus vielen Ländern als UNICEF-Botschafter die Welt, hören sich an, was Kinder zu sagen haben, reden mit Politikern und machen Werbung für Hilfsprojekte. Einer der berühmtesten, und sicher auch einer der ältesten, UNICEF-Botschafter ist Harry Belafonte. Sein „Banana Boat Song" wird seit 50 Jahren überall auf der Welt gesummt, gepfiffen oder gesungen – zumindest die Melodie kennt fast jeder. Noch 2004, als 77-Jähriger, hat er eine große Deutschland-Tournee gemacht.

Harry Belafonte weiß aus eigener Erfahrung, was Armut ist. 1927 wurde er in New York geboren. Sein Vater war Matrose und Schiffskoch und deshalb selten zu Hause, also musste seine Mutter den kleinen Harry und seine elf Geschwister allein durchbringen. „In diesem Land ein Schwarzer zu sein, das war in vieler Hinsicht ein Fluch", sagt er. Aber seine Mutter sprach ihm immer

Beliebt: Harry Belafonte

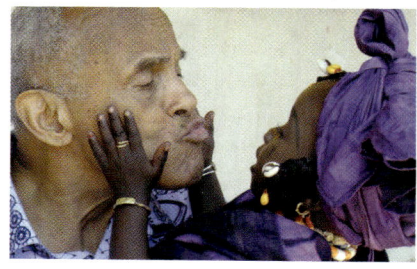

wieder Mut zu: „Am Ende eines jeden Tages sollst du dir sagen können, dass du wieder einen Beitrag zum Kampf gegen die Ungerechtigkeit ge-

leistet hast." Und das hat er beherzigt. Er wurde ein guter Freund von Martin Luther King, dem Kämpfer gegen den Rassismus in Amerika. Von dem Geld, das er als Sänger und Schauspieler verdiente, unterstützte er beispielsweise die Indianerbewegung in den USA und eine Augenklinik in Florida, wo Kinder aus armen Familien kostenlos behandelt werden können. Seit 1987 ist der berühmte Harry Belafonte UNICEF-Botschafter.

Sportler, Sänger und viele andere

Einer der bekanntesten UNICEF-Botschafter war Peter Ustinov. Von 1968 ist er bis zu seinem Tod im März 2004 für UNICEF um die Welt gereist, hat Kinder in vielen Ländern besucht, ihnen geholfen und sie selbst in schlimmsten Situationen zum Lachen gebracht. Er meinte: „UNICEF ist eine Notwendigkeit, weil die Großen so dumm sind und oft so kriminell."

Mit 23 Jahren ist Lang Lang, der chinesische Pianist, der zurzeit jüngste internationale UNICEF-Botschafter. Er gibt zum Beispiel Konzerte, deren Erlös er an UNICEF spendet. Nicht zu vergessen: Auch Shakira, die berühmte kolumbianische Popsängerin, setzt sich für die Rechte der Kinder ein.

Jeder engagiert sich auf seine Weise: David Beckham und Robbie Williams beispielsweise sind im Kampf gegen Aids aktiv. Falls du sie dir mal in Aktion ansehen möchtest: Sie sind unter www.unicef.de zu finden.

Robbie Williams und David Beckham zeigen Flagge für UNICEF.

 **Afrika**

Prostitution

Wenn Mädchen oder Frauen für Geld mit Männern schlafen, nennt man das Prostitution. Die Frauen selbst heißen Prostituierte, und Männer, die mit Prostituierten schlafen, werden Freier genannt.

Die meisten dieser Frauen werden zur Prostitution gezwungen – entweder durch kriminelle Banden oder durch die nackte Not. In den armen Ländern wissen sich Mädchen und Frauen, aber auch Jungen, oft nicht mehr anders zu helfen, als mit ihrem Körper Geld zu verdienen. Prostitution ist für sie die einzige Einnahmequelle, sonst müssten sie verhungern. Für Prostituierte ist die Gefahr, sich mit Aids anzustecken, besonders groß – vor allem in Afrika, wo Männer selten Kondome benutzen. In Europa und Nordamerika achten die meisten Prostituierte deshalb darauf, dass ihre Freier Kondome benutzen.

Aids, Menschenhandel, Verhütung

Quatsch

Frech sein, Erwachsene ärgern,
Unfug anstellen, also Quatsch machen –
das ist die Lieblingsbeschäftigung
von Kindern in aller Welt.

Quatsch

Radio

„Guten Morgen! Hier ist *Radio Zenica*, ich bin Elvis Halepovic. Unser Thema heute: Wie neugierig dürfen Mütter sein? Ruft uns an und diskutiert mit uns. Vorher noch die Hitparade und dann geht's los." *Radio Zenica* in Bosnien-Herzegowina ist kein üblicher Radiosender, sondern etwas ganz Besonderes: Hier machen Jugendliche für ihre Altersgenossen zweimal in der Woche Sendungen – ebenso wie der „Schwestersender" *Radio Zenith* in Zentralbosnien. Das Programm ist eine bunte Mischung aus Hits, Interviews von der Straße, Diskussionsrunden, Reportagen und anderem. Und

Heiße Eisen anpacken …

manchmal geht es ganz hoch her, denn den jungen Redakteuren ist kein Thema zu heiß. Drogensucht, Aids, die Benachteiligung von Mädchen – alles kommt dran. Auch politische Forderungen stellen sie, beispielsweise dass alle Gemeinden ein Prozent ihres Gelds in Sportprojekte für Jugendliche stecken.

Dass Jugendliche Radio gestalten, kommt natürlich öfter auf der Welt vor. Aber hier bei *Radio Zenica* machen Jugendliche aus verschiedenen Volksgruppen miteinander Programm. Und zwar aus Volksgruppen, die sich in der jüngsten Geschichte oft bekämpft haben. Deshalb ist *Radio Zenica* selbst die Botschaft: dass gerade junge Leute alte Feindschaften begraben können, indem sie gemeinsam etwas auf die Beine stellen.

… und miteinander reden, damit Versöhnung möglich wird.

Rap

Echt krass, wie du dir 'n' Tag verbaust,
dir den ganzen Spaß versaust,
du nur um dich selber kreist
und nichts von den andern weißt.

Schau nicht weg, schau übern Rand.
Bleib nicht stehen vor der ersten Wand.
Schau, wer weint, wer dreckig lacht,
Wer hat nichts und wer hat Macht?

Der UNICEF-Rap

Mach dein Ding, steh endlich auf!
Höchste Zeit, du kommst bald drauf.
Schnauze voll von so viel Unrecht,
ist dir davon nicht schon schlecht?

Musst (je) nicht den Held markieren,
brauchst es nur mal zu kapieren.
Wo ist was los? Das ist groß.
Setz dich ein! Schmeiß dich rein.

Wenn du den *UNICEF*-Rap vertonen willst: nur zu! Schick uns die Aufnahme, die besten Songs werden auf www.unicef.de gespielt – und eine kleine Belohnung gibt es auch.
UNICEF Deutschland, Stichwort „Rap"
Höninger Weg 104, 50969 Köln.

Regen

Es ist Ende Mai. Tesfai ist irgendwo in Ostafrika mit seinem Geländewagen unterwegs, fährt querfeldein, über rissige, rote Erde. Die Reifenspuren anderer Autos markieren hier und da eine Piste, die von Zeit zu Zeit durch ausgetrocknete Flussbetten führt. Seit zwei Monaten hat es nicht mehr geregnet. Im Rückspiegel sieht er nichts als roten Dunst – seine eigene Staubwolke. Dass der Wind allmählich stärker wird, bemerkt er an den über die ganze Ebene verstreuten Büschen.

Wenn sich blitzschnell die Flüsse füllen, kommt man selbst mit dem Jeep nicht mehr weiter.

Dann verfärbt sich der Himmel grau. Mit einem Mal wirkt die Gegend wie in gelblichen Dunst getaucht. Und plötzlich geht es los. Als würde ein Meer über ihm ausgegossen. Als würde er unter Wasser fahren. Die Scheibenwischer kommen nicht dagegen an. Aber man sieht sowieso nichts mehr, keinen Himmel, keine Erde, nur Wasser. Trotzdem fährt Tesfai weiter. Er muss durch die letzten Flussbetten, die ihn noch von der Asphaltstraße trennen, bevor sie sich in reißende Wasserlawinen verwandelt haben; die würden ihn mitsamt seinem Auto davonspülen. Als er nach einer knappen Stunde die Straße erreicht, hört es zu schütten auf. Rings um ihn herum steht das Land unter Wasser. Eine spiegelnde Wasserfläche von Horizont zu Horizont. Die Regenzeit hat begonnen. Sie wird zweieinhalb Monate anhalten. Hoffentlich.

„Entweder kommt zu viel – oder zu wenig." Das ist ein Satz, den man in Afrika häufig zu hören bekommt, wenn vom Regen die Rede ist. Selten fällt er dann, wenn er sehnlich erwartet wird, und selten fällt gerade so viel, wie Menschen und Tiere und Pflanzen brauchen. Dabei sind alle vom Regen abhängig. Er muss die Felder wässern und die Wasserspeicher und Stauseen füllen und die Flüsse zu neuem Leben erwecken.

Regnet es während der Regenzeit nicht genug, droht eine Hungersnot, denn mit neuen Regenfällen ist dann erst wieder Monate später zu

rechnen. Regnet es zu heftig und zu viel, wird die gute, fruchtbare Erde fortgespült, die Wassermassen reißen den Boden auf und hinterlassen tiefe Risse in den Feldern. Und regnet es zur falschen Zeit, ist womöglich die ganze Ernte gefährdet. In jedem Fall hängt das Überleben vom Regen ab, und der ist eine unberechenbare Macht. Gnädig und gütig im einen Jahr, hartherzig und grausam im anderen.

Was geschieht, wenn es in einem Jahr zu wenig oder gar nicht regnet? Zunächst noch nicht viel. Man muss vielleicht in den trockenen Flussbetten nach Wasser graben, aber die meisten Brunnen geben noch Wasser her, und die Getreidevorräte in den Speichern der Bauern reichen noch aus, um die Familie ein weiteres Jahr zu ernähren. Wenn aber im Jahr darauf noch einmal zu wenig oder gar kein Regen fällt, ist die Katastrophe da. Die Vorräte sind aufgezehrt, die Brunnen versiegen, das Vieh verhungert oder verdurstet. Und die Menschen können nur hoffen, von Hilfsorganisationen mit Nahrungsmittelspenden am Leben erhalten zu werden.

Nach langer Trockenheit ist der Regen eine Erlösung.

Sollte es dann im nächsten Jahr endlich wieder regnen, ist noch lange nicht alles wieder gut. Die Viehzüchter bekommen ja ihre toten Tiere nicht ersetzt. Die Bauern haben nichts geerntet. Und sie können nicht einmal ihre Felder pflügen, weil ihre Ochsen gestorben sind. Es wird mehrere Jahre dauern, vielleicht fünf, vielleicht zehn, bis die Menschen die Folgen einer solchen Dürre verkraftet haben. Vorausgesetzt, dass es in dieser Zeit regelmäßig und ordentlich regnet.

Brunnen, Hungersnot, Trinkwasser

197

Reisen

Nura Abdi aus Somalia erzählt von einer Busreise in Tansania (Ostafrika): „Aruscha lag dampfend im Sonnenlicht, als ich mich von allen verabschiedete. Der Fahrer verstaute unser Gepäck auf dem Dach sei-

nes Busses, und wir stiegen ein. War das eine Klapperkiste! Die verschlissenen Polstersitze waren durchgesessen bis auf die Rahmen, und auf jeder Bank hockten wir mindestens zu dritt. Dazu kamen die Hühner. Hühner unter den Sitzen, Hühner auf dem Gepäck. Und erst die Reise! Wir ließen Aruscha morgens um sieben Uhr hinter uns und erreichten Singida um zehn Uhr abends. Die Berge hinauf, die Hänge hinunter, auf einer gewundenen Straße voller Löcher, bergauf im Schneckentempo – und mit abenteuerlichem Rumpeln und Schlingern und Schwanken wieder bergab. Das alles in einer Gluthitze. Von Zeit zu Zeit fuhren wir an den Straßenrand und hielten an, damit der Motor abkühlen konnte. Alle Fahrgäste stiegen dann aus und machten es sich in der Wildnis bequem. Jeder suchte sich ein schattiges Plätzchen unter einem Baum. Der Fahrer füllte Kühlwasser nach, und weiter ging es. Im Bus war die Hitze noch schlimmer als draußen. Schweiß rann uns über das Gesicht und an allen Körperteilen herab.

In jedem Dorf wurde angehalten. Tauchten irgendwo Holzhütten, Bambuszäune, Menschen auf, blieben wir in einer Staubwolke stehen. Jedes Mal kamen dann die Dorfbewohner mit ihren Körben angelaufen, schreiende Jungen und Mädchen, die sich unter unseren Fenstern drängten und zeigten, was sie zu verkaufen hatten: Granatäpfel, Bananen, Wasser. Das Wasser kochte in der Flasche, bevor du auch nur einen Schluck davon getrunken hattest. Und wer mitfahren wollte, der kam auch mit. Unser Bus war schon in Aruscha bis auf den letzten Platz besetzt gewesen, und in jedem Dort wurde er noch voller. Da rückten eben die Leute im Mittelgang zusammen. Der Fahrer konnte sich kaum auf seinem Sitz halten, und dabei musste er nicht nur lenken, sondern mit einer Hand obendrein die Fahrertür zuhalten.

Auf ebener Strecke erreichte unser Bus vielleicht 40 Stundenkilometer. Alle saßen oder standen zwischen schwitzenden Leibern eingeklemmt, und je höher die Sonne stieg, desto schlimmer wurde natürlich die Hitze. Da keiner mehr Luft bekam, wurden die Fenster geöffnet, und sofort wirbelte Staub hinein und legte sich über die ganze Gesellschaft. Staub in den Haaren, Staub auf den schweißnassen Körpern, aber die Fenster blieben offen. Am frühen Nachmittag wurde in einer Kleinstadt angehalten, und wer wollte, aß in einem Straßenrestaurant kurz zu Mittag.

Alle waren auf dieser Fahrt bester Laune. Keiner war auf den Mund gefallen, jedem fiel eine komische Bemerkung ein, jeder versuchte, den witzigsten Kommentar zu liefern. Einmal stimmten einige ein Lied an, und schon sangen alle aus vollem Hals gegen das Dröhnen des Motors an. Das größte Schauspiel war, wenn neue Fahrgäste zustiegen. Zunächst musste der Fahrpreis ausgehandelt werden, obwohl er feststand –, und immer gab es Leute, die nicht bezahlen wollten. Da arbeitete sich eine alte Frau mit ihren Taschen die Stufen hoch, ergriff den Arm des Fahrers und jammerte: „Ich habe keine 200 Shilling, Söhnchen! Ich kann dir 50 geben. 50 ist doch genug für die kurze Strecke. 50 ist alles, was ich habe." Aber der Fahrer kannte keine Gnade. „Runter mit dir, für 50 Shilling nehme ich dich nicht mit!" Und als sie mit ihrer traurigen Lebensgeschichte anfing, packte er ihre Taschen und warf sie auf die Straße.

Aber die Tansanier haben Engelszungen, und die alte Frau ließ sich nicht entmutigen. „Nein, nein, bitte, Söhnchen, ich muss mit! Ich habe nicht so viel Geld, o mein Sohn, ich habe nur 150. Hier, nimm sie, nimm mein letztes Geld." Und schon hatte sie ihr Gepäck aufgesammelt und war wieder drin. „Mama!", schimpfte der Fahrer. „Mama, mach, dass du rauskommst!"Aber die Alte jammerte in einem fort, und das ging so lange, bis einer von beiden müde wurde und kapitulierte.

Man durfte sich aber nicht zu sehr von solchen Szenen ablenken lassen, denn die Leute, die ausstiegen, nahmen womöglich dein Gepäck mit. Deshalb behielten alle Fahrgäste diejenigen, die ausstiegen und ihre Taschen und Bündel aus dem Gebirge von Gepäckstücken vom Dach holten, scharf im Auge, und manchmal schrie einer im Bus auf: „Hey, das ist meine Tasche, lass die Finger davon, Bruder!" Also, drinnen und draußen das Geschrei und vorn das Gezeter der Fahrgäste, die den Fahrpreis zu hoch fanden. Ich habe die ganze Reise über gestaunt und gelacht, gestaunt und gelacht.

So lustig meine Reise war, sie wollte kein Ende nehmen, und irgendwann dämmerte ich ein. Es war tiefe Nacht, als wir endlich in Singida ankamen. Wir bogen auf den großen Platz des Busbahnhofs ein, und schon kamen sie aus ihren Häusern gelaufen und umringten den Bus in hellen Scharen. Jeder wollte wissen, wer diesmal mitgekommen war – man ruft ja vorher nicht an, man kommt unangemeldet, und jedes Mal fragt sich die ganze Stadt, ob ein Bekannter unter den Eingetroffenen ist. Das war ein Trubel. Die Begrüßungsszenen gingen alle unter großem Geschrei und Gelächter über die Bühne, und die Gepäckträger stürzten sich auf jeden, der mehr als eine Brieftasche dabei hatte. Aber nach und nach verstreute sich die Menge, und als nur ich noch auf dem nächtlichen Busbahnhof stand, kam Elmi zurück. Er hatte inzwischen Vaters Hotel ausfindig gemacht."

Afrika, Auto

Sahelzone

Mit Sahelzone ist der Südrand der Sahara gemeint. Dieses Land ist spärlich bewachsen, viel mehr als Grassteppen und Dornensträucher gibt es da nicht. Zehn Monate im Jahr regnet es in der Sahelzone überhaupt nicht, doch in den beiden anderen Monaten können sturzbachartige Regenfälle zu wochenlangen Überschwemmungen führen. Es ist schwer, in diesem Land zu überleben, man kann dort nur Viehherden halten und Hirse anbauen.

Seit den 60er Jahren hat sich die Bevölkerung in der Sahelzone stark vermehrt. Auch die Viehherden sind größer geworden. Und weil immer mehr Hirse angebaut wird, waren viele neue Brunnen zur Bewässerung der Felder nötig. Das hat schlimme Folgen. Das Vieh hat das Land fast kahl gefressen, sodass das Erdreich den Sonnenstrahlen schutzlos preisgegeben ist, hart wie Stein wird und aufreißt. Und durch die neuen Brunnen ist der Grundwasserspiegel so tief gesunken, dass viele alte Wasserstellen ausgetrocknet sind. Dürrekatastrophen und Hungersnöte sind die Folge.

 Afrika, Brunnen, Regen

Schuhputzer

In vielen Städten dieser Welt braucht man sich um den Glanz seines Schuhwerks nicht selbst zu kümmern, weil es überall, auf Straßen und Plätzen, Schuhputzer gibt, die mit artistischem Geschick anderer Leute Schuhe polieren. Mal geht es dabei vornehm zu, dann thronen die Kunden auf erhöhten Sitzen, womöglich unter einem Sonnendach; mal erledigt sich die Sache fast im Vorübergehen, wenn nämlich wandernde Schuhputzer die Arbeit übernehmen, die nichts als einen kleinen Holzkasten mit Schuhcreme und Bürste drin dabeihaben. Aber immer und überall ist die Welt der Schuhputzer eine Männerwelt – die Kunden sind Männer, und die Schuhputzer auch. Wobei in Afrika auch viele Jungen darunter sind, manche nicht älter als sechs oder sieben Jahre.

Geld verdienen, damit man später mal studieren kann: Die Mädchen in Jimma halten das für eine gute Idee.

Die Männer in der südäthiopischen Stadt Jimma staunten daher nicht schlecht, als eines Morgens ein Dutzend Mädchen in ihrer Stadt bei drei nagelneuen, blau gestrichenen Schuhputzerständen auf Kundschaft warteten. Und dann stellte sich auch noch heraus, dass diese Mädchen ihr Handwerk tatsächlich verstanden. Eine Sensation war das! Eine Weltneuheit! Und nach getaner Arbeit feilschten sie nicht lange um den Preis, wie es die Jungen gewöhnlich machten, sondern verlangten freundlich lächelnd alle denselben, ziemlich bescheidenen Preis.

Mittlerweile gehören sie in Jimma zum Alltag. Und der Lehrer Ato Asefa ist zufrieden. Er war es nämlich, der die Idee hatte. Er wollte Mädchen aus armen Fa-

milien die Möglichkeit bieten, in ihrer Freizeit etwas Geld zu verdienen, solange sie noch zur Schule gehen. Er fand Spender, die die blauen Schuhputzerstände bezahlten. Er fand Schülerinnen, die sich auf die Konkurrenz mit den Jungen einlassen wollten. Und er bestimmte, dass die Hälfte ihrer Einnahmen auf ein Bankkonto eingezahlt wird. So würde sich mit der Zeit ein ordentliches Guthaben ansammeln, und nach dem Ende ihrer Schulzeit könnten sich die Mädchen damit zum Beispiel ein Studium finanzieren. Anfangs hatte er noch die Befürchtung gehabt, dass die Männer von Jimma etwas gegen weibliche Schuhputzer haben und einen Bogen um die Mädchen machen könnten. Heute weiß er: Diese Sorge war unberechtigt. Das Experiment ist geglückt. Die Welt der Schuhputzer ist keine reine Männerwelt mehr. Zumindest nicht in Jimma.

Kinderarbeit

Schule

Montag, kurz vor acht Uhr morgens. Hunderte von Kindern und Jugendlichen in Köln-Holweide haben ein gemeinsames Ziel. Sie steuern – manche zielstrebig, andere lustlos, mit Taschen, Rücksäcken oder modischem Schultornister – die integrierte Gesamtschule an. Wenn der Unterricht beginnt, werden über 1.800 Schüler in rund 80 Klassen- und Fachunterrichtsräumen Platz gefunden haben. Doch die Schule hat noch einiges mehr aufzuweisen. Außer den Klassenzimmern gibt es noch Konferenzräume, Laborräume, eine Aula, Toiletten, Lehrerzimmer, Aufenthaltsräume, Räume für den Sportunterricht, einen Fahrradkeller mit -werkstatt, die Schulbücherei, eine Cafeteria, einen Billardraum, ein Teehaus, den Schulgarten mit Teich, einen Schreibwarenladen, ein Therapiezentrum und vieles mehr. Also eine Riesenanlage.

Montag, kurz vor acht Uhr morgens in einem Flüchtlingslager in Inguschetien. Djabrail, zwölf Jahre alt, packt schnell seine wenigen

Schule im Zelt: für
Kinder in einem Lager
wie hier in Jugoslawien
eine prima Sache.

Schule

Sachen – ein paar Stifte und Hefte – zusammen. Er ist spät dran. Gleich fängt die Schule an. Aber er hat es nicht weit, er sieht schon das Zelt. Djabrail geht nämlich in eine provisorische Zeltschule. Hier lernt er

Russisch, Englisch, Rechnen und ein paar andere Sachen. Als er noch zu Hause in Tschetschenien lebte, ging er in eine Schule, die aus Steinen und Beton errichtet war. Aber Fahrrad fahren oder an alten Autoteilen herumbasteln erschien ihm tausendmal besser, als in die Schule zu gehen.

Inzwischen gibt es seine Schule nicht mehr, sie ist im Krieg zerstört worden. Er und seine Familie haben noch Glück gehabt. Sie konnten fliehen und leben seitdem in einem Lager im Nachbarland Inguschetien.

Was er früher nie für möglich gehalten hätte: Er liebt die Schule. Hier kann er die schrecklichen Bilder seiner Erlebnisse auf der Flucht vergessen. Hier trifft er andere Kinder, die wissen, wovon er redet. Hier helfen ihm Lehrer, die durch UNICEF speziell im Umgang mit Kindern wie ihm geschult wurden. Hier gibt es für ihn die Hoffnung, dass er eines Tages eine Ausbildung machen und auf dem aufbauen kann, was er jetzt lernt.

Es macht ihm nichts, dass seine Schule nur ein Zelt ist, dass sie alle sehr eng beieinander sitzen und dass es an manchem fehlt. Was sie haben, ist besser als nichts. Viel besser sogar. Zum Beispiel die eigenen Hefte, Bleistifte und natürlich die Anspitzer und Radiergummis. Und dass er sich das Kästchen mit der Wachsmalkreide mit einem anderen Kind teilen muss, ist auch in Ordnung. Wirklich, Djabrail liebt seine Schule.

1 port

Wie eine Wundertüte

Hunderttausende von Kindern hatten 1994 nach dem Völkermord in Ruanda ihre Eltern verloren und waren von den Gräueln des Kriegs völlig verstört. UNICEF stand vor einer großen, in dieser Form neuen Aufgabe. Die Kinder müssen so schnell wie möglich wieder in die Schule, das stand sofort fest. Denn Schule bedeutet einen Halt, wenn die Welt aus den Fugen geraten ist. Und wo es keine Schulen mehr gibt, muss man welche schaffen.

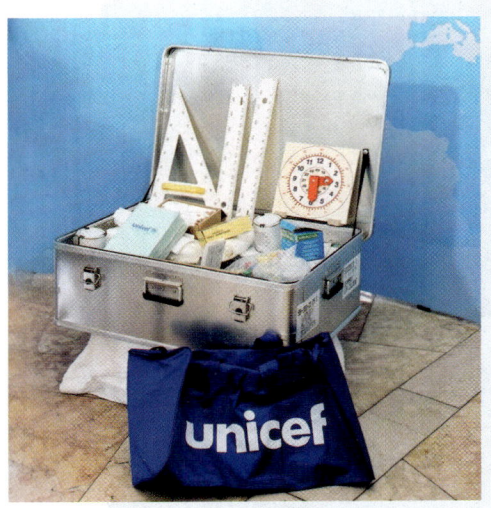

UNICEF-Mitarbeiter entwickelten eine Kiste mit dem wichtigsten Schulmaterial für Kinder in Flüchtlingslagern. 9.000 von diesen Lehrer-Notfall-Metallkisten wurden in Kenia zusammengepackt. In jeder steckten Kreide, Schiefertafeln, Hefte, Stifte und Unterrichtsmaterial für 80 Kinder und einen Lehrer. UNICEF-Botschafter Harry Belafonte sah ein solches Paket und wusste sofort, worum es sich handelte: um eine „Schule in der Kiste".

Geregelter Unterricht ist für Kinder in Krisengebieten oft der erste Schritt zurück in ein normales Leben.

Seitdem sind die Kisten immer dabei, wenn es um Nothilfe in Krisengebieten geht – ob in Afghanistan, Bosnien, Sierra Leone, Irak oder in den Ländern, die vom Tsunami heimgesucht wurden. In Südasien wurden bereits einen Monat nach der Flutkatastrophe wieder alle Kinder unterrichtet, mithilfe der „Kiste". Allein im Jahr 2004 haben zehn Millionen Kinder mit „Schule in der Kiste" gelernt.

 Krieg, Lesen und Schreiben

Spiele

Überall auf der Welt sind Kinder sehr erfinderisch, was Spiele angeht. Spiele, für die man nichts oder fast nichts braucht, höchstens einen Ball, ein paar Steinchen oder Strohhalme, ein Seil oder einen Stock. Spiele, die man überall spielen kann, nur nicht im Haus. Fünf solcher Spiele aus fünf verschiedenen Ländern wollen wir hier vorstellen.

Spielen kann man mit fast allem.

1. Torwächter (Afghanistan)

Torwächter spielen die Jungen gern nach der Schule auf der Straße. Man braucht dazu nur einen kleinen Ball. Die Spieler stehen breitbeinig im Kreis, wobei jeder mit seinen Füßen den Fuß seines Nebenmanns links und rechts berührt. Ein Spieler steht in der Mitte des Kreises und versucht, den Ball mit einem plötzlichen Tritt zwischen den Beinen eines Mitspielers hindurch aus dem Kreis hinauszubefördern. Dieser muss schnell die Füße zusammennehmen, um den Ball aufzuhalten. Wer den Ball durchlässt, scheidet aus.

2. Fang den Stock (Ägypten)

Jeder Spieler braucht einen ungefähr 1,5 Meter langen Stock. Die Spieler bilden einen Kreis, stehen aber nicht eng beieinander, sondern lassen einen Zwischenraum von etwa zweieinhalb Metern zwischen sich und ihren Nebenmännern. Dann hält jeder seinen Stab senkrecht vor sich, sodass er den Boden berührt. Sobald der Spielleiter „Wechsel!" ruft, lässt jeder seinen Stock los, rennt zu seinem Nachbarn und muss versuchen, dessen Stock zu fassen, bevor er umfällt. Wer den Stock nicht rechtzeitig fängt, scheidet aus. Das Spiel geht so lange weiter, bis nur noch ein Spieler übrig ist.

3. Dithwai (Lesotho)

Bis zu acht Jungen und Mädchen können bei diesem Spiel mitmachen. Jeder Spieler formt am Boden kleine Mäuerchen aus Sand, sodass sie ein viereckiges Gehege ergeben, jede Seite ungefähr 20 cm lang und 3 cm hoch, und legt unterschiedliche Steinchen hinein, die Rinder darstellen. Der erste Spieler schaut sich nun seine Steine genau an und sagt zu den übrigen: „Ich prüfe mein Vieh." Dann hält er sich die Augen zu. Die anderen nehmen sich jeder einen Stein aus seinem Gehege und legen ihn zu ihren eigenen Steinen. Der erste Spieler macht die Augen wieder auf und versucht, seine Steine unter den fremden Steinen in den Gehegen der anderen herauszufinden. Schafft er es, bekommt er sie zurück, sonst hat er verloren und scheidet aus. Wer zum Schluss die meisten Steine hat, ist Sieger.

4. Figuren im Sand (Kongo)

Dieses Spiel wird von den Kindern des Shongo-Volks gespielt. Es geht darum, mit einem Stock ein möglichst kompliziertes Muster oder eine besonders interessante Figur in den Sand zu zeichnen, und zwar in einer einzigen, ununterbrochenen Linie, ohne abzusetzen und ohne auf einer vorhandenen Linie ein zweites Mal entlangzufahren. Wer neu ansetzen muss, um seine Figur fertig zu zeichnen, oder eine Linie zweimal benutzt, hat die Aufgabe nicht gelöst.

5. Murmeln (Chile)

Man nimmt einen Schuhkarton und schneidet auf einer Seite vier Tore von unterschiedlicher Größe aus. Jedes Tor erhält eine Nummer, und zwar das größte Tor die niedrigste und das kleinste Tor die höchste. Ein Spieler wird zum Besitzer des Schuhkartons bestimmt und erhält einen

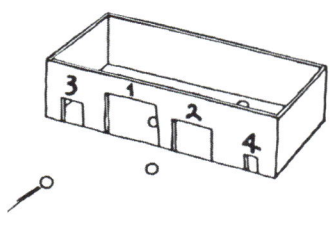

Beutel mit Murmeln. Alle anderen bekommen fünf Murmeln und setzen sich zwei Meter von dem Karton entfernt hin. Jetzt versucht jeder, mit einer Murmel eines der Tore zu treffen. Rollt die Murmel in den Karton, muss der Besitzer dem betreffenden Spieler die Anzahl an Murmeln auszahlen, die als Nummer über dem Tor steht, durch das die Murmel gerollt ist. Geht die Murmel aber daneben, darf der Besitzer sie behalten. Wer zum Schluss die meisten Murmeln kassiert hat, ist Sieger.

Was die vierjährige Jessie in Malawi hier wohl spielt?

Straßenkinder

Die Sozialarbeiterin Raissa nimmt den elfjährigen Oleg erst einmal in den Arm und hält ihn ganz fest. Oleg zittert am ganzen Leib. Neun Monate hat er auf der Straße gelebt, bis er sich endlich entschloss, das Straßenkinderzentrum „Way Home" in der ukrainischen Stadt Odessa aufzusuchen. Neun Monate ohne feste Mahlzeiten, ohne ein Bad, ohne ein Bett und ohne Menschen, denen er sich anvertrauen durfte, waren das.

Oleg hat viel mitgemacht in seiner Zeit auf der Straße.

„Ich konnte nicht mehr", sagt er, „mir war so kalt." Unbarmherzig war die Winterkälte in den unbeheizten Keller gekrochen, wo Oleg die Nächte verbracht hatte, seitdem er seinen Eltern davongelaufen war – dem Vater, der ihn immer schlug, wenn er getrunken hatte, und der Mutter, die nur teilnahmslos zuschaute. Sein Haarschopf ist voller Läuse, und sein Körper ist von einem juckenden Hautausschlag befallen – typische Straßenkinderkrankheiten. Im „Way Home" kann er jetzt erst einmal warm duschen, dann wird er von einem Arzt untersucht. Schließlich bringt ihn Raissa in sein Bett – ein einfaches Etagenbett, aber Oleg kommt es wie ein Himmelbett vor.

Die Helfer im „Way Home" betreuen pro Tag rund 50 Straßenkinder. Nach Einbruch der Dunkelheit fahren sie die Orte ab, wo diese Ausreißer normalerweise Unterschlupf suchen. Vielleicht können sie einige retten – jeden Winter erfrieren in der Ukraine Straßenkinder, oder sie sterben an Erschöpfung, Aids oder an anderen Krankheiten. Rund 300.000 Kinder und Jugendliche führen in diesem Land ein erbärmliches Leben auf der Straße – alle kommen sie aus zerbrochenen oder verarmten Familien. Wie immer finden Raissa und ihre Kollegen auf ihrer Fahrt durch die Stadt neue Ausreißer, zusammengekauerte, frie-

Straßenkinder,
wie diese beiden
hier in Kairo,
leben gefährlich.

rende Jammergestalten. Wenn sie es bis ins „Way Home" schaffen, dürfen sie sich Hoffnung auf einen Neuanfang machen. Hier können sie
malen und zeichnen, Sport treiben und über ihren Kummer offen sprechen. UNICEF hat mit Spendengeldern aus Deutschland sogar eine
kleine Schule in dem Gebäude eingerichtet. Oleg hofft, im „Way Home"
endlich etwas Vernünftiges zu lernen. „Ich möchte all das machen, was
ganz normale Kinder tun", sagt er. Zum ersten Mal in seinem Leben ist
das kein unerfüllbarer Wunsch.

Angola, Kinderarbeit

Tanz

Musik spendet Trost, gibt Kraft und weckt Hoffnung – diese Erfahrung haben die Kinder eines Waisenhauses in Mosambik gemacht. Das kam so: Eines Tages erhielten sie Besuch von den Mitgliedern der bekanntesten Tanzgruppe Mosambiks. Die schlugen ihnen vor, gemeinsam mit ihnen, den berühmten Tänzern, ein Musical einzustudieren. Dieses Musical sollte am Welt-Aids-Tag im Theater der Hauptstadt Maputo aufgeführt werden. Die Kinder waren begeistert. 35 von ihnen im Alter zwischen acht und 16 wurden ausgesucht, doch als die Tänzer mit den Proben beginnen wollten, merkten sie: So einfach geht das nicht.

Überall in Afrika gibt es Tanz- und Theatergruppen, die über Aids aufklären wollen, auch in Benin.

„Viele von ihnen waren gestört, weil sie so Schreckliches erlebt hatten", berichtet Mondlane, der Chef der Tanzgruppe. „Einige waren furchtbar schüchtern und brachten kein Wort heraus, andere waren undiszipliniert und hörten einfach nicht zu. Da habe ich angefangen, ihnen erst mal meine eigene Lebensgeschichte zu erzählen." Mondlane war nämlich selbst ein Waisenkind gewesen. Er schilderte, wie seine Mutter starb, als er gerade vier war, und wie sein Vater starb, als er acht Jahre zählte, und was er alles erleben und unternehmen musste, bevor er schließlich Erfolg hatte. „Wenn jemand seine Lebensgeschichte erzählt, wirkt das auf die Zuhörer wie eine Befreiung", sagt Mondlane. Und tatsächlich fingen jetzt die Kinder an, eins nach dem anderen, über ihr eigenes Leben zu sprechen und darüber, was ihnen alles passiert war. Und so begannen die Proben zu ihrem Musical: nicht mit Musik, Anweisungen und Training, sondern mit Zuhören und Erzählen.

Und da die Tänzer nun schon dabei waren, den Kindern zuzuhören, ließen sie sich als Nächstes zeigen, wie sie sich bewegen, wenn sie unter sich sind und Musik hören und dazu tanzen. Jetzt lernten die Tänzer von den Kindern. Sie merkten sich die Tanzbewegungen der Kinder und nahmen sie in das Stück auf. „Wir wollten ihnen nichts vorschreiben",

sagt Mondlane. „Sie sollten merken, dass das, was sie schon können, gut und wertvoll ist. Wir haben ihnen nur gezeigt, wie man's noch besser machen kann." Damit war das Eis endgültig gebrochen. Die Kinder übten täglich drei Stunden, fünf Tage die Woche, sechs Wochen lang. Sie lernten, ihre Sichtweisen und Erlebnisse und Gefühle durch Tanz auszudrücken. Oft ging es dabei um Aids und ihre Angst davor. Einmal pro Woche aber setzte man sich weiterhin zusammen und redete miteinander, und bald begegneten Tänzer und Kinder einander wie alte Freunde.

Am Welt-Aids-Tag traten sie auf, im Nationaltheater vor vollem Haus. Es war eine Explosion aus Rhythmus, Tanz und Gesang. Einfach großartig. „Fenster zur Hoffnung" hieß ihr Stück. Gemeint war damit die Hoffnung auf ein menschenwürdiges Leben für alle, Aids-Kranke wie Gesunde. Aber auch für die Kinder auf der Bühne war dieser Tag ein Fenster zur Hoffnung. Zum ersten Mal in ihrem Leben konnten sie sich eine schöne, eine verheißungsvolle Zukunft für sich selbst vorstellen. „Ich bin nie mit anderen Kindern klargekommen", gab die 14-jährige Joanna hinterher zu. „Aber jetzt habe ich viele Freunde. Endlich habe ich verstanden, warum wir uns gegenseitig helfen sollten." Und Mondlane meint: „Was mich

Große Schauspieler, die ihr Publikum sicher überzeugen!

am meisten erstaunt hat, das ist, wie schnell sich die Kinder verändert haben. Nach einem Monat schon waren sie andere Menschen geworden."

Aids

Tetanus

In den armen Ländern bringt Tetanus alljährlich Hunderttausende Kinder und Frauen um. Sie stecken sich bei der Geburt an, durch ein schmutziges Messer zum Beispiel, mit dem die Nabelschnur durchtrennt wird. So geraten Tetanus-Sporen in den Blutkreislauf von Neugeborenen und Müttern. Das sind Bakterien, die sich überall befinden können, wo es nicht ganz sauber ist: im Boden, im Kuhdung, aber auch in einem Bett. Sind sie erst einmal im Körper, wirken sie wie ein tödliches Gift.

Infizierte Neugeborene sterben einen grausamen Tod. Sie können nichts mehr essen, weil ihre Kaumuskeln verkrampfen. Ihre Körper versteifen und krümmen sich. Schließlich bekommen sie keine Luft mehr, weil die Atemmuskeln gelähmt sind. 140.000 Neugeborene sterben weltweit jedes Jahr an Tetanus. Dabei gibt es einen wirkungsvollen Schutz gegen Tetanus: Impfungen, die nicht einmal teuer sind.

Geimpfte Mütter und Hygiene bei der Geburt, so lässt sich Tetanus bei Neugeborenen verhindern. UNICEF unterstützt deshalb Impfteams, die sich in manchen Ländern Afrikas und Asiens zu Pferd oder zu Fuß auf den Weg machen, um auch abgelegene Dörfer zu erreichen. Und um die Hygiene zu verbessern, werden Plastikplanen verteilt, mit denen man den Boden abdecken und Schmutz fern halten kann, sowie Seife und sauber verpackte Rasierklingen, um die Nabelschnur zu durchtrennen.

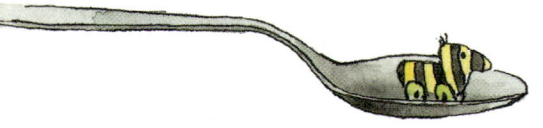

Entwicklungshelfer, Erdbeben, Hygiene, Impfen

Trinkwasser

Man dreht den Wasserhahn auf, es gluckst, es gurgelt in der Leitung, ein dünner Wasserstrahl läuft heraus und versiegt nach wenigen Sekunden, es bilden sich noch ein paar Tropfen, und Schluss. Auch die Toilettenspülung ist tot. In einem afrikanischen Hotelzimmer kann einem das leicht passieren. Und es kann Tage dauern, bis wieder Wasser kommt. Man hat Glück, wenn auf dem Zimmer ein voller Wassereimer steht. Und falls nicht? Womit sich waschen, womit nachspülen auf der Toilette? Immerhin muss man nicht verdursten. Wer sich ein Hotelzimmer leisten kann, der hat auch Geld für Cola oder Mineralwasser in Flaschen.

In Zukunft werden wir diese Situation wohl immer häufiger erleben. Nicht nur in Afrika, auch in den arabischen Ländern, vielleicht sogar in Griechenland, Spanien und Südfrankreich. Denn Wasser, Trinkwasser, wird auf der ganzen Welt immer knapper. So knapp, dass der Direktor der UNO-Umweltbehörde vor Kriegen warnt, die um die Wasserreserven dieser Erde geführt werden. Vor einem Krieg um Flusswasser, Brunnenwasser, Grundwasser. In 50 Jahren, schätzt er, werden zwei Drittel der Menschheit unter Wassermangel leiden. Das heißt: Wasser könnte bald zu einem seltenen, unschätzbar wertvollen und heiß umkämpften Gut werden – so wie es heute schon das Öl ist. Wie kommt das?

Ganz einfach: Außerhalb Europas wächst die Bevölkerung. Es wird immer mehr Landwirtschaft betrieben. Immer neue Industrieanlagen entstehen, vor allem in Asien. Und Menschen, Landwirtschaft und Industrie, alle brauchen Wasser. Allein 70 Prozent des Süßwasserverbrauchs auf der Erde gehen auf das Konto der Landwirtschaft, die Äcker und Gärten künstlich bewässern muss. Aber Wasser vermehrt sich nicht,

Wasser ist das wichtigste Lebensmittel. Wenn es knapp wird, entstehen große Probleme.

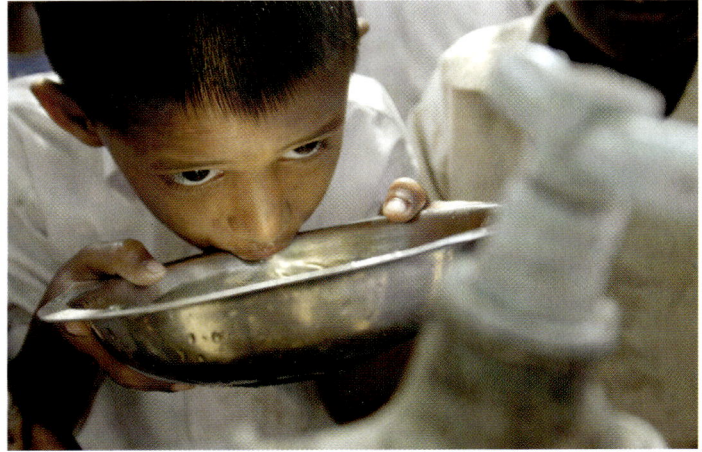

im Gegenteil. In den kommenden zehn Jahren wird sich der weltweite Trinkwasservorrat um ein Viertel verringern. Das liegt daran, dass Wälder abgeholzt werden und die Böden dann austrocknen. Es kommt auch daher, dass Dünger und Pflanzenschutzmittel ins Grundwasser einsickern und es vergiften. Schon heute jedenfalls führt der Wassermangel zu Spannungen zwischen den Staaten.

Erstes Beispiel: Ägypten. Bisher leben fast alle Einwohner Ägyptens auf einem schmalen Uferstreifen links und rechts des Nils. Der Rest des Landes ist Wüste. Aber die Bevölkerung Ägyptens wächst schnell, und am Nil ist kein Platz mehr. Deshalb hat die ägyptische Regierung beschlossen, die Wüste bewohnbar zu machen und Nilwasser in ein riesiges, 500 Kilometer langes System aus Kanälen zu leiten, um neuen Lebensraum für Millionen Menschen zu schaffen. Zurzeit wird dieses Kanalsystem gebaut. Es ist klar: Ägypten braucht jeden Tropfen Nilwasser für dieses ehrgeizige Projekt. Was aber, wenn die Staaten am Oberlauf des Nils, Äthiopien und der Sudan, ebenfalls Nilwasser abzweigen würden – als Trinkwasser für die eigene Bevölkerung oder zur Bewässerung ihrer eigenen Feldern? Die Zukunft der Ägypter wäre bedroht. Ein Krieg könnte ausbrechen.

Zweites Beispiel: Türkei. Der Fluss Euphrat fließt durch die Türkei, Syrien und den Irak. Jetzt baut die Türkei einen großen Staudamm, um das Wasser des Euphrats aufzustauen. Dieses Wasser wollen die Türken nutzen, um den Osten ihres Lands wirtschaftlich zu entwickeln. Und genau dieses Wasser wird den Syrern und Irakern am Mittel- und Unterlauf des Euphrats fehlen. Syrer und Iraker werfen den Türken deshalb Wasserdiebstahl vor. Ein Kampf ums Wasser droht.

Was kann man gegen den weltweiten Wassermangel tun? Man kann immer neue, immer tiefere Brunnen bohren – oft ist das die einzige Möglichkeit, Menschen mit sauberem Trinkwasser zu versorgen. Aber auch damit ist irgendwann Schluss. Man kann Regenwasser in großen Speichern auffangen, sodass Schulen oder Krankenhäuser wenigstens für ein paar Monate eine eigene, unabhängige Wasserversorgung hätten. Man kann Wasser sparen – durch Tröpfchenbewässerung der Felder zum Beispiel. Man kann Trinkwasser aus Meerwasser gewinnen. Das geschieht in großen Entsalzungsfabriken, die sehr teuer sind und deshalb nur für reiche Länder infrage kommen. Und auf jeden Fall müssen die Staaten, die an einem Fluss liegen, miteinander reden. Sie müssen sich darüber abstimmen, wie sie das Wasser eines Flusses gemeinsam nutzen wollen, sie müssen einen Plan aufstellen, der kein Land benachteiligt. Wassermanagement nennt man das. Wassermanagement ist der sicherste Weg, um einen Krieg ums Wasser zu verhindern.

Wenn es kein Wasser gibt, muss man es mit großem Aufwand zu den Menschen hinbringen. Hier in El Salvador stehen Frauen und Kinder Schlange, um etwas von dem kostbaren Gut zu bekommen.

Brunnen, Regen

T-Shirts

Wenn man in Afrika über einen der vielen, großen Kleidermärkte geht, stößt man überall auf Massen von T-Shirts. In Haufen liegen sie auf dem Boden, zu Tausenden hängen sie von den Dächern. Alle wirken sie etwas verblichen, etwas schmuddelig mit ihren verblassten Aufdrucken irgendeiner amerikanischen Football-Mannschaft oder Comic-Figur. Und wirklich, alle diese T-Shirts sind vorher von Europäern oder Amerikanern getragen worden. „Dead white men's clothes" werden sie in Afrika genannt – die Kleidung von toten Weißen. Was machen diese T-Shirts in Afrika? Wie kommen sie dahin?

Die Reise eines T-Shirts beginnt damit, dass es bei uns in einen Altkleidercontainer geworfen oder bei einer Altkleidersammlung abgegeben wird. Diese Altkleider werden in einer Zentrale zunächst einmal sortiert. Die gut erhaltenen bleiben im Land und werden als Secondhand-Ware oder bedürftigen Familien hier bei uns angeboten. Die verschlisseneren werden in große Säcke verpackt und auf Lkw zum Flughafen geschafft. Von dort fliegen täglich große Mengen solcher Altkleidersäcke in Richtung Afrika. Entladen werden sie dann in der Hauptstadt irgendeines afrikanischen Landes, wo sie von Großhändlern für wenig Geld aufgekauft werden. Diese Großhändler verkaufen sie anschließend mit einem ordentlichen Gewinn an Kleinhändler weiter – in verpacktem Zustand. Die Kleinhändler wissen also nicht, welche Ware sie kaufen, ob sie hinterher die Hälfte wegschmeißen müssen, weil sie alt und mürbe ist, oder ob sie brauchbare Ware erhalten, die sie auf dem Markt anbieten können.

Trotzdem reißen sich die Kleinhändler um die Altkleidersäcke aus den reichen Ländern. Die meisten von ihnen sind nämlich Arbeitslose, die gar keine andere Einnahmequelle haben, ehemalige Lehrer und Krankenschwestern, Alte und Junge, Menschen aus allen Teilen des Landes. Ihnen bleibt gar nichts anderes übrig, als sich auf die Bedingungen der Großhändler einzulassen. Erst wenn sie ihren Altkleidersack auf dem Markt ihrer Heimatstadt aufreißen, sehen sie, was sie sich eingehandelt haben. Fast immer enthält er alte T-Shirts und alte Jeans.

In den letzten Jahrzehnten haben unsere T-Shirts alle afrikanischen Märkte überschwemmt. Das hat einen Vorteil: Gebrauchte T-Shirts sind spottbillig. Und es hat einen Nachteil: Sie zerstören die Textilindustrie eines Landes. Kein Schneider und keine Textilfabrik kann so billige Kleidung herstellen. Mit den gebrauchten T-Shirts konkurrieren? Unmöglich. Deshalb ist die Textilindustrie in den meisten afrikanischen Staaten zusammengebrochen. Von ehemals 18 Textilfabriken in Sambia zum Beispiel existiert heute keine einzige mehr. Auch viele Schneider haben ihre Arbeit verloren. Und die schöne, traditionelle afrikanische Kleidung sieht man immer seltener. Vor allem Jungen und Männer laufen fast nur noch in alten T-Shirts und alten Jeans herum. In „dead white men's clothes".

Eine Freude fürs Auge, diese afrikanischen Stoffe.

Unsere Kleiderspenden sind also nicht unbedingt ein Segen für Afrika. Du siehst – es ist manchmal gar nicht so einfach, das Richtige zu tun, wenn man anderen Menschen helfen will.

Einkaufen

Tuberkulose

In Deutschland nannte man diese Krankheit früher Schwindsucht. Heute benutzt man meistens die abgekürzte Form Tbc. Tuberkulose ist eine ansteckende Krankheit, die sich durch Spucketröpfchen überträgt, beispielsweise wenn ein Kranker einen Gesunden anhustet. Die Krankheitserreger heißen Tuberkelbakterien.

In Deutschland ist die Tuberkulose heute praktisch ganz verschwunden. In den Entwicklungsländern aber ist sie nach Aids die am weitesten verbreitete Ansteckungskrankheit. Sie befällt meist die Lunge, kann aber auch alle anderen Organe angreifen. Wenn sie nicht behandelt wird, schwinden nach und nach die Kräfte, bis irgendwann, vielleicht nach Jahren erst, der Tod eintritt (daher „Schwindsucht"). Tuberkulose ist zwar heilbar. Aber längst nicht alle Menschen in den ärmeren Ländern können sich die teuren Medikamente leisten, weshalb trotzdem immer noch viele an Tuberkulose sterben.

UNICEF

1946 Eine Organisation wird geboren

UNICEF, das Kinderhilfswerk der Vereinten Nationen (UNO), ist ein Kind des Zweiten Weltkriegs und wird 1946 gegründet. In vielen Ländern Europas und Asiens herrscht große Not. Überall, wo der Krieg gewütet hat, gibt es zahllose Kinder, die nichts zu essen, nichts anzuziehen, keine Eltern und kein Zuhause haben und von Seuchen bedroht sind. Doch soll man auch den Kindern in Deutschland helfen, im Land des besiegten Feindes? Die Frage wird im Verwaltungsrat von UNICEF in New York heftig diskutiert. Als Berichte und Bilder aus den drei westlichen Besatzungszonen eintreffen, ist die Antwort klar: Auch den deutschen Kindern muss geholfen werden. Sie leiden an Unterernährung, schwerem Husten und seelischer Verstörung nach den Bombenangriffen und den Erlebnissen auf der Flucht.

Als erste Hilfsaktion werden 516 Tonnen Lebertran nach Deutschland geschickt, der zusammen mit 56 Millionen Vitaminkapseln verteilt wird. Und da es auch an Kleidungsstücken fehlt, schafft UNICEF ganze Schiffsladungen von Wolle und Leder nach Deutschland, aus denen Kleider, Schuhe, Strümpfe, Decken und Bettwäsche gemacht werden. Bis

1950 werden 350.000 Paar Schuhe, 500.000 Paar Strümpfe, 200.000 Wintermäntel, 100.000 Wäschegarnituren, 45.000 Pullover und 25.000 Trainingsanzüge für Not leidende deutsche Kinder angefertigt.

Aber es werden nicht nur Pakete und Kisten geschickt, auch Wissen macht sich auf den Weg: So schickt UNICEF deutsche Kinderärzte und Krankenschwestern auf internationale Schulungen und Kongresse, damit sie weiter ausgebildet werden. Auch Lehrlingswohnheime für Flüchtlinge werden errichtet.

Viele Kinder sind nach dem Krieg allein unterwegs, weil sie ihre Eltern auf der Flucht verloren haben. UNICEF-Mitarbeiter versuchen herauszufinden, was geschehen ist und ob es irgendwo Verwandte gibt.

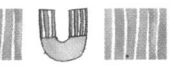 **UNICEF**

1949 Die Erfindung der UNICEF-Grußkarte

Genauso bekannt wie seine Hilfsprogramme sind heute die UNICEF-Grußkarten. Und wie ging es damit los? Natürlich mit einem Kind! Als Dank für die Hilfe beim Wiederaufbau in ihrer Heimat Böhmen schickt die siebenjährige Jitka Samkoya ein selbst gemaltes Bild auf Glas: einen bunten Maibaum, um den fröhliche Kinder herumtanzen. Über Wien gelangt das Bild nach New York und wird wenig später als Weihnachtskarte verwendet. In den folgenden Jahren stellen viele Künstler ihre Werke ohne Honorar als Motive für die UNICEF-Grußkarte zur Verfügung, auch berühmte Maler wie Picasso, Dufy und Matisse. Das Geld aus dem Verkauf der Karten fließt in die weltweiten Hilfsprojekte von UNICEF.

In Deutschland ist die Grußkarte besonders beliebt. Im Jahr 2005 wurden 17 Millionen Karten verkauft.

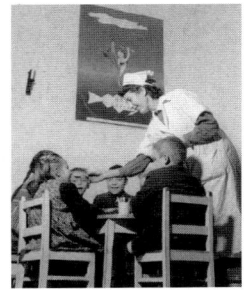

Lebertran schmeckt scheußlich, hilft aber den unterernährten Kindern im Nachkriegsdeutschland, wieder zu Kräften zu kommen.

1950 Weltweiter Einsatz

Anfang der 50er Jahre ist die größte Not nach dem Zweiten Weltkrieg gelindert. UNICEF wendet sich nun den Kindern in den ärmsten Ländern der Welt zu und organisiert Kampagnen gegen Malaria in Indien und Sri Lanka, gegen Typhus in Peru und gegen Tuberkulose im Iran. Zwischen 1950 und 1954 werden im Kampf gegen die Tuberkulose in 80 Ländern von Jugoslawien bis Indonesien über 90 Millionen Kinder untersucht.

1953 Gründung in Deutschland

Viele Regierungen unterstützen die Arbeit von UNICEF mit freiwilligen Zahlungen – aber längst nicht alle. Die deutsche Bundesregierung gibt nur sehr wenig, umgerechnet 1 Pfennig pro Kopf der Bevölkerung. Belgien, das auch sehr im Krieg gelitten hat, wendet 10 Pfennig pro Kopf auf. Um für die Arbeit von UNICEF in der deutschen Bevölkerung und bei der Bundesregierung zu werben, gründen engagierte Bürger am 30. Juni 1953 das Deutsche Komitee für UNICEF in Köln.

1955 Prominente

Stars und Berühmtheiten werden UNICEF-Botschafter. Sie besuchen
Kinder in Krisenregionen, sammeln Spendengelder für UNICEF und
setzen sich überall auf der
Welt für Kinderrechte ein.
Der erste UNICEF-Bot-
schafter wird 1955 der
amerikanische Komiker
und Schauspieler Danny
Kaye. Das kam so: Danny
Kaye sitzt auf dem Flug
von London nach New
York zufällig neben dem
Direktor von UNICEF,
Maurice Pate. Sie unter-
halten sich, Pate erzählt
von den vielen Projekten seiner Organisation.

Bei den Kindern
hochbeliebt:
Peter Ustinov

Plötzlich kommt mitten über dem Atlantik eine Durchsage über Lautsprecher, dass ein Triebwerk Feuer gefangen habe und man nicht wisse,
ob man das Festland noch erreichen würde. Pate scheint das nicht weiter zu beunruhigen, obwohl um ihn herum Angst und Aufregung herr-
schen. Er erzählt Danny Kaye unbeirrt von den Kindern in der Welt und
von UNICEF und lässt sich durch nichts davon abhalten. Das zeigt Wirkung. Als die Maschine endlich sicher gelandet ist, gibt es den ersten
„Botschafter des guten Willens", Danny Kaye.

In späteren Jahren sind der Sänger Sammy Davis junior, der Schauspieler und Quizmaster Joachim Fuchsberger als UNICEF-Botschafter
aktiv. Heute gehören auch die Fernsehmoderatorin Sabine Christiansen und Stars wie Robbie Williams, Shakira und David Beckham dazu.
Denn UNICEF will nicht nur die Köpfe, sondern auch die Herzen der
Menschen gewinnen. Die Stars lenken das Scheinwerferlicht, in dem sie
selbst stehen, auf die Kinder, die oft übersehen werden. UNICEF-Botschafter Roger Moore sagt es so: „Ich bin eine Nervensäge zum Wohle
der Kinder."

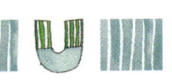

UNICEF

Einer der bekanntesten Botschafter war Peter Ustinov. Die Kinder liebten ihn, weil er sie bei seinen Besuchen immer zum Lachen brachte. Mit Witzen, Tricks, komischen Vorführungen und seinem Talent, sich mit allen zu verständigen. Er sprach sehr viele Sprachen – und manchmal erfand er sogar eine neue.

1959 Kinderrechte

Die Vereinten Nationen beschließen eine Erklärung über die Rechte des Kindes. Sie ist der Vorläufer der Konvention über die Rechte des Kindes, die 30 Jahre später verabschiedet wird.

1960 Bildung

Weniger als die Hälfte aller Kinder in den Entwicklungsländern besucht eine Schule. UNICEF setzt sich für gleiche Bildungschancen überall auf der Welt ein – mit dem Erfolg, dass heute weltweit mehr als vier Fünftel aller Kinder eingeschult werden.

1989 Gipfelstürmer

Die Vereinten Nationen verabschieden das Abkommen über die Rechte des Kindes. UNICEF hat den Auftrag, sich überall für die Verwirklichung der Kinderrechte stark zu machen. Beim ersten Weltkindergipfel 1990 in New York verpflichten sich über 70 Regierungschefs, konkrete Maßnahmen zu ergreifen, um die Lebensbedingungen von Kindern zu verbessern. 2002 findet der zweite Weltkindergipfel in New York statt. Die 13-jährige Gabriela Azurduy Arrieta aus Bolivien ruft den Regierungschefs und Ministern zu: „Ihr nennt uns die Zukunft. Aber wir sind auch die Gegenwart."

2003 50. Geburtstag

UNICEF Deutschland feiert einen runden Geburtstag. In den vergangenen 50 Jahren sind hier 500 Millionen Grußkarten verkauft und 87 Millionen Euro für Kinder in Not gesammelt worden. 120.000 Fördermitglieder und 700.000 Spender unterstützen regelmäßig die UNICEF-Projekte.

UNICEF ist jung geblieben. Die Organisation arbeitet nicht nur für Kinder, sondern auch mit Kindern und Jugendlichen. Sie ermutigt und unterstützt sie, sich für ihre Rechte stark zu machen, schlechte Verhältnisse anzuprangern und bessere Bedingungen für sich und andere Kinder zu schaffen.

2007 J8

Nach Gleneagles 2005 und St. Petersburg 2006 findet 2007 ein Jugendgipfel in Wismar parallel zum Treffen der G8 statt. Hier sitzen Vertreter des J8 mit den Staats- und Regierungschefs der G8 an einem Tisch und diskutierten die Anliegen der Jugendlichen. Der

J8 ist so zu einer wichtigen Plattform für Jugendliche geworden, um einige der mächtigsten Politiker der Welt direkt zu beeinflussen. 2008 wird der J8-Gipfel in Japan ausgerichtet.

Juniorbotschafter, Kinderrechte, Kindersterblichkeit, Prominente, Landminen, Weltkindertag

Väter

Die Väter haben in der Familie das Sagen. Sie haben die Autorität, sie sind für die Machtworte zuständig, sie sind gefragt, wenn einmal Strenge nötig ist – und ansonsten kümmern sich die Mütter um die Kinder.

Vater sein ist schön …

So war es früher auch bei uns, so ist es wohl oft heute noch, und so ist es vor allem in vielen Entwicklungsländern der Dritten Welt. Kindererziehung ist Frauensache, die Männer haben Wichtigeres zu tun.

Juan Aguirre Quispe aus Peru weiß es besser. Jeden Tag um die Mittagszeit holt er seine fünfjährige Tochter Carmen vom Kindergarten ab, und dann singen die beiden auf dem Heimweg die Lieder, die die Kleine gerade gelernt hat. Am Nachmittag findet er sogar Zeit, mit ihr herumzutollen, zu schmusen und selbst erfundene Spiele zu spielen. Seine Freunde haben ihn anfangs gefragt, ob ihm seine Zeit für „Weiberarbeit" nicht zu schade ist. Aber da waren sie bei Juan Aguirre Quispe an der falschen Adresse. Er ist nämlich einer von rund 100.000 peruanischen Männern, die bei der „Iniciativa Papa" mitmachen, einem Programm, das UNICEF ins Leben gerufen hat, um Vätern klar zu machen, welche entscheidende Rolle sie in der Entwicklung ihrer Kinder spielen. Und das hat ihn überzeugt.

Tatsächlich beweisen Untersuchungen in verschiedenen Ländern, dass Kinder sehr viel davon haben, wenn ihre Väter sich Zeit für sie nehmen. Solche Kinder sind nämlich körperlich gesünder, geistig reger und seelisch gefestigter als andere. Auch ihre Schulleistungen verbessern sich merklich. Und bei Intelligenztests im Vorschulalter haben die Kinder von engagierten Vätern deutlich besser abgeschnitten als die Sprösslinge von Vätern, die sich aus der Erziehung heraushalten.

Offenbar können Kinder von ihren Vätern nicht nur lernen, wie man mit Geld umgeht, wie man Drachen baut und wie man Feuer macht. Väter, die für ihre Kinder da sind, stärken auch ihr Selbstbewusstsein und stacheln ihren Ehrgeiz an. Ganz abgesehen davon, dass die ganze Familie glücklicher und ausgeglichener ist, wenn Väter daheim mitmachen, wenn ihre eigenen Kinder sie als Freunde und Verbündete erleben. Juan Aguirre Quispe jedenfalls genießt die Zeit, die er mit seiner Tochter verbringt. Er weiß, dass er nicht nur der kleinen Carmen damit etwas Gutes tut. Sondern auch sich selbst.

Eltern

… und einen Vater haben auch.

Verhütung

Auf einer einsamen Bergwiese irgendwo in Ostafrika lagern Menschen bei einem Brunnen, Frauen und Männer und ein paar Kinder. Sie haben sich hier zufällig getroffen, sie nutzen die Gelegenheit für ein Schwätzchen, bevor sie sich wieder auf den Heimweg machen. Da taucht eine abenteuerliche Gestalt auf. Ein Mann, ein Hirte. Groß gewachsen, zerschlissene, kurze Hose, eine knallbunte Wollmütze mit Ohrenklappen wie Flügelchen auf dem Kopf. Er baut sich vor den Sitzenden auf und beginnt, mit lauter Stimme zu reden. Es klingt wie eine dramatische Predigt. Eine Bergpredigt. „Wir sind zu viele!", ruft er aus. „Wir haben uns genug vermehrt! Vier Kinder reichen völlig!"

Die Leute hören ihm zu. Dann zieht er etwas aus seiner Hosentasche, reißt es auf, nimmt seinen hölzernen Hirtenstab, fummelt das Ding auf die Spitze seines Stabs und schwenkt ihn triumphierend vor den Augen seiner Zuhörer. Das Ding ist ein Kondom. Und die ganze Vorführung ist ein lebendiger, anschaulicher Aufklärungsunterricht über Verhütung. Sein Publikum wird ihn so bald nicht vergessen.

In vielen Ländern Afrikas und Asiens werden zu viele Kinder geboren. Sechs, sieben Kinder pro Familie sind keine Seltenheit. Die Bevölkerung wächst in atemberaubendem Tempo – manche Länder werden ihre Einwohnerzahl in den nächsten 20 Jahren verdoppeln. Länder, in denen es heute schon nicht genug zu essen für alle gibt. Weniger Kinder, das würde das Leben für viele arme Familien einfacher machen. Verhütung. Familienplanung mit Anti-Baby-Pille und Kondom. Aber wie soll man Menschen davon überzeugen, die keine Zeitung lesen, kein Radio hören und nicht fernsehen? Und wie sollen sie an Pillen und Kondome kommen, wenn es die erst nach stunden- oder tagelangen Fußmärschen in der Stadt zu kaufen gibt?

Die Verhütungsmittel müssen zu den Menschen in den Dörfern kommen, zu denen, die weit draußen auf dem Land in ihren Hütten leben und von Pille und Kondom vielleicht noch nie gehört haben. So müsste man es machen. Diese Idee hat viele Regierungen überzeugt. Also haben sie in ihren Ländern Freiwillige gesucht, die Zeit haben, gut reden können und vor allem gut zu Fuß sind. Die werden als Erstes in einem kurzen Lehrgang zu Verhütungsexperten ausgebildet. Und dann erhal-

ten sie ein kleines Metallköfferchen voller Pillenschachteln und Kondome, mit dem sie sich einmal die Woche auf den Weg machen. Da ist Ausdauer gefragt. An einem Tag laufen sie 20, 30 Kilometer, über Stock und Stein, querfeldein oder auf schmalen Pfaden, einen Schirm gegen die Sonne dabei, immer den kürzesten Weg suchend, und schaffen bis zum Abend auf diese Weise drei oder vier Dörfer.

Die allermeisten dieser Verhütungsexperten sind Frauen, ältere Frauen, die keine Kinder mehr zu versorgen haben. Frauen sind für diese Aufgabe besser geeignet als Männer, weil sie auch in den Dörfern fast nur auf Frauen treffen. Die Männer sind tagsüber auf den Feldern. Und von Frau zu Frau redet es sich einfach unbefangener über so heikle Themen wie Kinderkriegen und Empfängnisverhütung. Den Dorfbewohnerinnen wäre es peinlich, mit einem Mann darüber zu sprechen. Einer Frau vertrauen sie eher. „Mit weniger Kindern geht es euch besser", sagt die Verhütungsexpertin. „Drei oder vier Kinder sind genug. Dann gibt es für jeden mehr zu essen, und die Kinder werden kräftiger." Das fin-

Verhütung muss man lernen. Zwei Frauen auf Papua-Neuguinea lassen sich erklären, wie ein Kondom benutzt wird.

den die meisten Dorfbewohnerinnen auch und lassen sich genau erklären, wie die Pille wirkt und wie sie eingenommen werden muss. Bevor sie weiterzieht, lässt die Frau mit dem Köfferchen noch ein paar Kondome da.

Leicht haben es diese Freiwilligen nicht. In vielen Ländern müssen sie gegen das Vorurteil ankämpfen, die Pille würde schreckliche Krankheiten auslösen oder unfruchtbar machen. Manche glauben, dass es bei der Empfängnisverhütung nicht mit rechten Dingen zugeht. Und viele Männer sind ganz dagegen, weil es für sie immer noch eine Frage der Ehre ist, viele Kinder zu haben. Trotzdem – die Idee, Freiwillige anzuwerben, war gut. Das sind einfache Leute, die eine einfache, verständliche Sprache sprechen, und denen wird eher Glauben geschenkt als Politikern oder Ärzten. Und wenn jemand wie der Hirte mit der bunten Mütze eine bühnenreife Vorstellung liefert, dann sind bestimmt wieder 20 neue Dorfbewohner für die Empfängnisverhütung gewonnen.

Viel oder wenig?

Es fällt den Eltern leichter, auf eine große Anzahl von Kindern zu verzichten, wenn sie nicht fürchten müssen, dass sie viele ihrer Kinder durch Krankheiten oder Hunger verlieren. Daher ist Verhütung nur ein Teil der Familienplanung. Gesunde Verhältnisse zu schaffen gehört auch dazu. Außerdem: Kondome helfen dabei, die Ausbreitung von Aids zu stoppen. Und das nützt allen Familien.

Aids, Armut, Kindermangel

Weihrauch

Hast du das auch schon mal erlebt? Während des Gottesdienstes wird in einer katholischen Kirche Weihrauch abgebrannt. Dann steigen weißliche Rauchwölkchen aus dem Weihrauchfass, das der Messdiener oder Priester vor dem Altar schwenkt, und es verbreitet sich ein leicht süßlicher Geruch im Kirchenraum. Manche Menschen sagen, dass ihnen davon schlecht wird, und tatsächlich hat Weihrauch nach einiger Zeit eine benebelnde Wirkung. Aber – was hat der Weihrauch eigentlich mit dem Gottesdienst zu tun? Wofür ist er gut?

Dieser Frage geht man am besten in den Ländern nach, aus denen der Weihrauch stammt – also in den arabischen Ländern und auch in Somalia und Äthiopien. Dort wachsen die Weihrauchbäume mit ihrer glatten, rötlichen Rinde, und dort wird der Weihrauch von Männern geerntet, die diese Rinde mit Messern aufritzen, sodass das Harz in dicken, weißen Tropfen herausquillt. Diese weiße, zähe Harzmasse wird abgeschabt und eingesammelt und getrocknet, und am Ende erhält man harte Klümpchen, die fast wie heller Kandiszucker aussehen. Wenn man sie verbrennt, entströmt ihnen ein aromatischer Duft. Und diesen Duft lieben die Menschen im Oman und im Jemen, in Äthiopien und Somalia über alles.

Sie verbrennen den Weihrauch tagsüber in ihren Häusern, sodass der Duft durch die Fenster bis auf die Straße zieht. Sie beräuchern damit ihre Kleider, bevor sie sie anziehen und ausgehen. In Somalia stellen sich die Frauen sogar Weihrauchöfchen zwischen die Beine, damit das Aroma des Weihrauchs in ihre Haut einzieht. Und die Äthiopier verbrennen Weihrauch jedes Mal, wenn sie Kaffee machen.

In Äthiopien ist das Kaffeemachen nämlich eingebettet in eine ganze Zeremonie. Zunächst wird eine Stelle des Zimmerbodens gesäubert und mit frischen Gräsern bestreut. Dann werden zwei Kohlebecken dort abgestellt, und eine Frau in einem weißen Gewand

Ohne Weih-
rauch wäre die
äthiopische
Kaffeezeremonie
undenkbar.

setzt sich auf einem niedrigen Höckerchen dazu. Sie streut Weihrauch in das kleinere der beiden Kohlebecken. Sie röstet die grünen Kaffeebohnen über dem anderen Kohlebecken. Sie zerstampft die gerösteten Bohnen in einem Mörser. Sie setzt den Kaffee auf. Sie wartet, sie hat Zeit. Es dauert eine halbe Stunde oder länger, bis die erste Tasse Kaffee fertig ist. Aber was dann in hohem Strahl aus der schwarzen Kaffeekanne in die Tasse fließt, ist der beste Kaffee der Welt. Und die ganze Zeit über hüllen weiße Weihrauchwölkchen alle Teilnehmer einer solchen Kaffeezeremonie ein.

Fällt dir etwas auf? Das Säubern des Bodens, das weiße Gewand, der Weihrauch, die ganze Zeremonie – das hat tatsächlich etwas von einer heiligen Handlung. Und genau so ist es auch gemeint. Denn die Kaf-

feebohne ist in Äthiopien seit alters eine heilige Frucht, und der Weihrauch, der bei einer Kaffeezeremonie abgebrannt wird, soll nicht nur
angenehm in der Nase kitzeln, er soll auch Dämonen und böse Geister
vertreiben, er soll eine Atmosphäre des Friedens und der Harmonie er-
zeugen. Mit anderen Worten: Dem Weihrauch wird die Kraft zugetraut,
alles Böse und Schlechte fern zu halten. Und deshalb wird er seit ural-
ten Zeiten auch bei Gottesdiensten verwendet. Vor 2000 Jahren schon
haben ihn die Juden auf dem Altar im Tempel zu Jerusalem verbrannt.
Und heute durchzieht Weihrauchduft immer noch unsere katholischen
Kirchen.

Gott

Welt

Grönland

Alaska

Kanada

USA

Mexiko

Bahamas

Kuba

Jamaika **Haiti** **St. Kitts** **Antigua**
Belize **Dominikanische Rep.**
Guatemala **Honduras** **Dominica** **Barbados**
El Salvador **Nicaragua** **St. Lucia** **Grenada**
St. Vincent **Trinidad**

Costa Rica **Panama**

Venezuela

Kolumbien

Guyana
Suriname
Fr. Guyana

Ecuador

Peru

Brasilien

Bolivien

Paraguay

Chile

Argentinien

Uruguay

Island

Groß-
britannien

Irland

Norwegen
Schweden

Finnland

Dänemark **Estland**
Lettland
Litauen
Nl **Weiß-**
Bel. **Polen** **russland**
Deutsch-
land **Tsche.** **Ukraine**
Frankreich **Österr.** **Ung.** **Swk.**
Sch **Mol.**
Italien **Rumänien**
Portugal **SeMa Bulgarien**
Alb. MH.
Spanien **Griechen-** **Georgien**
land **Arme-**
nien
Malta **Zypern** **Türkei** **Syrien**
Libanos **Irak**
Palást. Auton.geb. **Israel** **Jordanien**

Marokko

West-
Sahara

Algerien **Libyen** **Ägypten**

Mauretanien **Saud**
Arab

Kap Verde **Mali** **Niger** **Tschad** **Sudan**

Senegal **Eritrea**
Gambia
Guinea- **Burkina**
Bissau **Faso**
Guinea **Nigeria** **Äthiopie**
Sierra Leone **Elfen-** **Togo**
bein- **Benin**
Küste **Ghana** **Kamerun**
Zentral-
Äq. guinea **Afrikanische Rep.** **Uganda** **Kenia**
São Tomé **Gabun** **Rep. Kongo**
Dem. Rep. Kongo **Ruanda**
Burundi **Tansania**
Angola **Malawi** **Mosambik**
Sambia **Simbabwe**
Namibia
Botsuana
Swasiland
Lesotho
Südafrika

Tunesien

Welt

Russland

Mongolei

Kirgistan
Tadschikistan
ghanistan

China

Nord-
korea

Süd-
korea

Japan

Pakistan

Nepal

Bhutan

Indien

Bangla-
desch

Myanmar

Laos

Thai-
land

Kambod
-scha

Vietnam

Taiwan

Philippinen

Sri Lanka

Brunei

Belau

Malaysia

Mikronesien

Malediven

Marshall
-Inseln

Nauru

Kiribati

Indonesien

Papua-Neuguinea

Salomonen

Tuvalu

uritius

Timor-Leste

Vanuatu

Fidschi

West
Samoa

Neukaledonien

Tonga

Australien

Neuseeland

235

Weltkindertag

Bei uns findet der Weltkindertag am 20. September statt. Er wird seit 1954 in vielen Ländern der Welt und an unterschiedlichen Tagen gefeiert, aber immer aus denselben drei Gründen: um für die Durchsetzung der Kinderrechte zu werben, um das Gefühl der Freundschaft unter allen jungen Menschen der Welt zu fördern und um die Regierungen dazu aufzurufen, die Arbeit von UNICEF zu unterstützen. Immerhin 145 Länder finden diese Ziele so wichtig, dass sie den Weltkindertag in ihren Kalender aufgenommen haben.

Kinderrechte sind wichtig und noch längst nicht überall durchgesetzt. Am Weltkindertag stehen sie im Mittelpunkt des Interesses.

 **Juniorbotschafter**

Wurm

Die meisten Würmer sind nur ein bisschen eklig. Ein paar sind aber auch richtig gefährlich. Zu den gefährlichsten gehört der Guineawurm, der zum Beispiel im Norden von Ghana (Westafrika) vorkommt. Er legt seine Larven in stehenden Gewässern ab, also in offenen Tümpeln, Seen oder Wasserspeichern, und wenn der Mensch dieses Wasser trinkt, gelangen Guineawurmlarven in seinen Darm. Innerhalb eines Jahres wachsen sie heran, wandern unter die Haut und legen da Hunderttausende von neuen Larven ab. Ein ausgewachsener Guineawurm kann einen Meter lang werden.

Vor allem Kinder leiden unter dem Gunineawurm. Sie können sich manchmal vor Durst nicht beherrschen und trinken ungefiltertes Wasser aus Tümpeln oder Wasserspeichern. Die Krankheit zeigt sich dann meist an Füßen und Beinen: eitrige Geschwüre überall da, wo sich der Guineawurm durch die Haut gefressen hat. Diese Geschwüre sind so schmerzhaft, dass man nicht mehr laufen kann. Zum Glück erkranken immer weniger Menschen am Guineawurm, weil UNICEF im Norden Ghanas neue Brunnen bohrt, die gesundes Trinkwasser liefern, und Filter aus Nylonstoff verteilt, die die Wurmlarven zurückhalten. Außerdem wird in Schulen und bei Dorfversammlungen über die Gefahr durch den Guineawurm aufgeklärt.

Brunnen, Infektion, Trinkwasser

Yasmine

Taliban nennen sie sich, jene fanatischen Kämpfer für einen radikalen Islam, die Afghanistan bis vor einigen Jahren beherrschten. Für Frauen war es eine besonders schreckliche Zeit. Die Mädchen wurden gezwungen, nach der dritten Klasse von der Schule abzugehen – die Frauen brauchten nicht mehr zu wissen, als man in drei Schuljahren lernen konnte. Einen Beruf durften sie im Afghanistan der Taliban sowieso nicht ausüben.

Damals lebte in der afghanischen Stadt Jalalabad ein Mädchen, das Yasmine hieß. Sie hatte einen Traum: Journalistin zu werden. Und sie hatte Eltern, die für diesen Traum Verständnis aufbrachten. „Eines Tages", sagten sie, „werden die Taliban wieder verschwinden. Deshalb solltest du deine Ausbildung fortsetzen und weiter zur Schule gehen." Nicht, dass Yasmine besonders rebellisch gewesen wäre. Sie war ein stilles, zurückhaltendes Mäd-

Yasmine ist ein mutiges Mädchen. Obwohl es sehr gefährlich war, hat sie unter der Taliban-Herrschaft heimlich lesen und schreiben gelernt.

chen von neun Jahren, und vieles nahm sie wie selbstverständlich hin – dass ihre drei Brüder sich ganz aus der Hausarbeit heraushielten zum Beispiel oder dass ihre sechs Schwestern nach der dritten Klasse zu Hause blieben. Aber sie – sie hatte eben ihren Traum. Dabei war es lebensgefährlich, gegen die Gesetze der Taliban zu verstoßen.

Yasmine besiegte ihre Angst. Von Kopf bis Fuß in eine Burka gehüllt wie alle Mädchen und Frauen Afghanistans, nur mit einem Sehschlitz für die Augen im Schleier, lief sie jeden Morgen durch die Straßen von

Jalalabad bis zu einem bestimmten Haus, schlüpfte durch die Tür und betrat einen der hinteren Räume. Es war ein Klassenzimmer. Zwanzig Mädchen zwischen neun und zwölf wurden hier unterrichtet wie in einer normalen Schule. Mädchen, die genauso mutig und genauso unbeugsam waren wie Yasmine. Ihre Lehrerinnen durften eigentlich gar nicht mehr arbeiten und riskierten ebenfalls ihr Leben. Zum Glück wussten die Behörden nicht, was hier vor sich ging. Sie glaubten, es handele sich um eine Koranschule, wo besonders fromme Mädchen sich täglich in das Heilige Buch des Islams vertieften. Aber es war eine geheime Schule für Mädchen.

Yasmine hatte Glück: Ihre Schule wurde nicht entdeckt. Die Wachposten der Taliban merkten nichts. Auch ihre Nachbarn und Verwandten schöpften keinen Verdacht. Und als sie zwölf wurde, verschwanden die Taliban tatsächlich, von den Amerikanern im Krieg besiegt. Da wusste Yasmine, dass ihr Traum kein Traum bleiben musste. Dass sie tatsächlich eine der ersten Journalistinnen Afghanistans werden kann.

Gleichberechtigung, Lesen und Schreiben, Mädchen

Zahlen

Zahl der Kinder weltweit:	2,2 Milliarden
Zahl der Kinder in Entwicklungsländern:	1,9 Milliarden
Zahl der Kinder, die in Armut leben:	1,75 Milliarden

Prozentsatz der Kinder in entwickelten Ländern, die in Armut leben

Dänemark:	2,4%
Finnland:	3,4%
Deutschland:	10,9%
Italien:	15,7%
USA:	21,7%

Von 1 Million Kindern unter 15 Jahren sterben jährlich durch Misshandlung und Vernachlässigung

in Spanien:	1
in Italien:	2
in Niederlande:	6
in Deutschland:	8
in Japan:	10
in Frankreich:	14
in USA:	24
in Mexiko:	30
in Portugal:	37

Von 100 Kindern unter 5 Jahren sind unterernährt

in Lateinamerika:	7
im Nahen Osten und Nordafrika:	17
im südlichen Afrika:	28
in Südasien:	42

Durchschnittliche Lebenserwartung

weltweit:	68 Jahre
in Japan:	82 Jahre
in Sambia:	41 Jahre
in Deutschland:	79 Jahre

Bewaffnete Konflikte

Anzahl der Kriege und bewaffneten Konflikte im Jahr 2006:	44
Anzahl der bei Kriegshandlungen in den neunziger Jahren getöteten Kinder:	2 Millionen
Anzahl der aus ihrer Heimat vertriebenen Kinder:	20 Millionen

Zähneputzen

Wenn man die 11-jährige Fiska aus Banda Aceh auf der indonesischen Insel Sumatra nach ihren Lieblingsfächern in der Schule fragt, kommt

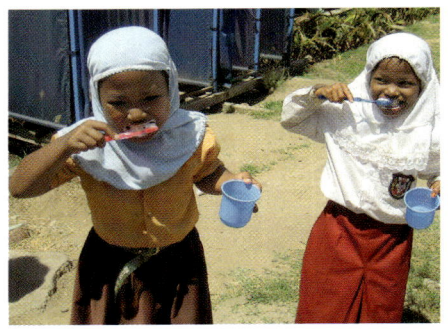

eine ungewöhnliche Antwort: „Mein Lieblingsfach ist Zähneputzen." In Banda Aceh hat UNICEF nämlich das Unterrichtsfach Hygiene eingeführt. Wie so viele Menschen auf der Welt haben Fiska und ihre Familie zu Hause kein fließendes Wasser. Sie wird abends nicht von ihren Eltern ins Bad geschickt, um sich die Zähne zu putzen. Kinder wie Fiska kennen natürlich auch keine farbigen Zahnbürsten mit Tierfiguren am Griff.

Auch Zahnpasta, die nach Himbeere schmeckt, ist ihnen unbekannt.

Was uns vielleicht manchmal als lästige Pflicht erscheint, ist für sie Luxus und gleichzeitig ein großer Spaß. In der Klasse sind die Kinder begeistert, wenn die Lehrerin die Zahnputzbecher herausholt und sich alle gemeinsam vor den Spiegel stellen. Wenn sie das Zeichen gibt, putzen die Kinder um die Wette. Sie kichern und wetteifern miteinander, wer den meisten Schaum zustande bringt.

Der Zahnputzunterricht ist Teil einer großen Aktion. Die Kinder haben bereits gelernt, wie man sich mit Seife die Hände wäscht. Und das nicht nur, um zu verhindern, dass sie klebrige Pfoten haben, wenn sie jemandem die Hand schütteln. Sondern weil Sauberkeit die beste Waffe gegen Bakterien ist. Dazu gehört auch das Abkochen von Wasser, um Bakterien abzutöten, die unangenehme Darmkrankheiten oder auch Schlimmeres verursachen können. Und zu Hause werden die Kinder selbst zu Lehrern: Sie bringen ihren Eltern bei, was sie in der Schule gelernt haben, und tragen so dazu bei, dass sich die Lebensbedingungen für viele Menschen verbessern.

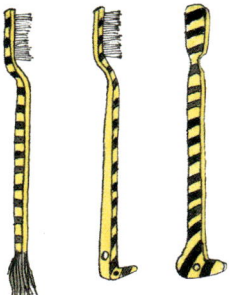

Hygiene

Zuhause

Zuhause, das ist viel mehr als ein Dach über dem Kopf. Zuhause, das ist das eigene Zimmer, das eigene Bett, die eigene Nachttischschublade, die eigene Zahnbürste, das ist nachts einschlafen und wissen, dass einen die Mutter am nächsten Morgen wieder wecken wird und dass alles noch da sein wird, unser Spielzeug, unser Computer, unser Walkman, unser Lieblingsstofftier, dass das Essen auf dem Tisch stehen wird. Dass wir uns im Grunde um nichts zu kümmern brauchen, dass wir mit allem versorgt sind.

Zuhause, das sind auch die Menschen, denen wir vertrauen, die Eltern und Geschwister, bei denen wir sicher sein können, dass sie uns nichts Böses wollen, denen wir alles, fast alles erzählen können, an die wir uns mit unseren Wünschen wenden können oder mit unserem Ärger und die uns pflegen, wenn wir krank sind. Zuhause, das ist der

 **Zuhause**

Raum, in dem wir uns sicher und geborgen und geliebt fühlen, wo uns alles vertraut ist, wo wir uns darauf verlassen können, dass wir es gut haben. Unser Zuhause ist der Mittelpunkt unseres Lebens, und wenn wir von einer langen Reise oder nach Wochen im Krankenhaus zurückkommen, dann öffnen wir die Tür und atmen auf – endlich wieder zu Hause! Alles noch so, wie wir es verlassen haben. Was für ein gutes Gefühl!

Ein Zuhause haben heißt: wissen, wo man hingehört. Jeder Mensch will das wissen, weil sich jeder Mensch irgendwo sicher und geborgen fühlen möchte. Und auch, weil jeder Mensch etwas Eigenes braucht, etwas, das er selbst sich geschaffen und eingerichtet hat, nach seinen eigenen Ideen, seinem eigenen Geschmack, seinen eigenen Vorstellungen von Schönheit oder Bequemlichkeit. In den eigenen vier Wänden sollte am besten alles an etwas erinnern, die Souvenirs an eine weite Reisen, die Teekanne an die Großmutter, die Bilder an eine Freundin und der Liegestuhl an die letzten Ferien. Nur was das eigene Werk ist, kann ein Zuhause sein. Ein Hotel ist kein Zuhause, selbst wenn es fünf Sterne hat. Ein Gefängnis ist kein Zuhause, auch wenn man dort regelmäßig seine Mahlzeiten bekommt. Ein Flüchtlingslager ist kein Zuhause, auch wenn man sich dort sicher fühlt.

Man kann sagen: Zuhause, das ist der wichtigste Ort, den wir auf der Welt haben. Wie sehr wir daran hängen, merken wir aber oft erst, wenn wir unser Zuhause aufgeben müssen. Auch wenn das neue Zuhause in einer anderen Stadt schöner als das alte ist, trauern wir dem alten noch eine Weile nach und müssen uns in dem neuen erst einmal einleben. Und es kann ziemlich lange dauern, bis wir mit „Zuhause" wirklich die neue Wohnung, das neue Haus, die neue Stadt meinen.

Was aber wäre, wenn es gar kein neues Zuhause gäbe? Wenn wir unser altes Zuhause aufgeben müssten und keine Ahnung hätten, ob wir jemals wieder ein anderes Zuhause finden werden? Dann wären wir obdachlos, heimatlos, vielleicht verjagt und vertrieben, vielleicht auf der Flucht, vielleicht auch unseres Lebens nicht mehr sicher, auf jeden Fall arm dran.

Menschen, auf die man sich verlassen kann, und wissen, wo man hingehört: Das ist zu Hause sein.

Wir würden die Unsicherheit und die Angst kennen lernen, jeden Tag aufs Neue. Wir würden irgendwann unser Selbstvertrauen verlieren und allmählich alle Hoffnung aufgeben. Wir wären hilflos und auf die Unterstützung anderer angewiesen. So wie 17 Millionen Kinder und Jugendliche, die weltweit auf der Flucht sind. 17 Millionen sind ungefähr so viele Menschen, wie in Nordrhein-Westfalen leben. Und etwas mehr, als unser Nachbar, die Niederlande, Einwohner hat.

Insgesamt geht man von rund 33 Millionen Flüchtlingen und Vertriebenen aus. Einige Menschen, die unterwegs sind, haben sich auf eigenen Entschluss auf den Weg gemacht auf der Suche nach Arbeit und

einem besseren Leben. Doch die anderen sind geflohen, um sich vor Krieg oder Bürgerkrieg oder Naturkatastrophen in Sicherheit zu bringen. Viele können von Glück sagen, wenn sie in einem Flüchtlingslager untergekommen sind, auch wenn sie dort nicht das Geringste an zu Hause erinnert. Und alle haben nur einen Wunsch: Irgendwann wieder zu wissen, wo sie hingehören. Das muss nicht unbedingt in ihrem alten Dorf, in ihrer früheren Heimatstadt sein – auf die vertraute Umgebung kann man zur Not verzichten, selbst neue Sprachen kann man lernen, selbst neue Freunde kann man finden. Aber auf ein Zuhause verzichten, das kann niemand.

Asyl, Eltern, Flüchtlinge, Grenze

Anhang

Herzlichen Dank

🔵 für hilfreiche Informationen, interessante Geschichten und nützliche Beiträge an Masami Ono, Yeshitela Kokeb, Galina Dursthoff, Nina Ebner, Clarissa Flender, Uta Graßhoff und Kathrin Grötzner,

🔵 an die Synagoge in Münster für die freundliche Erlaubnis, ihre Thorarollen zu fotografieren,

🔵 an Christa Graf aus München für die freundlich erteilte Genehmigung, die Fotos der Erinnerungsbücher zu verwenden,

🔵 an Berrit Barlet vom Heyne Verlag für die konstruktive Zusammenarbeit

🔵 und an die Mitarbeiter von UNICEF in Köln, die in vielfältiger Weise und mit unermüdlichem Einsatz das Entstehen des Buchs gefördert haben: Beate Black, Silke Fröndhoff, Christian Schneider, Rudi Tarneden und Hyou Vielz.

Die Herausgeber

Sabine Christiansen

ist die bekannteste deutsche Fernsehmoderatorin. Seit 1997 ist sie UNICEF-Botschafterin und lenkt immer wieder die Aufmerksamkeit auf die Lage Not leidender Kinder. Mit ihren Reisen nach Mosambik, Afghanistan oder in den Irak und mit vielen Auftritten für UNICEF mobilisiert sie erfolgreich Hilfe für Kinder in Krisensituationen. UNICEF ist für Sabine Christiansen „meine schönste Nachricht".

Janosch

ist Maler und Autor von etwa 300 Büchern mit Millionenauflagen, die in ca. 70 Sprachen übersetzt worden sind. Für sein Schaffen erhielt er zahlreiche Auszeichnungen, unter anderem den „Deutschen Kinderbuchpreis". Die Illustrationen in diesem Buch und auf dem Einband stammen von ihm.

Die Autoren

Leo G. Linder

ist Filmemacher und Autor. Er hat zahlreiche Reise- und Sachbücher sowie Biografien verfasst. Von ihm ist außerdem ein Jugendroman zu Jeanne d'Arc erschienen. Für seine Filme und Bücher, aber auch einfach aus Spaß, reist er durch die ganze Welt.
www.leo-linder.de

Doris Mendlewitsch

ist Literaturagentin und Autorin. Sie denkt sich Themen für neue Bücher aus. Manchmal schreibt sie sie selbst, oft arbeitet sie aber auch mit anderen Autoren zusammen und hilft ihnen dabei, ihre Bücher zu verfassen.
www.mendlewitsch-meiser.de

Bildnachweis

S. 6 (links) UNICEF/Rudi Tarneden, (rechts) Papa Löwe Filmproduktion GmbH

S. 13 UNICEF, Brasilien

S. 15 Jan van der Most, Düsseldorf

S. 16 Bettina Reichardt, Düsseldorf

S. 19 und 20 UNICEF/Giacomo Pirozzi

S. 22 UNICEF/Ami Vitale

S. 25 UNICEF/Giacomo Pirozzi

S. 31 Leo G. Linder, Düsseldorf

S. 33 und 34 UNICEF/Christian Schneider

S. 36 UNICEF/Michael Kamber

S. 38 Picture-Alliance/EPA José Carlos Guerra

S. 41 Jan van der Most, Düsseldorf

S. 42 Leo G. Linder, Düsseldorf

S. 44 UNICEF/Hyou Vielz

S. 46 UNICEF/Giacomo Pirozzi

S. 49 und 51 Jan van der Most, Düsseldorf

S. 52 Leo G. Linder, Düsseldorf

S. 53 Berrit Barlet, München

S. 54 UNICEF/Lars Bech

S. 57 Bettina Reichardt, Düsseldorf

S. 61 Leo G. Linder, Düsseldorf

S. 62 UNICEF/Josh Estey

S. 63 Leo G. Linder, Düsseldorf

S. 65 UNICEF/Shehzad Noorani

S. 68 UNICEF/Jeremy Horner

S. 71 UNICEF/Asad Zaidi

S. 72 Jan van der Most, Düsseldorf

S. 76 Berrit Barlet, München

S. 78 und 83 UNICEF/Giacomo Pirozzi

S. 84 und 85 Roland Wagner, München

S. 86 Leo G. Linder, Düsseldorf

S. 92 UNICEF/Christian Schneider

S. 93 UNICEF/Roger LeMoyne

S. 94 UNICEF/Shehzad Noorani

S. 96 UNICEF/Hyou Vielz

S. 97 UNICEF/Shehzad Noorani

S. 98 UNICEF/Giacomo Pirozzi

S. 101 UNICEF/Radhika Chalasani

S. 103 UNICEF/B. Eijgenhuijsen

S. 105 Leo G. Linder, Düsseldorf

S. 107 UNICEF/Katarina Premfors

S. 110 UNICEF/Jeremy Horner

S. 114 UNICEF/Mark Thomas

S. 116 und 117 Leo G. Linder, Düsseldorf

S. 118 (beide) Andreas Determann, Münster

S. 120 UNICEF/Roger LeMoyne

S. 122 UNICEF/Sari

S. 123 Leo G. Linder, Düsseldorf

S. 126 Wolfgang Langenstrassen (Fotoredakteur), Lübeck

S. 127 UNICEF/Giacomo Pirozzi

S. 128 UNICEF/Radhika Chalasani

S. 129 Leo G. Linder, Düsseldorf

S. 130 UNICEF/
Shehzad Noorani
S. 133 UNICEF/Giacomo Pirozzi
S. 134 UNICEF/Margaret Prout
S. 137 Picture-Alliance/Okapia
Helfried Weyer
S. 138 und 140 UNICEF/
Hyou Vielz
S. 143 UNICEF/
Christian Schneider
S. 145 und 146 UNICEF/
Alejandro Balaguer
S. 147 UNICEF, Philippinen
S. 149 UNICEF/Roger LeMoyne
S. 151 UNICEF, Brasilien
S. 154 UNICEF/Susan Markisz
S. 155 UNICEF/
Donna De Cesare
S. 156 UNICEF/Susan Markisz
S. 157 UNICEF/Stevie Mann
S. 158 UNICEF/J. Chiasson
S. 160 UNICEF/Jim Holmes
S. 162 UNICEF/Giacomo Pirozzi
S. 164 UNICEF/
Christian Schneider
S. 165 (oben) UNICEF, San Sal-
vador, (unten) UNICEF/Pizer
S. 166 UNICEF/Roger LeMoyne
S. 167 UNICEF/Giacomo Pirozzi
S. 168 Leo G. Linder, Düsseldorf
S. 169 UNICEF/Giacomo Pirozzi
S. 171 Leo G. Linder, Düsseldorf
S. 172 UNICEF/
Christine Nesbitt

S. 173 UNICEF/Indrias Getachew
S. 175 (beide) Leo G. Linder,
Düsseldorf
S. 176 UNICEF/
Mauricio Ramos
S. 180 UNICEF, Moldawien
S. 182 UNICEF/Alejandro
Balaguer
S. 183 UNICEF/Edinger
S. 184 UNICEF/Rudi Tarneden
S. 187 Leo G. Linder, Düsseldorf
S. 189 (oben) UNICEF/Susan
Markisz, (unten) UNICEF/Chris
tine Nesbitt
S. 190 UNICEF/Sean Gleason
S. 192 und 193 Leo G. Linder,
Düsseldorf
S. 194 (beide) UNICEF
S. 196 Sammlung Leo G. Linder,
Düsseldorf
S. 197 UNICEF/Palani Mohan
S. 198 Aurel v. Bassewitz, Köln
S. 200 Jan van der Most, Düssel-
dorf
S. 201 UNICEF/Brendan Bannon
S. 202 Leo G. Linder, Düsseldorf
S. 204 UNICEF/Roger LeMoyne
S. 206 UNICEF/Hyou Vielz
S. 207 UNICEF/Thomas Schulze
S. 208 und 209 Zeichnungen
UNICEF
S. 209 UNICEF/Louise Gubb
S. 210 Wolfgang Langenstrassen,
(Fotoredakteur), Lübeck

S. 211 UNICEF/
Nicole Toutouniji
S. 212 und 213 UNICEF/
Christian Schneider
S. 215 UNICEF/Giacomo Pirozzi
S. 216 UNICEF/Tom Pietrasik
S. 216 UNICEF, San Salvador
S. 219 Leo G. Linder, Düsseldorf
S. 221 und 222 UNICEF
S. 223 UNICEF/Gopal Dutia
S. 225 UNICEF/Rudi Tarneden
S. 226 UNICEF/
Christian Schneider

S. 227 und 229 UNICEF/
Giacomo Pirozzi
S. 232 Jan van der Most, Düsseldorf
S. 234/235 Weltkarte UNICEF
S. 236 UNICEF/Hyou Vielz
S. 238 UNICEF/Junko Mitani
S. 242 UNICEF/Anna Stechert
S. 245 UNICEF/
Andrew Heavens
S. 255 Leo G. Linder, Düsseldorf

Quellennachweis

Die Beschreibung der Reise auf den Seiten 198 bis 200 stammt aus dem Buch *Tränen im Sand* von Nura Abdi und Leo G. Linder, Bergisch Gladbach 2003. Mit freundlicher Genehmigung der Verlagsgruppe Lübbe GmbH & Co.KG, Bergisch Gladbach.

Nicola Bardola

Lies doch mal! – Die 50 besten Kinder- und Jugendbücher der letzten 10 Jahre

240 Seiten   ISBN-10:   3-570-27039-4
ISBN-13: 978-3-570-27039-4

Die Käufer aktueller Kinder- und Jugendliteratur suchen verstärkt nach glaubwürdigen Empfehlungen. Amelie Fried, Michael Krüger, Florian Langenscheidt, Mirjam Pressler und andere Liebhaber guter Kinderliteratur berichten von ihren Erlebnissen mit den für sie wichtigsten Büchern. Wie hier bekannte und noch zu entdeckende Meisterwerke durch den Kinderbuchkritiker Nicola Bardola vorgestellt werden, weckt die Leselust und ist selbst ein großes Lesevergnügen.

www.omnibus-verlag.de